삼국지
책략전

천하를 움직인 전략의 설계도

삼국지

三國志

책략전

이동연 지음

평단

한 세기 동안 지속된 중국의 삼국시대만큼 인류 역사상 드라마틱한 장면이 펼쳐진 때가 또 있을까. 『삼국지연의』에는 1,700명이 넘는 인물이 등장하며, 이 가운데 주요 인물만 해도 60여 명에 이른다. 인물의 규모보다 더 놀라운 것은 인물마다 자신만의 캐릭터로 욕망을 추구한다는 것이다. 오늘날 세상이 어지러워서 그럴까? 무리 지어 대결하는 인간 군상을 보면 이념이나 가치관은 명분에 불과하고 힘의 논리로 이합집산한다는 사실을 부인하기 어렵다.

지금 그 시대보다 문명은 발전했으되 두뇌 구조는 변하지 않았다. 뇌 과학에서는 오히려 현대인이 고대인보다 뇌 용량이 더 작아졌다고 한다. 그런 만큼 인간이 그려내는 역사의 자취는 유유상종類類相從의 프레임대로 반복되기 쉽다. 삼국지 시대의 패권 다툼 양상이 근래의 글로벌 패권 경쟁에서도 유사한 형태로 나타나고 있다.

그래서일까. 삼국지를 다각도로 재해석하는 작품이 끊임없이 나온다. 필자도 앞서 인물별 심리를 다룬 『심리학으로 읽는 삼국지』를 펴내 독자들의 넘치는 사랑을 받고 있다. 그래서 이번 책에서는 무리지어 대결할 때 나타나는 집단 심리를 중심으로 묘사했다. 읽다 보면 자신이 속한 조직이나 경쟁하는 조직이 조조, 유비, 손권, 동탁, 여포, 유표, 유장이 속한 조직 중 어느 곳과 흡사한지를 깨닫게 된다.

그동안 역사와 심리학을 융합한 작품을 펴내며 아쉬웠던 것은 개인 심리를 연구한 데이터는 축적되어 있지만 조직 간 경쟁에서 상호 투사되는 심리 현상을 다룬 데이터가 전무라고 할 정도라는 것이다. 그러니 결국 역사에서 자료를 찾을 수밖에 없는데, 특히 삼국지 책사들이 주고받은 책략 속에 데이터가 가득했다. 집단대결에서 나타나는 군중심리에는 공통적인 것도 있지만 다른 면도 많다.

이런 측면을 삼국지의 브레인들은 한눈에 파악했고 자기에게 맞는 주군을 택했다. 그래서 삼국지에는 "현명한 새는 나무를 가려 앉는다"라는 양금택목良禽擇木이라는 단어가 자주 등장한다.

우리말에 '헛똑똑이'라는 표현이 있다. 삼국지에 그런 인물이 나온다. 당대 최고의 무장 여포와 최고의 천재 제갈각이다. 이들이 실패한 이유는 자기 재주만 너무 믿어 상대 진영의 심리구조를 파악하고 대처하는 전략적 사고가 부족했기 때문이다.

전략적 사고가 부족하면 눈앞의 이익에만 급급하게 된다. 그 결과 전략이 실행될 때 나타날 파장을 고려하지 못하고 자기 꾀에 자기가 빠지는 일을 한다. 그래서 여포는 '방구석 여포'로 전락했고 제갈량의 조카 제갈각은 멸문지화를 자초했다.

하지만 돗자리나 팔던 유비, 환관의 손자라며 멸시받던 조조, 열아홉 살로 경험이 일천한 손권은 달랐다. 자신들이 전략적 사고도 했지만 그런 안목을 갖춘 책사들을 활용해 삼국시대를 주도했다.

이미 책략 대결의 장이 된 이 시대에도 조조, 유비, 손권 같은 안목을 갖춘 지도자를 소환하고 있고 제갈량, 방통, 순욱, 곽가, 정욱, 주유, 노숙, 육손 그리고 사마의 같은 인물도 소환하고 있다. 당신도 바로 그런 인물이 될 수 있다.

◆ 차례 ◆

3장 **관도대전, 조조와 원소의 책사 관리술**

4장   십상시 난의 나비효과, 황건적의 난, 동탁 천하

5장   동탁의 뒤통수를 친 왕윤과 여포

형세에 따라 바뀌는 적과 동지

세 영웅의 빛과 그림자

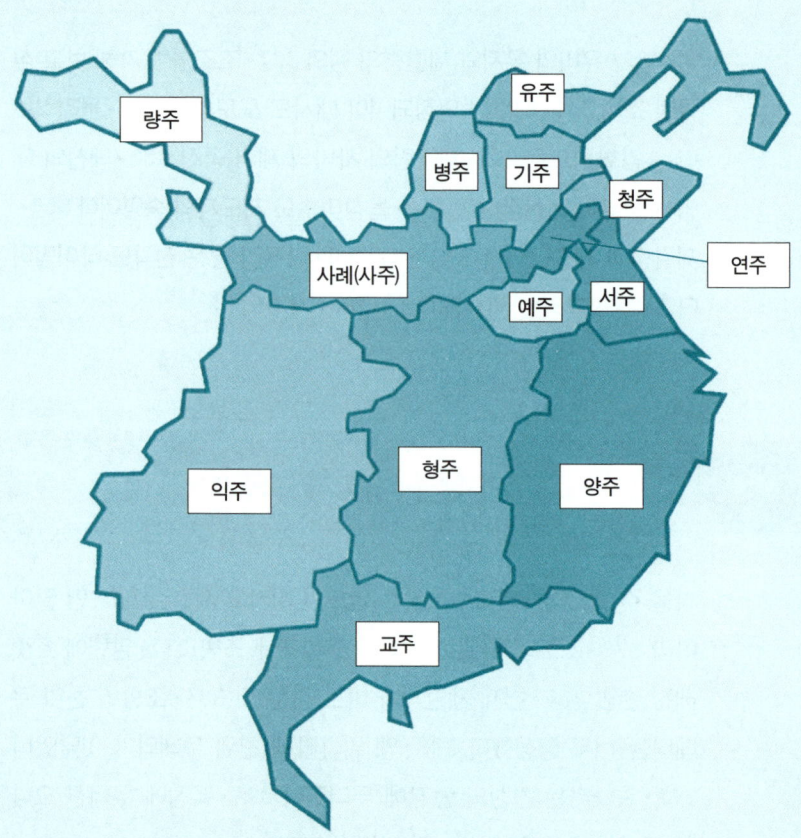

삼국시대 영웅호걸이 활약한 무대 후한 13주

삼국시대의 주요 사건과 전투

연도	사건·전투	주요 인물	규모·지역	전략적 의미와 결과
184	황건적의 난	황건적, 후한 관군	전국적 반란	후한 중앙권력 약화, 지방 군벌 대두 계기
189	동탁의 권력 장악	동탁	장안	폭정 시작, 반동탁 정서 확산, 군벌화 가속
190	동탁 토벌 연합군	조조, 원소, 원술 등	장안 일대	동탁 세력 약화, 제후 간 분열 심화, 조조 독자 세력 형성 시작
200	관도대전	조조 대 원소	허난 (중원)	북중국 패권 결정, 원소 세력 급격히 약화, 조조 세력 확립
208 초	장판파 사건	유비 대 조조	장판	유비 형주 탈출, 관우·장비 활약, 남방 이동 전환점
208 겨울	적벽대전	조조 대 손권·유비 연합	장강 유역	조조 남진 좌절, 손권·유비 연합 성립
209~210	형주 일부 장악	유비	형주	촉 세력 기반 형성, 이후 형주 분쟁의 씨앗
211~219	한중 쟁탈 및 방어전	유비·관우 대 조조	익주, 한중	소규모 공방 반복, 세력 균형 유지
221	촉한 건국	유비, 제갈량	익주	촉한 정식 국가 체제 수립, 삼국 체제 본격화
222	이릉대전	유비 대 손권	형주 일대	유비 대패, 촉 국력 약화, 오·위 균형 유지
229	동오 건국	손권	강남	손권 황제 즉위, 삼국 정식 확립
263	촉한 멸망	등애, 종회	한중	위의 촉 정복, 삼국 균형 붕괴 시작
265	진나라 건국	사마염	조위 지역	조위 왕조 종식, 사마씨 권력 공식화
280	오나라 멸망	사마염	남부	진나라 삼국 통일, 삼국시대 종료

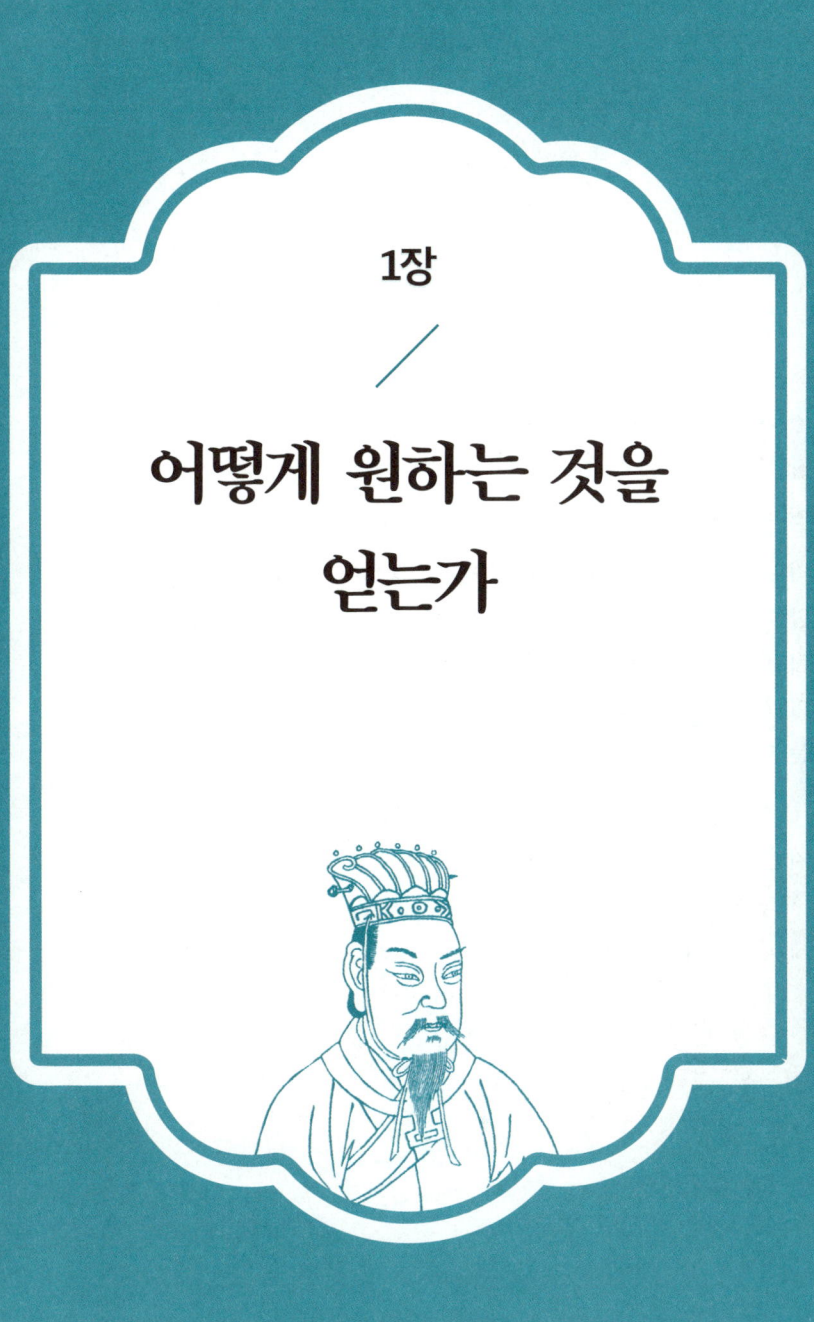

1장

어떻게 원하는 것을
얻는가

원하는 것을 어떻게 성취하느냐가 모든 책략의 기본이다. 상대가 있거나 조직적인 경쟁 관계일수록 성공적인 책략의 핵심은 복잡한 것 같지만 원리는 단순하다. 내가 원하는 것을 상대가 자신도 모르게 원하도록 만드는 것이다.

조직도 사람이 모인 곳이라 집단심리가 작동한다. 두 조직이 경쟁할 때는 장군·멍군식으로 진행되나 셋 이상일 때는 가위바위보처럼 현란하게 돌아간다. 이 경우 내놓을 수 있는 카드는 상대의 움직임을 보고 대응하거나, 예상해서 내놓거나, 상대를 속이는 책략feint strategy 등이 있다.

두 조직이 경쟁할 때는 사마의처럼 시의적절한 돌파책이 필요하지만 많은 경쟁 조직이 선두 다툼을 벌일 때는 대국적 견지에서 책략을 구사하는 제갈량 같은 책사가 결정적 영향력을 행사하게 되어 있다.

내가 원하는 것을
상대가 원하게 하라

적벽대전에서 대결은 1강 1중 1약의 구도로 진행되었다. 조조가 최강이었고 손권이 그다음이었으며 유비는 보잘것없었다. 적벽대전이 벌어지기 전에 유비는 원소에게 의지하고 있었는데 원소가 관도대전에서 조조에게 크게 패하더니 유비에게 조조의 후방을 교란하라는 명을 내렸다. 유비는 여남으로 내려가 진을 쳤지만 조조에게 흠씬 두들겨 맞았다. 갈 곳을 잃은 유비는 형주의 유표에게 손건과 미축을 보내 종친인 자신을 거두면 형주를 보전하는 데 도움이 된다고 유표를 설득해 작은 성인 신야를 얻었다. 그때가 201년 가을이었다.

유표는 무슨 생각으로 유비를 받아들였을까? 조조가 장차 북방을 석권한다면 다음이 형주이고 그다음이 강동일 수밖에 없다. 비록 유비가 약세이긴 하나 천하에 영웅으로 알려져 있으니 혹시 도움이 될까 해서 받아들인 것이다.

그 후 유비는 신야에 5년간 머물며 조조가 야금야금 하북을 손아귀에 넣는 것을 지켜보았다. 그리고 때마다 유표에게 조조가 비워 둔 허창을 기습하자고 했지만 번번이 거절당했다. 유표가 조조와 맞서길 두려워한 것이다. 오죽하면 유표가 베푼 연회에서 유비가 비육지탄髀肉之嘆(오랫동안 말을 타고 전장을 달리지 못해 허벅지에 살이 붙어 울었다는 것)을 했을까. 그사이에 조조는 북방을 깔끔히 정리하고 기수를 남으로 돌렸다.

유비는 절체절명의 위기에 놓여 있었다. 조조의 최종 목적지는 강동의 손권이었지만 유비가 하필 그 길목에 있었다. 어찌해야 하는가. 그동안에도 망명객으로 지내왔지만 이번에는 상황이 달랐다. 갈 곳도 마땅치 않았을뿐더러 또 도망치면 다시는 자립할 기회가 없었다. 우후죽순처럼 나타났던 각지의 세력들도 정리되었다. 그런 유비에게 스승 노식의 교훈이 가슴을 때렸다.

"위기가 크면 큰 만큼 더 큰 기회가 온다."

이 교훈을 되뇌며 상황을 점검해 보니 유표는 조조와 싸울 의지가 없었고 손권도 조조와 싸워야 할지 항복해야 할지를 고민 중이었으니 유비 혼자 힘으로 조조와 싸워야 하는데 이는 불가능한 일이었다.

그렇다면 남은 방법은 손권을 부추겨 조조와 싸우게 만드는 것뿐이었다. 그것도 손권이 먼저 유비에게 손을 내밀게 해야 했다. 누가 그 일을 해낼 것인가. 관우도, 장비도, 조자룡도 아니고 제갈량(제갈공명)이었다. 제갈량은 유비가 신야에 와서야 처음 만났다. 당시 책사들이 제후들에게 자천이나 타천으로 등용되던 것과 달리 제갈량은 유비가 모셔왔다. 그 과정은 뒤에서 살펴보겠지만, 그만큼 제갈량은 자기가 원하는 것을 상대가 먼저 원하게 만드는 재주가 있었다.

제갈량은 좋게 말하면 동기부여의 천재였고 쉽게 말하면 충동질의 대가였다. 그 방식이 너무나 천연덕스러워 상대가 자신을 위한 것으로 여겨 고마운 생각까지 들게 했다.

동기부여는 누구나 한다고 하지만 그대로 구체화되지는 않는다. 나와 너 그리고 환경의 상호작용을 원활하게 만들 줄 알아야 한다. 제갈량의 그런 재주가 208년 겨울에 벌어진 적벽대전에서 결정적으로 발휘된다.

킹핀을 노려라

    조조가 원소의 세력을 소탕한 때가 적벽대전 1년 전인 207년 5월이었다. 그때부터 천하 패권이 중원과 북방은 조조, 남동부는 손권, 서남부는 익주의 유장으로 재편되었다. 다른 제후들은 이 셋을 중심으로 합종연횡하기 시작한다. 물론 대세는 조조여서 과연 조조가 손권과 유장 중 누구를 먼저 공략할지가 최대 관심사였다. 익주는 서남쪽 외진 곳에 있기도 했지만 유장은 지도력이 부족했고, 손권은 결단이 빠르고 호랑이 같은 기상이 있었다.

    그렇다면 어디를 먼저 공략해야 할까? 조조가 손권을 먼저 공격하면 유장은 결단력이 부족해 조조의 빈틈을 노리지 않지만, 유장을 먼저 공격하면 손권은 조조의 뒷덜미를 잡으려 할 것이다. 더구나 유장은 손권이 무너지면 저절로 무너지게 되어 있다.

세 조직 이상의 경쟁에서는 연쇄역학^{Chain dynamics composition}이 작동한다. 경쟁 구도가 치열할수록 약한 조직은 강한 조직을 중심으로 뭉치려 하며, 이런 경향 때문에 강한 조직 하나를 무너뜨리면 기대고 있던 다른 조직도 무너지는 '부수 조직의 도미노 현상'이 나타난다. 이것을 볼링에서 킹핀(가장 앞에 서 있는 1번 핀)을 겨냥하는 것에 빗대어 킹핀전략^{Kingpin Strategy}이라 한다. 조조와 책사 순욱, 가후, 순유도 손권을 먼저 치라고 했다.

다만 가후는 시기상조라고 했는데 원소 정벌전이 끝난 지 얼마 되지 않았으니 병사들에게 쉴 시간도 주고 민심을 안정시키고 있으면 손권이 저절로 항복하리라고 본 것이다. 그러나 조조는 하북까지 통일한 기세를 몰아서 나가야 한다며 80만 대군을 동원했다.

야망과 전략으로 혼란을 수습한 냉철한 권력자 조조

조조가 손권을 제압하려면 장강에서 이겨야 한다. 그러나 조조의 주력군이 육군이라 수전을 대비해 업성鄴城에 현무지玄武池라는 거대한 연못을 만들어 훈련한 다음 208년 가을에 남하했다. 이들이 장강으로 가는 길에 유비가 웅크리고 있는 신야를 지나고 다음에 유표의 형주가 나온다. 유표는 원소가 건재하던 시절에 원소 편이었으나 형식적이었다. 조조와 싸우던 원소가 도움을 청해도 관망만 했는데 워낙 학문을 좋아해 난세에 끼어들려고 하지 않았다.

그러나 또 다른 속사정이 있었다. 유표가 형주자사로 부임할 때가 황건적의 난 직후였는데, 혈혈단신이었다. 이런 유표를 도운 호족이 채모, 괴월인데 이들이 조조와 싸우기를 원치 않았다. 그 와중에 원소가 조조에게 패했고, 원소 아래에서 군사작전에 실패한 유비가 망명해오자 유표는 유비를 형주보다는 북쪽 남양에 더 가까운 신야에 배치한 것이다.

항복이냐, 항전이냐

조조가 남하한다는 소식에 유표가 충격을 받고 쓰러졌다. 마침 큰 아들 유기가 강하태수로 나가 있어 둘째 아들 유종이 채모의 계략에 따라 형주를 인계받았다. 유종의 어머니 채부인은 유표의 후처로 채모의 누나였다.

과보호 속에서 자란 유종은 심약하기 그지없어 채모와 괴월이 시키는 대로 형주를 조조에게 통째로 바쳤다. 그 바람에 유비가 다시 떠돌이가 되어 장강과 한수가 합류하는 우한으로 가야 했다. 그즈음에 조조의 최후통첩이 손권에게 날아왔다.

"지금 유비와 피라미들이 하구에 기대어 연명이나 하면서 물을 흐리고 있는데, 그대와 함께 피라미를 잡고 싶소. 그대의 영토는 내가 보장해 주리다."

조조의 수하가 되어 유비나 때려잡자는 것이다. 표현은 완곡했으나 거절하면 징벌하겠다는 뜻이 분명했다. 손권이 전군에 비상을 걸고 장강 하류에 방어선을 쳤다. 이제 조조와 싸우느냐 항복하느냐를 결단해야 했다. 참모들은 의견이 둘로 나뉘어 매일 격론을 벌였다. 강동의 지배자 손권이 왜 부하들의 의견을 모으려고 애를 썼을까?

조조나 원소는 물론 떠돌이 유비조차 참모의 의견이 엇갈릴 때는 주저 없이 결단을 내렸다. 아무리 좋은 결정도 타이밍을 놓치면 무용지물이기 때문이다. 그런데 손권이 이럴 수밖에 없는 이유가 있었다. 유사 이래 역사의 주무대는 중원이었으나 강남을 포함한 강동이 기후가 온화해 살기가 좋아 토착 문화를 형성해왔다. 강동에서도 손씨 집안의 고향인 양주 오군 부춘현은 변경지역으로 중원에서 난리가 나면 임협 무리가 오는 지역이었다.

그 임협 무리가 강동 호족세력에 가세해 손씨 정권의 기반이 되었다. 그럼에도 대대로 강남에서 거주한 호족들은 임협을 굴러온 돌로 보았다. 호족을 대표하던 고옹 등이 장소와 같은 문신들과 함께 항복을 주장했고, 강북에서 온 세력과 노숙 등 무인들은 결사 항전을 주장했다. 그 비율이 주화파 70퍼센트, 주전파 30퍼센트였다.

하나가 되어도 조조를 막아내기 어려운데 극심한 내분이 일자 손권도 망설일 수밖에 없었다. 더구나 손권의 군사력은 조조에 비교하면 초라했다. 그나마 수전에 한 가닥 희망을 걸어볼 수 있지만 지상전이라면 싸워볼 필요도 없을 만큼 차이가 컸다.

손권의 자존심을 건드리는 제갈량

항전파인 노숙이 절박한 심정으로 제갈량을 찾아갔다. 노숙에게 오나라 내부 사정을 들은 제갈량은 유비가 살아날 절호의 기회로 보았다. 곧 유비와 상의한 뒤 시상에 있던 손권을 찾아 장강의 물결에 올랐다. 그날도 손권은 참모들과 조조의 최후통첩을 놓고 격론 중이었다. 분노에 찬 손권의 목소리가 막사 밖으로 흘러나왔다.

"이들 봐요. 날마다 같은 말만 떠들면 어쩌란 거요? 조조가 벌써 문 앞에 닥쳐오고 있잖소."

노숙이 제갈량을 데리고 들어오자 장군들이 자리를 피했다. 그날 제갈량은 손권을 처음 보았다. 이마가 넓고 턱이 사각진 데다가 큰 입 주위에 자줏빛 수염이 무성해 첫눈에 보기에도 범상치 않았다. 더 특이한 것은 푸른 눈동자에 눈빛이 형형해 결단하면 직진하는 성격

균형 감각과 정치력으로 오나라를 안정시킨
실용적 군주 손권

으로 보였다. 하지만 뭔가에 쫓기는 듯한 분위기였다. 제갈량이 보아하니 강동의 호족들이 손권을 놓고 그의 아버지 손견과 형 손책만큼 해낼 수 있을까 하는 의구심을 품고 있는 분위기였다.

'아! 손권이 자신을 미더워하지 않는 호족들 때문에 머뭇거리는구나. 호족을 누를 명분을 주어야겠다.'

그리 생각하는 제갈량에게 손권이 입을 열었다.

"노숙에게서 선생 얘기를 여러 번 들었습니다. 상황을 잘 아실 테니 묘책을 가르쳐주십시오."

"장군의 선조인 손무께서도 지피지기면 백전불태라 하셨습니다. 먼저 오나라의 역량을 헤아리시고 전쟁 여부를 결단하십시오."

"그래서요. 싸우지 말라는 겁니까?"

"제 말씀은 머뭇거릴 시간이 없다는 뜻입니다. 맞설 수 있다면 결전하시고 그렇지 않다면 빨리 항복해야 목숨이나마 부지할 것입니다."

"뭐라? 빨리 항복하라고?"

"그렇습니다. 여기 참모들 다수가 원하는 대로 갑옷을 벗고 투항하면 조조도 관대하게 처분해 주리라 봅니다."

손권의 주먹이 파르르 떨었다.

"이보쇼. 선생 말대로라면 어찌 유 예주劉豫州(유비가 전에 유주자사를 지냄)는 항복하지 않는 것이오? 솔직히 내가 조조에게 투항하면 유 예주야말로 독 안에 든 쥐처럼 되는 게 아니오? 그럴진대 내게 항전을 권해야지 항복하라고 하는 것은 무슨 속셈이오?"

제갈량은 손권이 힐난하자 그가 자신의 충동질에 걸렸다고 보고 허리를 꼿꼿이 세웠다.

"무슨 그런 말씀을… 유 예주께서는 황실의 종친이라 조조에게 불복하지 않으십니다. 옛날 제齊나라의 일개 장수였던 전횡田橫도 자결할지언정 절개를 지켰습니다. 하물며 유 예주께서 조조 같은 역적놈에게 굴복하시겠습니까? 싸우다가 죽을망정 그럴 수는 없습니다."

제갈량이 절개의 표본인 전횡오백사田橫五百士(제나라 전횡이 진시황에게 나라가 망한 후 500 용사와 함께 제나라 재건을 노리던 중 유방이 진나라를 없애고 한나라를 건국하자 모두 자결했다)를 들먹였다. 제갈량이 유비를 절개 있는 인물로, 자신은 졸장부로 여긴다는 뜻이었다. 손권이 화를 벌컥 냈다.

"아니 나를 어찌 보고… 나도 의협심이라면 누구에게도 뒤지지 않거늘 역적놈한테 굴복하겠소?"

어느덧 손권도 제갈량을 따라 조조를 역적이라고 표현했다. 조조를 역적이라고 몰아붙인 것은 원래 유비였다. 그래야만 한실의 종친인 자신이 올라서기 때문이다. 조조로서는 억울할 만했다. 동탁의 인형 노릇을 하던 헌제獻帝가 장안을 탈출해 원소와 조조에게 도와달라고 했을 때 원소는 부담스러워 거절했으나 조조가 모셔왔다. 물론 그 후 조조가 헌제를 꼭두각시처럼 여겼지만 원술처럼 대놓고 황제를 참칭하지는 않았다.

그랬던 조조를 제갈량은 역적으로 몰았다. 역적에게 항복하면 같이 역적이 되고 싸우면 충신이 되고 이겨내면 만고의 영웅이 되는 것이다. 그때부터 손권은 조조를 타협이 아닌 타도의 대상으로 보기 시작했다. 이처럼 관점이 바뀌면 태도도 바뀐다. 모든 행동의 원동력은 관점에서 나온다. 이 일이 성사될 수 있는지, 성사된 후 의미 있는 보상이 가능한지가 긍정적이면 행동으로 옮길 의욕이 생긴다.

제갈량을 대하는 손권의 태도가 한결 부드러워졌다.

"나야 어떤 경우에도 조조에게 굴복하지 않겠지만, 우리 군사는 한 동안 전쟁 없이 지내 조조의 사나운 군사를 대적하기가 버겁소. 도망 자 신세인 유 예주가 함께한다 한들 얼마나 도움이 되겠소?"

"아이고 잘 모르시는 말씀입니다. 유 예주께서 장판에서 조조에게 패했지만 아직도 정예병 1만 명이 있고, 우리와 동맹을 맺은 강하태수 유기도 수군이 1만 명 있습니다. 게다가 조조의 군대는 수전에 약하지만 장군의 군대는 수전에 능합니다. 우리와 연대해 수전을 벌인다면 반드시 이길 것입니다."

제갈량이 손권의 의협심을 자극하고 승리할 거라고 확신까지 심어주었다.

"좋소. 나 강동의 손권은 누구의 지배도 받지 않을 것이오. 나의 10만 병사는 함께 목숨을 바쳐 싸울 것이오."

노숙이 밖으로 나가 손권의 결심을 전했다. 무인들은 환호했으나 문신들은 말도 안 된다면서 손권에게 몰려왔다. 장소가 무릎을 꿇고 제갈량을 가리켰다.

"어찌 저런 풋내기의 세 치 혀에 놀아나십니까?"

장소는 조욱, 왕랑 등과 함께 서주의 명사로 황건적의 난을 피해 강남으로 왔으며 강남의 유학자들에게 환대를 받았다. 그런 장소를 주유가 손책에게 추천해 중용된 것이다. 고옹도 거세게 반대했다.

"지금 벼랑 끝에 몰린 유비가 제갈량을 보내 우리를 조조와 싸우도록 부추기는 것입니다."

고옹이 누구던가. 장온, 주환, 육손과 함께 강동의 4대 명가인 장張, 주朱, 육陸, 고顧를 대표하는 인물이었다. 손씨 일가 역시 이들 네 가문과 결탁해 오나라를 일구어 왔다. 그런데다가 고옹은 후한의 최고 학자인 채옹의 제자였다. 이들이 화친을 주장하자 손권도 무시하기 어려워져 한 발 물러서며 형 손책의 유지를 꺼냈다.

"형께서는 내게 위기를 만나면 국내 일은 장소에게 묻고, 국외 일은 주유에게 물으라 했소. 이번 일은 주유에게 묻고자 하는데 어찌 생각하시오?"

양측이 다 좋다고 했다. 손권이 주유에게 호출 친서를 쓰고, 말미에 주전파와 주화파를 두루 만나되 노숙과 제갈량은 따로 만나라고 적었다.

반대 세력 중에서
동조자를 확보하라

당시 주유는 파양호(장강 중류의 호수)에서 수군을 조련하던 중이었다. 손권이 머물던 시상과 가까워 손권의 친서가 주유에게 바로 전달되었다. 주유가 친서를 볼 때쯤 주전파와 주화파가 앞다퉈 찾아와 자신들을 도와달라고 했지만 주유는 확실한 답을 주지 않았다.

"다 알아들었으니 물러들 가시오. 내일 주군 앞에서 이야기합시다."

주유가 객관에 머물던 노숙을 불렀다. 둘 사이는 특별했다. 주유가 양주 여강군 거소현의 장관이 되었을 때 서주의 대부호 노숙에게 문안 갔더니 노숙이 거액의 군자금을 쾌척했다. 그 후 노숙은 원술이 도와달라고 해서 만났으나 인물이 편협되어 실망했는데 주유가 권유해 강동으로 왔다. 손권이 노숙을 처음 만난 자리에서 물었다.

"내 처지에서 지금 형세를 설명해 보시오."

"조조가 중원을 석권한 뒤 항우처럼 버티고 있어 춘추시대 패자였던 제환공이나 진문공과 같은 길로 가기는 어렵습니다."

"그럼 어떤 길로 가야 하오?"

"한고조 유방의 길입니다. 그러려면 강동은 물론 형주까지 장강 유역 전체를 석권한 다음 천하를 통일하시면 됩니다."

노숙의 천하이분지계天下二分之計였다. 손권이 남방을 확실히 장악해서 중원과 북방을 차지한 조조를 도모하고 유방처럼 새 제국을 건설하자는 것이다. 이 웅대한 비전 제시에 손권은 말끝을 흐렸다.

"음, 난 그저 한나라 황실이 잘되기만 바랄 뿐이야. 내가 뭐…."

손권이 노숙을 전격 등용하자 장소와 같은 중신들이 심하게 견제했다. 그래도 노숙이 특유의 친화력으로 충돌을 피하며 친분을 다졌다.

주유의 막사에 주전파와 주화파가 아침부터 번갈아 몰려 와 해질 때까지 떠들고 갔다. 그때까지 기다리던 노숙이 제갈량을 데리고 주유에게 가며 걱정을 했다.

"주유도 내심 결전을 원합니다만 호족들의 반대가 워낙 거세서 고민 중일 것입니다."

"반대를 누그러뜨린 방법은 없습니까?"

제갈량이 일부러 그리 묻자 어둠 속에서 노숙이 주위를 살폈다.

"제가 육손과 장온을 몰래 만나 설득해 두었습니다. 이제 주유만 적극적으로 나서면 장소도 따라올 수밖에 없고 장소와 막역한 주환도 반대하기 어렵습니다. 그러면 주군께서 결단을 내리기 쉽습니다."

"반대 세력을 동조자로 규합하는 재주가 좋습니다."

제갈량이 칭찬하니 노숙이 으쓱했다.

"주유가 기백은 강하지만 너그러워 호족들의 의견을 잘 물리치지 못합니다. 어떻게 설득해야 할지 걱정입니다."

"제게 생각이 있으니 걱정하지 마십시오. 주유가 목숨 걸고 항전하자고 나서게 만들겠습니다."

그날 밤 제갈량은 주유를 처음 만났다.

달빛에 차 향기가 오르는데 제갈량이 조조의 둘째 아들 조식이 지은 〈동작대부銅雀臺賦〉를 읊조렸다. 학문에 조예가 깊은 주유는 입만 열고 붓만 들어도 시가 나오는 천재 시인의 시를 들으며 미소 지었다.

"야밤에 웬 시입니까?"

"다 사연이 있습니다. 얼마 전 동작대 연회에서 조식이 아버지 조조에게 바친 시입니다. 조조가 이 시를 듣고 기분이 좋아져 평생 소원이 두 가지 있다고 했답니다."

"무엇이랍디까?"

"첫째는 천하통일이요, 둘째는…."

제갈량이 잠시 말을 멈추고 찻잔을 들어 천천히 마셨다.

"둘째는 뭡니까?"

성미가 급한 주유가 재촉했다.

"조금 민망합니다만…."

제갈량이 비밀을 털어놓듯 조심스럽게 입을 열었다.

"조조가 동작대에서 강남의 천하절색을 좌우에 품고 희롱하고 싶답니다."

주유가 고개를 갸우뚱했다.

"강남의 천하절색이라니 누구를 가리키는 겁니까?"

"이교二喬라고… 대교, 소교라는 자매랍니다."

"뭣이라고? 조조… 이 천하의 음탕한 놈. 네놈하고는 같은 하늘 아래 살 수 없다."

화를 벌컥 내는 주유에게 제갈량이 아무것도 모르는 양 물었다.

"왜 그리 화를 내십니까. 영웅호색이라고 조조 같은 인물이 미색을 탐할 수 있죠. 자매를 찾아서 조조에게 보내면 조조가 물러나리라

손책의 부인 대교와 주유의 부인 소교

고 봅니다만⋯."

주유의 미간에서 힘줄이 솟구쳤다.

"언니 대교는 선군 손책의 부인이고 동생 소교는 바로 내 아내요."

"어이쿠, 미안합니다. 잘 몰라 큰 결례를 범했습니다."

매사에 용의주도한 제갈량이 왜 몰랐겠는가. 조조는 동작대라는 누각과 이교인 옥룡교, 금봉교를 만들고, 만년에 여기서 여유롭게 지내고 싶다고 한 적이 있다. 제갈량이 이를 변용해 주유의 질투를 불러일으킨 것이다.

사실 주유와 제갈량은 닮은 꼴이었다. 외모도 훤칠하고 미남형인데다가 사고방식도 즉흥적이라기보다는 전략적이었다. 차이점이라면 주유는 현장 밀착형이라 어떤 자극에 따라 전략을 세웠지만 제갈량은 그런 자극에 잘 휘둘리지 않고 이면을 살피는 유형이었다. 주유는 이 차이를 모른 채 제갈량을 대했고, 제갈량은 이를 알고 주유를 대했으니 제갈량이 의도를 감추고 주유를 자극한 것이다.

두 사람이 경쟁 관계로 만나면 제갈량 같은 유형이 기선을 잡지만 같은 조직에 있다 보면 제갈량 같은 유형은 늘 복선을 깔기 때문에 주유 같은 유형이 불신하게 된다. 이를 간파한 제갈량이 주유가 속한 손권 대신 유비를 주군으로 택한 것이다.

장차 손권은 주유의 현장 밀착형 책략으로 기반을 공고히 다지고 유비는 제갈량의 통찰형 책략으로 삼국시대의 한 축이 된다. 주유는 제갈량의 말에 조조가 아내를 농락하려 한다고 확신하고는 다음 날 해가 뜨기도 전에 부랴부랴 손권을 찾아갔다.

제갈량을 대신해
손권을 움직이는 노숙과 주유

손권의 막사에서는 왼쪽에 주화파가, 오른쪽에 주전파가 늘어서 있는데 주유가 오자 손권이 모두 자리에 앉으라고 했다.

"자, 주 도독都督(해군사령관)이 왔으니 서로 합의한 대로 도독의 의견을 들어보고 바로 결론을 내립시다."

모두 주유에게 자기들 주장을 지지해 주길 기대하는 눈빛이었다. 주유의 눈빛이 평소답지 않게 질투로 이글거렸다.

"조조가 한나라의 승상이라 하나 역적이 틀림없고, 북방에 막 자란 억새에 불과합니다. 주군께서는 3대째 이 강동을 일구셨고, 그 넓이가 사방으로 수천 리인 데다가 나날이 융성하고 있습니다. 어찌 조조 같은 놈이 천하를 좌우하도록 놔둔단 말이오."

무신들은 연신 고개를 끄덕였고, 문신들은 어리둥절한 채 좌장 격인 장소가 나서길 바라는 눈치였다. 그러나 장소는 주유가 강력히 주장하는 데다가 손권도 주유에게 동조하는 눈빛이라 끝내 입을 열지 않았다.

손책이 갑작스럽게 사망했을 때 18세이던 손권이 어쩔 줄 모르고 그저 영정 앞에서 울고 있었다. 그런 손권을 장소가 억지로 일으켜 말에 태우고 군대의 사열을 받게 했다. 그만큼 장소는 손권이 주군의 위엄을 지키도록 혼신의 노력을 기울여왔다. 그런 장소이니 손으로 입을 닫을 수밖에…. 단지 고지식한 고옹만이 다시 주화론을 주장했다.

"주 도독의 말이 기백도 넘치고 듣기에는 그럴듯하나 실상을 봐야 합니다. 조조는 백만대군에다가 천자의 칙명까지 앞세우고 있습니다. 감정에 치우치지 말고 현실을 봐야 합니다. 현실을."

문신들도 덩달아 현실을 보라며 혀를 찼는데 주유가 고옹을 정면 반박했다.

"천자의 칙명도 조조가 압박해서 받은 것입니다. 그런 역적을 놔두란 말입니까. 조조가 백만대군이라 하나 지상전에만 익숙합니다. 수전에 강한 우리가 장강에서 버티면 저들은 물결에 휩쓸려가는 개미떼에 불과할 것입니다."

잠시 말을 멈춘 주유가 다시 문관들을 보며 힐난했다.

"현실을 보자고들 하셨습니까? 항복하면 어떤 일이 일어날까요? 대대로 강남에서 살아온 당신들 같은 대호족은 조조가 다독이며 이

지역을 다스리겠지만, 나나 노숙처럼 강북에서 내려온 명사들은 고향으로 보내 자신의 치적을 선전하게 할 것이오. 자, 그러면 이곳 한미한 호족 출신인 주군께서는 어찌 될까요? 대답들 해봐요. 당장 자신들만 살자고 주군이야 어떻게 되는 말든….”

주유의 이런 시각은 제갈량에게서 나온 것이다. 노숙이 유비를 찾아갔을 때 제갈량이 손권이 조조에게 항복하면 일어날 상황을 말해주었고, 이에 공감한 노숙이 손권과 주유를 각기 만나 자기 의견이라며 내놓은 것이다. 주유는 물론 손권도 뛰어난 견해라며 공감했다. 주유의 말이 끝나기 무섭게 손권이 벌떡 일어나 탁자를 칼로 내리쳐 조각냈다.

“이것으로 토론은 종결한다. 앞으로 조조에게 항복하려는 자는 이 탁자처럼 되리라.”

손권은 평소에는 합의를 중시하지만 그것이 마땅하지 않을 때는 광기를 부릴 만큼 밀어붙이는 유형이었다. 그 자리에서 전쟁을 선포하고 수군 대도독에 주유, 부도독에 정보, 찬군교위(작전참모)에 노숙을 임명했다. 제갈량의 격장지계激獎之計가 만들어낸 장면이었다. 제갈량에게 자극받은 주유가 손권의 불안을 부추겨 벌어진 이 전쟁으로 제갈량이 구상한 천하삼분지계天下三分之計가 구체화되면서 삼국시대의 흐름도 격변한다.

책략을 내기 전에
상대를 먼저 읽어라

천하가 난리인데도 고요한 곳이 있었다. 형주 남양군(오늘날 허난성 난양시) 서쪽의 융중隆中이라는 곳이었다. 이곳의 마치 누워 있는 용과 같이 생긴 와룡臥龍 언덕에 제갈량이 칩거하고 있었다. 제갈량은 서주 낭야군 양도현(오늘날 산둥성 린이시) 출신으로 어려서 부모를 여의고 두 누이와 형 제갈근과 함께 숙부 제갈현 밑에서 자랐다.

그즈음 조조가 산둥성의 북쪽 청주에서 황건적을 격파하고 이들을 흡수해 30만 대군을 확보하며 산둥반도의 신흥 강자로 부상했다. 하필 이 무렵 서주자사 도겸의 휘하 장수 장개가 개인적 원한으로 조조의 아버지 조숭과 그 일족을 살해했고, 이 일로 서주 일대는 조조의 복수심에 떨어야 했다. 그때가 193년경으로 제갈량의 나이는 13세였다. 마침 제갈현이 유표와 원술의 도움으로 예장태수로 부임하며 제갈량 형제도 데려갔다.

4년 후 제갈현이 죽자 제갈근은 손권의 책사로 갔으며, 제갈량은 융중에 머물며 천하 정세를 관찰했다. 제갈량은 어려서부터 자신을 춘추시대의 관중과 전국시대의 악의와 비유했다. 관중은 제나라 환공을 패자가 되게 했고 연나라 장수 악의는 강대국 제나라를 격파했다. 어린 제갈량이 난세를 정리하려는 웅지를 품은 것이다. 그래서 어린놈이 주제 파악도 못 한다는 비난을 많이 들었다.

하지만 형주로 온 뒤 사마휘(일명 수경선생)의 문하생이 되었을 때 인물됨이 드러났다. 동문수학한 서서, 최주평, 맹공위, 석광원 등에 비해 월등했던 것이다. 동문들이 글자 하나하나를 따지며 이해하려 했다면 제갈량은 책 전체의 요지를 한눈에 파악했다. 여기에 사마휘에게 사람의 장단점을 파악하는 법을 배우더니 당대 명사들을 분석하는 시각이 명료해졌다. 그 결과 나온 작품이 '지인성知人性'이다. 제갈량식 심리 파악으로 7가지 구별법이 나온다.

어떤 일의 시비를 물어(問之) 그 대답을 들으며 속을 살피고, 빈틈없는 말로 궁지에 몰아(窮之) 임기응변을 살피며, 계책을 물어(咨之) 식견의 깊이를 보고, 상황의 위급성을 알려(告之) 용기를 보고, 만취했을 때(醉之) 본성을 살피고, 재물을 주어(臨地) 청렴도를 가늠해 보고, 기한을 정해(期之) 과제를 주고 신용을 살펴본다.

사람은 얼마든지 속내를 감출 수 있다. 그러니 생사를 가르는 전쟁에서 상대의 본성을 아는 것보다 더 중요한 일은 없다.

천하의 책사와
천하의 추녀

제갈량이 사람의 심리를 통찰하는 지혜를 터득하던 어느 날 형주
의 토착 호족인 황승언이 찾아왔다.

"자네도 어느덧 스물일곱 살이네. 결혼해야 하지 않겠나?"

"아직 마땅한 배필을 만나지 못했습니다."

"그런가. 내 딸은 어떤가. 솔직히 못생겼네만 재능이 넘쳐서 자네
가 하려는 일에 도움이 될걸세."

제갈량도 알고 있었다. 황 소저가 피부가 까맣고 머리 모양이 독
특하며 들창코라는 것을…. 형주에서 황승언의 딸만큼 못생긴 여자
는 없다는 소문이 파다했다. 그런데도 흔쾌히 받아들여 결혼식을 치
렀다. 그랬더니 이런 유행어가 나왔다.

"다른 것은 몰라도 아내 고르는 일만큼은 제갈량에게 배우지 마라."

그 유행어를 따르는 사람들과 거기에 초탈한 제갈량. 바로 그 차이에서 범속한 인물과 범상한 인물이 나뉜다.

미모란 심미적 판타지의 일종이다. 제갈량은 그 판타지에 빠지지 않았기 때문에 전략가로 불후의 명성을 쌓을 수 있었다. 판타지는 시대나 문화에 따라 달라진다. 주관적으로 선호하는 심리적 요인이라는 것이다. 무엇을 볼 때 아름답다, 추하다고 느끼는 정서적 반응이 심미이다. 이런 심미적 요소를 무작정 추종하게 되면 그 요소를 갖추었느냐, 아니냐로 자신감과 열등감도 지니게 된다. 이런 감정은 실제 자신의 역량과 무관하다.

다분히 유행에 호도된 감각이 심미적 느낌인데도 일종의 후광효과가 있어 사람들을 위축시키기도 하고 오만하게 하기도 한다. 제갈량은 여기에 흔들리지 않았기에 황 소저의 진가를 알아보았다. 겉모습에 취해 넘어진 영웅이 어디 한둘이랴. 중국 역사 초기의 하은주 세 나라가 그렇게 무너졌고 조조도 승리에 취해 방심하며 미색을 탐하다가 화공을 받아 죽을 뻔했다.

제갈량이 천하의 박색으로 소문난 황 소저와 혼인할 무렵 형주자사 유표가 청류파 출신들로 강하팔준江夏八俊을 결성했다. 그 소문을 듣고 전국의 저명 학자들이 형주의 중심지 양양으로 몰렸다. 양양의 막강한 가문인 황黃씨, 괴蒯씨, 방龐씨, 채蔡씨, 마馬씨, 습習씨 등이 이들을 후원했다.

제갈량의 두 누이도 괴씨와 방씨 가문에 시집갔으며 제갈량이 황씨 가문의 사위가 되면서 일약 형주의 호족사회에 편입되었다. 더구나 황승언은 유표의 처남인 채모의 큰누나 남편, 즉 매부였다. 그래서 제갈량의 장인 황승언과 유표가 동서지간이었다.

제갈량은 마음먹기에 따라 얼마든지 유표의 책사가 될 수 있었다. 그러나 제갈량이 보기에 유표는 난세의 지도자는 아니었다. 그래서 유표를 멀리하고 농사와 독서로 소일하며 마땅한 주군을 물색했다.

그즈음 유비가 서주에서 조조에게 패하고 원소에게 갔다가 다시 유표에게 도망을 왔다. 황실 혈통이라는 자부심이 컸던 유표는 유비를 인척이라며 받아주고 형주 신야를 내주었다.

유비는 왜 떠돌이 신세를 면치 못했나

　유표는 학식도 풍부하고 가문도 황족이었으나 정세분석력과 군대 운용 능력이 떨어졌다. 문인이나 학자들은 유표를 만나면 좋아했지만 책사들은 유표가 인물이 아니라고 보았다. 제갈량 못지않은 책략가 가후도 유표를 만나보더니 치세에는 삼공에 오를 인물이나 난세에는 시세를 보는 눈과 결단력이 부족해 나락에 떨어질 인물로 판단했다. 조조의 책사 곽가도 유표에 대해 가만히 앉아서 누구에게나 반말을 지껄이는 자라 했고 조조도 유표는 자기 자신만 아는 놈이라며 무시했다. 유표는 지략과 학식은 다르다는 것을 웅변해 주는 인물이었다.

　207년 조조가 허도를 비우고 하북의 오환과 원상을 정벌할 때 유비가 유표에게 급습을 제안했으나 듣지 않아 절호의 기회를 놓쳤다.

같은 해에 조조가 다시 군대를 일으켜 형주를 치려는데 순욱이 제지했다.

"이제 하북을 평정하셨으니 남쪽의 유표가 불안에 떨 것입니다. 형주 쪽을 향해 우리가 군사훈련만 해도 제풀에 쓰러질 텐데 군대까지 동원할 필요가 없습니다."

조조가 옳다고 여겼다.

다음 해 봄에 손권이 형 손책을 죽게 한 강하태수 황조의 목을 베었다. 그래서 유표가 궁중 암투에서 밀린 장남 유기를 강하태수로 보냈다. 그동안 유기가 유표는 물론 유비의 지지를 받았지만 채씨 호족에게 밀려난 결과였다.

같은 해 6월 조조가 삼공제도를 폐지하고 승상에 오르더니 한 달 뒤 남하를 시작했다. 유표는 조조가 형주에 오기도 전에 두려워하며 죽었고 후계자 유종도 채씨 일족의 권고에 따라 조조에게 항복했다. 순욱의 말처럼 형주가 조조에게 고스란히 넘어갔다. 다시 사면초가에 빠진 유비가 사마휘를 찾아갔다.

"나에게 의리와 용맹을 갖춘 무장 관우, 장비도 있고 외교와 행정의 달인 간웅, 손건, 미축도 있건만 왜 이렇게 자리를 못 잡는 것이오?"

"싸움에는 관장조가 필요하고, 사무에는 간손미가 필요합니다만, 이들을 부리며 대국적 견지에서 전략을 내놓을 책사가 없기 때문이오."

그제야 유비가 깨닫고 적극적으로 책사를 물색했다. 물론 신야에 내려온 후 처음으로 서서를 군사軍師로 등용해 보기도 했다. 그때 큰

인덕으로 사람을 끌어모으는 군주형 지도자
유비

재미를 보았는데 번성에서 주둔하던 조조의 육촌 동생 조인이 신야성으로 쳐들어와 팔문금쇄진八門金鎖陣을 펼쳤지만, 서서가 훨씬 적은 병력으로 이 진법을 깨는 동시에 관우를 보내 번성을 차지했던 것이다.

조조는 유비 무리가 지략도 없이 의리로만 뭉쳐 있다고 보았던 터라 깜짝 놀라며 정욱에게 서서가 누군지 물어보았다.

"능력으로 말하면 서서가 저보다 5배는 뛰어납니다."

"그런 인물을 유비에게 빼앗기다니… 새가 날개를 얻은 격이로다. 서서를 데려올 방법이 없겠느냐?"

정욱이 효심지계孝心之計를 내놓았다. 그래서 서서의 어머니를 데려와 서서에게 위나라로 오라는 편지를 쓰게 했다. 하지만 거절당하자 어머니의 필체를 본떠 서서에게 편지를 보냈다.

207년 시월의 어느 날 서서가 유비에게 작별 인사를 올렸다.

"제 노모가 조조에게 볼모로 잡혀 있으니 갈 수밖에 없습니다."

유비는 처음 책사로 등용한 서서가 떠나는데, 작은 성에 고작 2천~3천 명 내외의 병사와 책사 한 사람 없이 머무르는 자신이 더 처량하게 느껴졌다. 그때 서서가 추천한 인물이 제갈량이다. 서서는 왜 제갈량을 추천했을까?

"제가 까마귀라면 공명은 봉황입니다. 까마귀는 상황에 맞추기를 잘하지만 봉황은 상황을 잘 만들어낼 줄 압니다. 공명은 누가 부른다고 오는 사람이 아닙니다. 직접 찾아가셔야 합니다."

그날따라 관청의 뜨락에 낙엽만 수북이 쌓여갔다. 유비와 관우, 장비가 도원결의로 뭉친 지 어느덧 23년이나 지난 시점에 돌아보니 조조는 하북을 차지했고 손권은 강남을 지배하는데, 유비는 여전히 떠돌이 신세를 면하지 못하고 있었다.

유능한 책사는
입맛에 맞는 주군을 고른다

조조에게 자신의 첫 책사 서서를 빼앗긴 유비는 절박한 심정으로 관우, 장비를 대동하고 제갈량을 찾아갔으나 부재중이라 시동侍童에게 동짓달 스무날에 다시 오겠다고 했다. 그날 하필 폭설이 쏟아졌지만 유비 일행은 융중을 찾았다. 하지만 제갈량이 집을 비워 만나지 못하자 장비가 불만을 토로했다.

"그까짓 촌놈 하나 만나자고 이렇게까지 공을 들여야 합니까?"

"아우야, 만고의 현인을 얻기가 그리 쉽다더냐."

그 후 추위가 누그러진 날 찾아갔더니 마침 제갈량이 있었다. 군웅들이 할거하는 난세일수록 유능한 책사들은 조조나 손권 같은 영웅에게 몰린다. 책사가 등용되는 방식은 자천, 타천 그리고 스카우트다.

서서는 자천으로 신야의 거리에서 유비가 지나가기를 기다렸다가 노래를 부르며 이목을 끌었다. 제갈량은 유비가 서서에게 천거를 받고 두 번씩이나 찾아와도 피하며 애를 태웠다. 왜 그랬을까?

유비가 유표의 장남 유기와 가까웠지만 제갈량은 유표의 차남 유종과 인척 관계였다. 제갈량의 장모가 유표의 후처 유종을 낳은 채씨와 자매 사이였다. 제갈량에게 정치적으로 유비가 어색할 수 있었지만 그 이유만으로 제갈량이 유비를 피한 것은 아니었다. 그보다 유비와의 장차 관계를 염두에 두고 첫 만남부터 기획했다.

당시 천하를 평정하기 위한 전략의 상수는 조조이고 그다음이 손권이었으며 유비는 어디까지나 여타 군웅과 함께 종속변수에 불과했다. 이런 유비를 상수로 만들려면 두 가지가 필요했다. 유비가 제갈량을 전적으로 신뢰해야 하고 유비의 의형제들, 즉 장비와 관우가 제갈량을 따라야만 했다. 안 그러면 제갈량이 아무리 좋은 책략을 내놓아도 무용지물이었다.

유능한 책사들은 책략을 내놓았다가 주군이 의심이 많거나 그만한 그릇이 안 되면 미련 없이 옮겨갔다. 대표적으로 가후가 그랬다. 가후는 동탁, 이각, 단외, 장수, 조조 등 자기 입맛에 맞는 주군을 찾아 옮겨 다녔다. 그 정도까지는 아니라도 곽가나 순욱, 허유 등도 말귀가 통하지 않는 원소를 버리고 조조를 택했다. 이들의 지략 덕분에 조조가 관도대전에서 원소를 극복할 수 있었다.

관도대전이 벌어지기 직전 전풍과 저수가 원소에게 성동격서聲東擊西

전략을 내놓았지만 이를 시기한 곽도와 심배 때문에 무산되었다. 진영 내부에서 권력 암투가 심했던 것으로 그만큼 원소가 책사를 관리할 역량이 부족했다. 주군의 그릇이 작으면 책사가 기막힌 책략을 내놓을수록 수용하지 못한다.

조직관리의 기본은 조직의 비전과 조직 내 집단의 비전이 일치하거나 적어도 배치되지는 않게 해야 한다. 주군의 그릇이란 조직 내 다양한 집단의 비전이 조직의 비전과 일치하도록 조직의 분위기를 만들어가는 능력이다. 원소는 전쟁을 앞두고 조직 내에서 벌어지는 파벌싸움을 관리하지 못해서 패전했다.

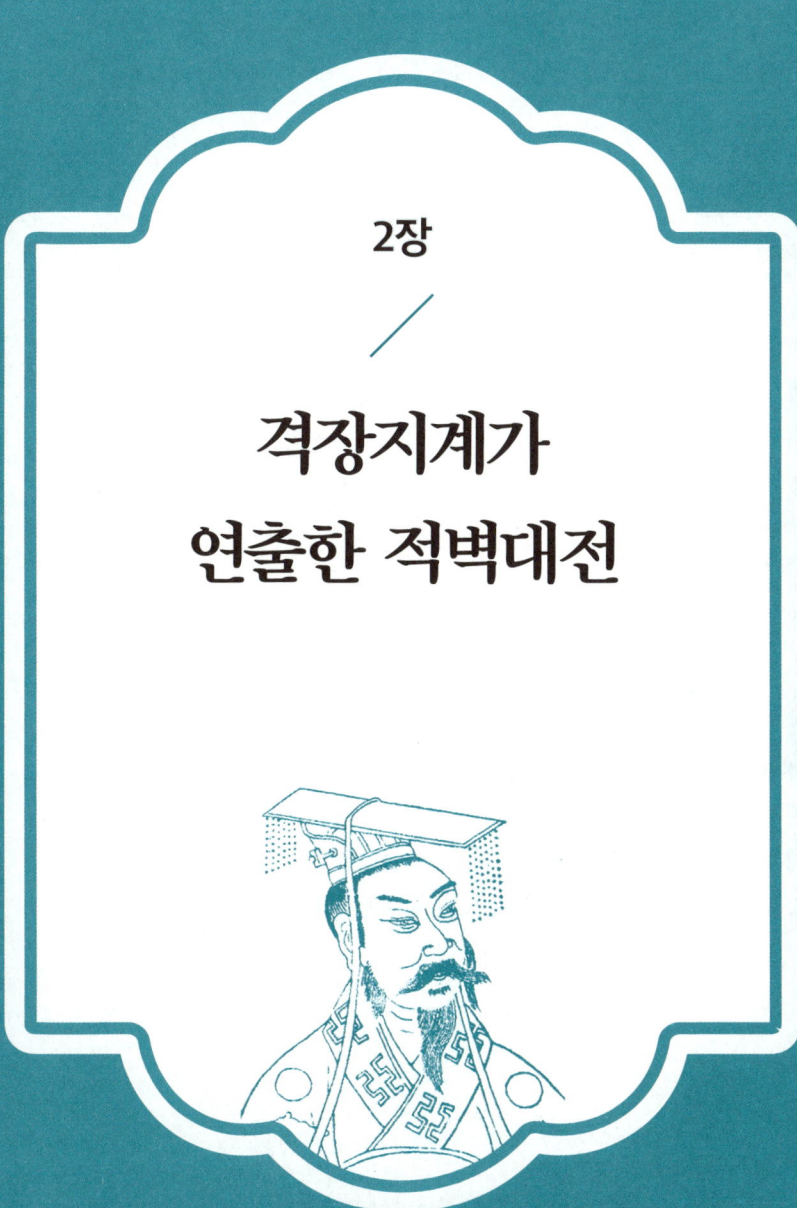

2장

격장지계가
연출한 적벽대전

적벽대전이 없었다면 삼국시대도 없었다. 이 전쟁에서 조조, 유비, 손권이라는 세 영웅이 탄생하며 세 영웅을 움직인 책사들의 기지가 번득였다. 적벽대전의 불길을 처음 지핀 이는 조조였다. 조조가 강남을 정벌하러 내려와 손권에게 함께 유비를 때려잡자며 항복을 요구했다. 손권은 순응할지 대항할지 고민에 빠졌고, 두 강국 사이에서 유비는 고래 싸움에 새우 등 터질 지경이었다. 이런 유비를 누가 살려냈을까? 바로 제갈량이었다. 손권을 자극해 조조와 싸우게 만들고 그 틈에 입지를 마련한 것이다.

이 장면은 새우 같은 조직이 고래 같은 조직들의 틈바구니에서 어떻게 기반을 마련해야 하는지를 보여준다. 심리전에도 물리법칙과 동일하게 작용과 반작용이 작동한다. 단 심리전에서 반작용은 대응하는 조직의 지략에 따라 수위가 달라진다.

초반 정서 구도를
잘 설정하라

제갈량은 관도대전에서 조조보다 훨씬 앞섰던 원소가 패하는 것을 목격했다. 그래서 더욱 군주를 고를 때 천하를 품을 만한 그릇인지를 살폈다. 그렇게 해도 어디까지나 제갈량의 신분은 부하일 수밖에 없었다.

이런 한계를 극복하려면 반역을 도모하지 않는 한 심리적 우위에 서는 것밖에 없었다. 그래야 어떤 책략을 내놓아도 수용이 된다. 제갈량이 결례를 무릅쓰고 유비가 자신을 거듭 찾아오게 만든 이유가 그 때문이었다.

인간관계가 다 그렇듯이 군신관계도 첫인상, 즉 초기의 정서 구도가 중요하다. 그 정서 구도가 정착되면 하나의 무드가 되어 무언의 습관처럼 지속되기 쉽다. 나중에 이런 구도를 바꾸려면 엄청난 노력을 기울여야 한다. 이미 조조나 손권의 조직 기반은 탄탄했다. 그 와중에 제갈량이 유비가 비빌 언덕을 만들어가야 했다. 경쟁 조직의 기반이 탄탄한 가운데 기반을 조성하려는 계책은 아무리 기발해도 타이밍을 놓치면 백해무익하다.

제갈량이 내놓을 계책 중 관우나 장비는 물론 유비도 인내해야 할 경우가 있을 터이며 그럴 때도 흔쾌히 따라주어야만 한다. 유비가 얼마나 제갈량에게 빠져드느냐가 중요했기 때문에 유비를 두 번씩이나 바람맞혔고 세 번째 찾아왔을 때 일부러 낮잠까지 자고 있었다.

장비가 경악했고 인내심 많은 관우까지도 무례한 놈을 당장 요절내겠다며 펄쩍 뛰었다. 이런 상황이 제갈량이 앞으로 유비와 일할 때 우려되는 부분이었다. 유비와 관우와 장비는 혈육보다 더 가까운 사이가 아니던가. 이런 중심 세력 사이에서만 작동되는 공감력이 강할수록 다른 사람들은 배척당하기 쉽다. 이들은 제갈량과 뇌 구조가 달랐다. 우열의 의미가 아니라 용도가 다르다는 것이다. 제갈량은 책사로, 관우나 장비는 무사의 뇌로 최적화되어 있었다. 유비 조직의 최대 강점이자 약점이 무사 중심 아니던가.

유비도 뒤늦게 이 사실을 깨닫고 좌 책사, 우 무사로 재구성해 보려고 서서도 기용했다. 그때도 서서가 조인과 싸울 때 관우와 장비가 서서에게 자주 딴지를 걸었다. 서서가 유비를 떠난 것도 조조가 거짓으로 보낸 어머니의 편지가 결정적이지만 관우와 장비가 주축인 중심 세력의 한계도 절감했기 때문이다. 그래도 유비를 존경해 안타까운 심정에 제갈량을 봉황이라 소개해 주었고 제갈량에게도 유비 조직의 장단점을 알려주었다.

조직 내 핵심 그룹의 친밀도가 높으면 단결이 잘되지만 그만큼 배타적이라서 확장력이 약하다. 새로운 인재가 와도 융합하기 어렵고 역량을 펼치려 해도 이간질당한다. 이를 극복하려면 리더가 어떻게 하느냐가 중요하다. 유비만이 관우와 장비를 억누를 수 있기 때문에 제갈량은 처음부터 유비가 자신을 더 갈구하도록 유도했고 관우와 장비에게 더 의연하게 처신했다.

사람은 상대적이다. 만만하게 구니까 만만하게 대우받는 것이다. 호구 잡히지 않으려면 처음부터 당당하게 해야 한다. 물론 제갈량처럼 유비가 찾아와도 무시하려면 그만큼 대체 불가의 실력을 갖추어야 한다. 그런 실력도 없이 유비 같은 영웅을 무시하면 도리어 화를 입는다. 실력을 갖추었더라도 유비처럼 자존감보다는 인재 확보가 우선인 영웅을 만난다는 보장은 없다. 제갈량도 유비라는 그릇을 보았고, 자신이 무례하게 해도 더 끌려 오리라는 자신이 있었다.

제갈량의 삼분지계에
유비의 눈앞이 환해지다

첫 만남에서부터 유비는 제갈량에게 심리적으로 설복당했고 이 광경을 관우와 장비가 보았다. 유비가 얼마나 제갈량을 의지했는지는 유언을 보면 알 수 있다.

"유선아, 공명을 친부로 여기고 따르거라. 그리고 공명, 자네가 보기에 내 아들이 부족하면 그대가 이 나라를 취하라."

유비가 이렇게까지 제갈량에게 심리적으로 묶인 것은 다시 강조하지만 제갈량의 치밀한 기획에 따른 것이다. 제갈량은 유비가 올 줄 알고도 두 번이나 미리 피했고 세 번째는 낮잠을 자고 있었다. 그럼에도 유비는 밖에서 한참이나 기다렸고 불쾌한 기색도 없이 옷깃을 가다듬었다.

"간신들이 황명을 도용하며 천하가 혼란합니다. 내가 부족하나 대의를 이루고자 하니 부디 가르침을 주시오."

그제야 제갈량이 큰절을 올렸다.

"동탁의 난 이후 사방에서 영웅호걸들이 다투고 있습니다. 북방에서는 가장 약한 조조가 가장 강한 원소를 이겼습니다. 강동은 어떻습니까? 손권이 민심을 얻고 있습니다. 바야흐로 천하가 조조와 손권으로 양분되었지만 다행히 남은 땅이 있습니다. 이곳 형주와 익주입니다. 형주의 유표는 우유부단하고 노쇠한 데다가 그의 아들 유기나 유종도 평범한 인물에 불과하고 익주의 유장 역시 세상 정세에 어둡습니다."

"그러면 나는 어떻게 해야 하오?"

"형주에서 일어나 익주를 차지하십시오. 그래야만 천하가 삼분되어 대의를 이룰 수 있습니다."

"선생의 고견에 눈앞이 다 환해집니다. 원컨대 제 곁에서 지도해 주십시오."

그 시각부터 제갈량이 유비를 주군으로 모신다. 관우와 장비는 제갈량이 유비와 자신들 사이에 끼어들었다며 불쾌한 표정을 지었다. 유비도 불편해하다가 관우와 장비를 타일렀다.

"아우들, 우리가 지금까지 애써봐도 방랑자 신세를 면치 못했다. 이 상황을 돌파하려면 공명이 필요하다. 내가 물고기라면 공명은 물과 같으니 앞으로는 나를 대하듯 공명을 대하라."

이것이 군신수어지교君臣水魚之交이다. 그 후로 관우와 장비는 제갈

지략과 충성으로 촉한의 미래를 설계한 삼국시대 최고의 책사 제갈량

량을 볼 때 이맛살만큼은 찌푸리지 않았다.

제갈량이 유비의 책사가 되면서 제갈량의 장인 황승언과 형주의 호족들도 유비를 지지하게 된다. 그래서 유비가 천하대세의 한 축이 될 수 있었다. 제갈량이 여러 제후 중 제일 약체인 유비를 선택한 이유는 자기의 역량과 성장에 유비가 적합했기 때문이다.

어떤 책사든 장점과 단점이 다 있다. 현명한 책사는 그 사실을 잘 알고 처신한다. 주군도 마찬가지여서 현명한 군주만이 자신을 객관화해 장점을 극대화하고 단점을 보완한다. 이런 측면에서 주군과 책사도 궁합이 있다. 서로 약점을 보완해 성과를 낼 사이가 있고, 서로 뛰어나지만 단점만 드러나는 사이도 있다. 제갈량과 유비는 서로 장점을 부각하고 단점을 보완하는 관계였다.

새는 나무를 가려 앉고 책사는 왕을 골라서 따른다

제갈량은 정세분석력과 대국적 견지에서 새 기반을 조성하는 재주가 있었다. 그만큼 빈틈없는 기질이라 만기친람(모든 정사를 직접 돌보다)하려 했다. 제갈량의 기질과 재주에 유비가 딱 어울렸다. 유비도 다른 군주와 달리 첫 만남부터 제갈량이 재주를 마음껏 펼칠 수 있게 군신관계를 조성해 주었다. 당시 유비보다 유장이 훨씬 강했다. 마음먹기에 따라 제갈량이 유장의 실세가 될 수 있었지만 공자의 어록을 참조하며 유비를 택했다.

"재치 있는 새는 나무에 앉을 때 골라 앉고(양금택목이서良禽擇木而棲), 현명한 신하는 임금을 택할 때 골라서 섬긴다(현신택주이사賢臣擇主而事)."

세상을 얻으려면 천시, 지리, 인화 중 하나는 가져야 한다. 당대 천하를 양분한 조조가 천자를 모시며 천시天時를 얻었다면 손권은 장강이라는 지리地利를 누렸다. 유비는 어떠한가. 객장 신세로 오직 인화人和에 집중할 수밖에 없었다.

제갈량이 조조에게 갔더라도 환대받았을 것이다. 조조의 책사 존중은 유별나서 부도덕하고 심지어 자신을 죽이려 한 책사도 품어주었다. 성과만 내라는 뜻이다. 그런 조조 주위에 천하의 책사들이 많았기에 제갈량이 가도 그들 중 하나로 남기가 쉬웠으며 어떤 전략을 내놓아도 채택될지 불확실했다.

제갈량처럼 큰 그림을 그려놓고 세부 묘사를 해나갈 때 전술 구사가 일관되게 이어져야 한다. 도중에 바뀌면 구상했던 큰 그림 자체가 훼손된다. 더구나 조조도 책사의 재주가 있어 제갈량처럼 전략적 구도를 구상할 줄 알았다. 여기까지는 좋은데 제갈량의 유교적 가치관이 천자를 앞세워 천하를 삼키려는 조조의 야욕 추구와 어울리지 않았다.

그럼 손권은 어떤가. 본래 강동인들이 그러했듯 손권도 북방인의 침략만 없으면 전쟁에 휘말리고 싶지 않았지만 주유나 노숙의 천하 쟁취 의지를 수용했다. 그중 주유는 자존심 강한 책략가로 제갈량이 손권에게 간다면 의견충돌이 잦을 수밖에 없었다. 이런 정황을 제갈량은 손권의 책사로 있던 형 제갈근을 통해 잘 알았다. 그래서 유비에게 갔다. 함께 떠돌이로 고난의 행군을 하더라도 웅지를 펼칠 수 있기를 원했던 것이다.

세상에 어떤 주군이 한 책사더러 물과 같으며 자신은 물고기라 말할 수 있을까? 이 정도는 되어야 제갈량의 거시적 전술이 전략으로 이어지게 된다. 제갈량이 보기에 유비의 힘은 그야말로 심리적이었다. 대중에게 덕망 있는 유황숙으로 흠모의 대상일 뿐 군사력은 볼품없었다. 이 명망 때문에 조조나 여러 군웅이 유비를 제거할 수 있었으나 참았던 것이다. 전국 자사들이 유비가 나타나면 우대한 이유도 그래야만 덩달아 인의仁義의 인물로 보였기 때문이다.

제갈량의
관우와 장비 길들이기

　유비의 힘은 유비를 인의의 영웅으로 여기는 대중의 시각이었다. 그런 인기에 취해서일까. 유비가 대의大義는 품었으나 대국大局을 보는 시각이 엉성했다. 대의는 가슴을 뛰게 하지만 대국은 머리를 뛰게 한다. 그래서 심리학자 알프레드 아들러Alfred Adler는 "심장이 뛰는 대로 하되 두뇌도 함께 뛰어라"라고 했다.

　가슴은 뜨거우나 냉철한 현실 분석이 부족한 군주 유비. 그 약점을 책사 제갈량이 보완한 최적의 궁합이 제갈량의 데뷔전인 신야전투에서 발휘된다. 조조의 장수 하후돈의 십만 대군이 공격해 오자 제갈량이 작전 지시를 내렸다.

　"자, 적이 오고 있다. 싸움터는 우리가 정한다. 여기서 2백 리쯤 가면 왼쪽에 예산豫山이 있고 오른쪽에 안림安林이 있다. 그 사이 박망파

의리와 용맹으로 이름난 충신 장수
관우

고개에서 조자룡이 적에 맞서 진퇴를 거듭하라. 관우는 예산에 잠복하고 장비는 안림 뒤쪽에 매복해 있다가 적이 조자룡을 추격해 고개를 넘어오기를 기다린 후 먼저 관우가 적 후미에 불을 질러라. 장비는 그 불길을 보고 적의 선봉과 중군에 화공을 가하라. 각기 군사 1,500명씩 데리고 가라.”

기막힌 전술이었다. 그런데도 관우가 팔장을 낀 채 물었다.

“우리가 싸울 때 군사는 뭘 하시겠소?”

장비도 덩달아 비꼬았다.

“말로는 뭘 못해?”

적의 말발굽 소리가 가까워지는데 장수들이 책사를 모멸하고 있는 것이다. 유비도 처음 경험해 보는 상황이라 당황스러웠다. 제갈량이 두말없이 칼을 빼 들었다.

“이 검은 주군께서 내게 군사를 맡기며 군령을 어기는 자의 목을 베라고 주신 것이다.”

그제야 유비가 관우와 장비를 야단쳤다.

“네놈들이 이 정도밖에 안 되었느냐. 전쟁에서 군사의 명령은 곧 내 명령과 같다.”

관우와 장비는 제갈량의 명대로 움직일 수밖에 없었으며, 그 결과는 대승리였다. 5천도 안 되는 병력이 10만 병사를 짓밟고 개선하자 백성들이 성문 밖까지 나와 열렬히 환영했다. 그 후 관우와 장비도 제갈량에게 고분고분했다. 제갈량 역시 으스대지 않고 유비의 덕망을 칭송하며 긴장을 풀지 않았다.

"아직 안심할 때가 아닙니다. 조조가 더 거세게 쳐들어올 것입니다."

"그럼 어찌해야 하오?"

"조조를 맞서기에 이 신야는 너무 좁습니다. 더 넓은 곳으로 가야 합니다. 듣자 하니 유표가 위독하답니다. 이번 기회에 형주를 차지하면 어떻습니까?"

그러나 유비는 고개를 흔들었다.

"그 말이 좋기는 하나 유표에게 은혜를 입었던 내가 그런 일을 도모하기 어렵소."

제갈량이 지금 취하지 않으면 훗날 후회해도 늦다며 형주 찬탈을 재차 촉구했지만 유비는 단호했다.

"차라리 내가 죽고 말지 나 혼자 잘되자고 신의를 버리지는 못하겠소."

한편 허도에서 조조는 하후돈의 패전을 보고받고 실망하는 기색도 없이 그럴 줄 알았다는 듯 80만 대군의 소집령을 내렸다. 이미 살펴본 대로 그때 유표가 병으로 죽었고, 차남 유종이 후계자가 되더니 하남의 완성까지 온 조조에게 항복문서를 바쳤다. 조조가 박장대소하며 유종을 형주의 주인으로 인정하겠노라 약속했다.

실속이 없으면 명분을 앞세운다

제갈량은 유표가 조조의 남하 소식에 쓰러져 죽었다는 소식을 듣고 유비에게 다시 권했다.

"문상을 명분으로 달려가 유종을 처형하고 형주를 차지하십시오."

유비가 옷소매로 눈물을 닦으며 거절했다.

"유표가 위독할 때 내게 자기 아들을 간곡히 부탁했거늘 이제 와서 그 아들을 없애고 형주를 빼앗으면 되겠는가?"

명분은 그럴듯했지만 사실 형주를 맡아봐야 조조를 당해내기 어려웠다. 그럴 줄 알고 제갈량이 대안을 내놓았다.

"정 그러시다면 한시바삐 번성으로 가야 합니다."

제갈량이 병사를 시켜 대자보를 네 성문과 성내 곳곳에 붙였다.

"조조가 쳐들어오고 있다. 번성으로 피신할 테니 따라가려는 자는 즉시 준비하라."

이리될 줄 알면서 제갈량은 왜 유비에게 형주 접수를 거듭 권했을까? 제갈량이라고 유비가 형주를 차지해봐야 조조에게 버티지 못한다는 것쯤 모를 리 없었다. 그만큼 형주를 유표가 방치한 것이다. 유표가 스스로 강하팔준江夏八俊이 되어 명사들과 어울리느라 군대 정비나 훈련 등을 소홀히 했다. 백성도 그런 유표를 따르지 않았다. 그렇다고 해도 관우나 장비 등이 죽더라도 조조와 싸워보자는 분위기라 제갈량이 먼저 후퇴하자고 나서는 순간 제갈량은 무능하고 비겁한 군사로 매도당하며 자중지란이 일어난다.

조직의 위기 앞에 일부라도 의분 때문에 싸울 때와 물러설 때를 구분하지 못하고 선동하면 만류하기가 쉽지 않다. 명분론이 강할수

정치력과 결단력이 부족해 형세를 살리지 못한 형주의 유표

록 자신이 처한 현실을 잘 보지 못한다. 이들은 아무리 설득하려 해도 쉽게 납득하지 않는다. 여기에 리더까지 흔들리면 조직이 무너지게 된다. 그래서 제갈량이 관우나 장비를 설득하는 대신 유비에게 먼저 형주를 치자고 한 것이다. 다행히 유비도 형주를 점령해도 조조와 맞서기 어렵다는 것쯤 짐작했기에 대의를 내세워 거절했다. 실속도 없는 전쟁을 하기보다 명분이라도 챙겨두겠다는 것이다. 유

비가 대의를 내세우자 의분에 날뛰던 다른 장수들도 수그러들며 남서쪽 번성으로 이동할 수 있었다. 대의가 의분을 누른 것이다.

이동과정에서도 제갈량의 탁월한 전술이 전개되었다. 신야성을 텅 비운 것처럼 해놓고 군대 일부를 남겨 특유의 매복과 화공전략으로 조조의 추격을 지연시킨 것이다. 조조군이 신야성에 들어섰다가 화공을 당하고 개울로 피신해야 했는데 제갈량이 상류에 쌓아둔 둑을 터뜨리는 바람에 또 혼비백산해야 했다. 그 덕분에 유비 일행이 번성까지 조조의 추격을 피할 수 있었다. 급한 상황에서도 유효한 전술을 구사하는 제갈량의 침착성이 돋보이는 장면이었다.

번성에 들어간 다음 날이었다. 조조가 보낸 서서가 화친을 권하러 왔다. 서서는 유비와 단둘이 있을 때 귀띔했다.

"조조가 겉으로는 화친을 말하지만 민심을 사기 위해 공격 명분을 만들려는 수작입니다. 벌써 번성을 향해 여덟 방향으로 진군할 채비를 마쳤으니 조조를 막기는 어려울 듯합니다. 다만 아무리 힘겨워도 굴복하지만 않으시면 반드시 천하를 안정시키실 것입니다. 제가 비록 조조에게 속아 묶여 있으나 마음은 늘 유황숙께 있습니다."

과연 조조는 서서가 빈손으로 오자 기다렸다는 듯 선언했다.

"백성을 전쟁터로 몰아넣는 자는 유비이다."

그 소식에 제갈량이 '삼십육계 줄행랑'을 내놓았다.

"여기서 조조와 부딪쳐봐야 무모한 짓입니다. 일단 장강 북안의 요충지 강릉으로 피신해 후일을 도모해야 합니다."

재기의 발판은
도망치며 마련한다

　약자가 강자를 피해 도망치는 것도 쉬운 일이 아니지만 그렇다고 후일을 고려하지 않고 도망치기에만 급급하면 재기하기가 어려워진다. 도망도 잘해야 역전의 명수가 된다. 넘어질 때 어떻게 넘어지느냐가 어떻게 일어설지를 결정한다. 물론 이것이 쉬운 일은 아니나 제갈량처럼 차후 역전을 대비한 퇴각을 구상해 절박한 상황의 고립감과 불안감도 이겨내야 한다. 그렇다면 제갈량은 어떤 구상을 했을까?

　"주군께서 남쪽으로 피신한다고 하면 필시 번성은 물론 신야의 백성까지 따라나설 텐데 부담이 되더라도 데리고 가셔야 합니다."

　유비에게 내놓은 이 구상의 핵심은 '민심 확보와 군사력 증가'였다. 마침내 유비 일행이 번성을 나와 남행에 오른다. 제갈량의 예상대로 구름 같은 인파가 가재도구를 실은 수레를 끌고 나섰다. 유비가 이들을 말렸다.

"조조는 나를 제거하려는 것뿐이오. 여러분은 괴롭히지 않을 테니 삶의 터전을 버리지 마시오."

사람들이 울먹이며 간청했다.

"유황숙과 같이한다면 어디든 가겠습니다. 바위를 파서 물을 긷고 진흙을 메워 농사짓는 일이 있어도 원망하지 않겠습니다. 우리 목숨을 잃어도 상관없습니다."

"함께 가려는 분들은 끝까지 모셔라."

이것이 유비의 매력이었다.

이런 리더에게 대중은 끌려간다. 결함이 있고 실수를 해도 긍정적으로 봐준다. 우리 생각은 외부 자극에 약하다. 특정 단어나 상황을 만나면 이미 연관된 단어나 상황이 떠오르는 '프라이밍 효과Priming Effect' 때문이다. 서둘러 피신해야 할 유비가 난민까지 보호하며 위험을 무릅쓴 이 장면으로 천하에 성인군자처럼 각인되었다.

그 후 유비의 행동을 좋게만 보려는 풍조가 생겨난다. 이 광경을 제갈량이 물끄러미 바라보며 혼자 감탄했다.

"과연 유비는 군중심리를 어루만지는 데 귀재구나."

유비의 남행 속도는 따라나선 피난민들 때문에 느려질 수밖에 없었다. 강릉으로 가는 길에 양양이 있었다. 양양을 그냥 지나칠 수 없어 유비가 성문 앞에서 유종을 불렀지만 유종은 성문을 굳게 닫아걸고 묵묵부답이었다.

하지만 유종이 조조에게 항복할 때 반대한 장수들과 양민들이 성벽을 뛰어넘어 유비와 합류했다. 어느덧 피난 행렬이 10만여 명이 되었다. 이들이 양양에서 강릉으로 내려가는 중간지역인 당양에 다다랐을 즈음이었다. 조조가 벌써 양양 근처에 당도해 유종을 불렀다. 겁먹은 유종이 채모를 대신 보내자 조조가 형주의 군세가 얼마나 되느냐고 물었다.

"보병 15만에 기병 5만, 수군 8만을 합쳐 28만 명입니다. 병선은 7천 척이 있고 군량미와 군자금의 태반은 강릉에 비축되어 있습니다."

"그래. 오늘부터 네가 수군대도독을 맡거라."

이래서 조조의 군사가 백만으로 늘어났다.

그다음 날 조조가 양양에 입성해 유종에게 병적부를 헌납받고 유종을 청주자사로 임명했다. 유종 모자가 임지로 떠난 뒤 조조가 우금을 불러 뒤따라가 제거하게 하고 대장군 조순과 유표의 장수로 형주 지리에 밝은 문빙을 불렀다.

"유비가 강릉을 차지하게 놔두면 안 된다. 기병 5천 명으로 추격하라."

소프트파워로
최강의 하드파워를 이기려면

유비의 무리는 조조의 기병대가 쫓아온다는 것을 알고 술렁이기 시작했다. 성미 급한 장비가 유비를 보며 가슴을 쳤다.

"형님도 참 답답합니다. 양양에서 여기까지 300리밖에 안 됩니다. 이렇게 가면 하루에 기껏해야 10리를 갑니다. 아이들과 부녀자, 노약자까지 다 끌고 가다가 모두 죽습니다."

그래도 유비는 태평했다.

"장비야. 모름지기 대사를 이루려는 사람이 근본을 잊어버리면 안 되느니라. 나만 살자고 따라오는 사람들을 내버려둘 수는 없다."

제갈량도 같은 생각이었다. 유비에게 군사력도 지형의 이점도 없고 오직 민심 하나뿐인데 그마저 버린다면 아무 일도 할 수 없었다. 그나마 유비가 민심에 따른 문화적 호감, 즉 소프트파워를 가졌기에 굴욕도 견뎌낼 수 있었던 것이다.

여기에 한계와 기회가 있다. 소프트파워로 조조 같은 최강의 하드파워, 즉 군사력, 경제력, 영토 등을 가진 자와 상대하려면 전략적 순발력과 실행력이 따라야 한다. 제갈량이 그런 일을 하려는 것이었다. 그래서 유비가 병약한 사람들에게까지 보조를 맞추느라 갈수록 느려지는 행군 속도에 불안해하지 않게 하려고 주역의 궁즉변窮卽變 변즉통變卽通 통즉구通卽久를 거론하며 책략을 내놓았다.

"우선 관우를 강하로 보내 유기에게 도움을 청합시다."

유비가 급한 심부름은 장비가 낫지 않겠느냐고 하자 제갈량이 말했다.

"관우나 장비가 일당백의 용장이지만 설득력은 관우가 낫습니다. 위압감이 남다른 장비는 여기에 남아 있어야 합니다."

"그렇군. 관우야, 당장 가봐라."

관우가 유비의 편지를 품에 넣고 강하로 내려갔다. 그런데 관우에게서 기별이 올 때가 지났는데도 감감무소식이었다. 궁금해진 유비가 제갈량을 또 강하로 보냈다. 제갈량이 떠나며 장비에게 지시했다.

"얼마 안 있어 추격대가 들이닥칠 텐데 주군은 피신시키고 장판교만 막아서면 막아낼 수 있다. 그다음 다리를 태워버려라."

관우에 이어 제갈량까지 강하로 내려가니 이제 유비 곁에 10만 피난 인파 외에 장수라고는 장비와 조자룡뿐이었다.

제갈량의 말처럼 사나흘이 지난 새벽에 조조의 추격대가 따라붙었다. 이들 칼날에 피난 인파가 속속 쓰러지며 아수라장이 되었으며 유비의 두 부인과 갓난아이 아두가 실종되었다. 장비는 유비를 탈출시키고 제갈량이 지시한 대로 장판교로 달려가 추격대를 막아섰다.

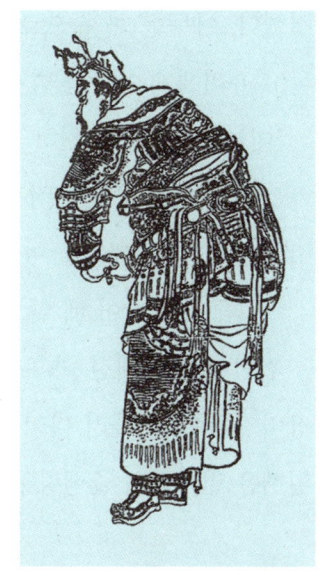

호탕한 용맹과 충성심을 겸비한 무용가 장비

그럴 때 조자룡이 홀로 말을 달려 어디론가 사라졌다. 장판교 건너서 장비를 응원하던 피난민들이 조자룡을 보고 "저놈 혼자 살려고 도망간다"라고 야유했지만 유비는 태연했다.

"자룡이가 나를 버릴 사람은 아니지."

조자룡은 아직도 추격대의 포위망 속에서 헤매던 유랑 행렬 속으로 뛰어들었다. 유비의 잃어버린 가족을 구하기 위해서였다. 조자룡은 막아서는 적장 순우도를 단칼에 베어내고 우물곁에 앉아 있는 감부인을 발견해 유비에게 데려다주고는 다시 뛰어들었다.

적장 하후은이 덤벼들다가 심장이 뚫렸고 청강검靑罡劍까지 빼앗겼다. 이 보검은 조조가 하후은에게 준 것이라 조자룡이 들여다보는데 저 멀리서 조조의 본대가 다가오고 있었다. 조자룡이 서둘러 수색하던 중 담벼락에 중상을 입은 미부인이 아두를 품에 안은 채 기대고 있었다. 미부인도 조자룡을 보고 아두를 던져주더니 우물에 빠져 자결했다. 아두를 한 손으로 껴안은 조자룡이 조조 병사들의 포위망을 뚫고 유비에게 아두를 넘겨주었다. 유비는 아두를 내동댕이쳤다.

"이놈! 너 때문에 천하의 대장군을 잃을 뻔했다."

그때까지도 장비가 장판교 다리에서 버티며 조조의 추격대를 막고 있었다. 추격대의 군마 앞에 선 하후걸에게 장비가 일갈했다.

"이놈, 네놈 간이 배 밖으로 나왔구나. 덤벼라."

간담이 서늘해진 하후걸이 낙마해 죽었고 추격대도 머뭇거릴 때 장비가 부하를 불러 다리에 불을 지르게 했다. 이 불길을 보며 유비 일행은 멀찌감치 줄행랑쳤다.

전략에는 일관성을,
전술에는 유연성을

언덕 위에서 장비와 조자룡의 분투 과정을 지켜보던 조조가 안타까워했다.

"장비는 유비와 의형제라니 어쩔 수 없고 조자룡이라도 내 부하로 만들 수 있다면…. 자, 이렇게 되었으니 유비의 앞길을 차단해 강릉에 가지 못하게 하라."

이런 사정으로 유비는 강릉 대신 동쪽으로 방향을 틀어 장강과 한수가 합류하는 하구(오늘날 우한시)로 향했고 조조는 강릉에 입성하여 〈단가행〉이라는 시조를 읊는다.

유비 일행이 하구에 가까이 갔을 때였다. 관우와 제갈량이 급한 데로 유기가 빌려준 1만여 군사를 데리고 왔고 후발대로 유기가 또 1만여 군사를 보내와 합류했다. 여기서 유표 조문객이라는 명분으로 온 노숙을 만난다. 유표가 죽고 조조가 남하하며 손권에게 최후통첩을 보내는 등 사태가 심각해지자 손권이 노숙에게 주변 여건을 살펴보라는 밀명을 내린 것이다.

유비로서야 손권과 연대를 고대할 수밖에 없어 반갑게 맞이했다. 노숙이 유비에게 조조의 군사력이 어느 정도인지 물었다. 유비가 제갈량이 귀띔한 대로 모르는 척했더니 노숙이 재차 물었다.

"황숙께서 공명의 지략으로 조조군을 두 번이나 불태워 놓고 모른다고 하십니까? 그럼 공명을 불러주시오."

제갈량이 노숙을 보더니 거짓말도 못 하고 남도 의심하지 않는 인물임을 간파하고 일부러 오나라에 관심이 없는 것처럼 둘러댔다.

"우리는 조조를 피해 다니는 데 도가 텄습니다. 따라다니는 백성만 10만 명이다 보니 정면 대결할 수도 없어 이대로 천하를 주유하다가 주군과 친한 창오태수 오신이나 의지할까 합니다."

그랬더니 노숙이 더 속이 타서 유비의 손까지 잡으며 부탁했다.

"창오태수는 자기 몸 하나 간수하기도 어렵소. 우리 강동의 손 장군이야말로 광활한 영토와 충직한 부하를 거느린 영웅이오. 유황숙께서 공명 선생을 오나라에 보내 함께 큰일을 도모하도록 해주십시오."

이런 경우를 불감청 고소원不敢請 固所願(감히 청하지는 못하지만 속으로는 간절히 바란다)이라 했던가. 제갈량은 속으로 쾌재를 불렀고 이때부터 노숙은 친유비파, 더 좁히면 친제갈량파가 되었다. 그래서 제갈량이 편하게 노숙을 따라 손권을 만났고 적벽대전으로 이어졌다. 이 과정이 없었다면 제갈량의 천하삼분지계도 현실이 되기 어려웠다.

천하삼분지계와 같은 큰 그림에는 전술이라는 밑그림이 필요하다. 전략 strategy이 목적이라면 전술tactics은 단계별 목표로, 가치지향적 전략과 달리 목표는 변수에 따라 유연하게 바뀌는 것이다. 제갈량이 하구에서 우연치 않게 오나라에 노숙이라는 교두보를 확보하며 천하삼분지계를 달성하기 위한 전술도 수정하게 된다.

지혜와 신중함으로 오나라의 기반을 다진 노숙

제갈량이 책사로 나설 무렵은 조조가 남정을 시작하기 전이었다. 당시 전술은 조조나 손권 양 진영에 흡수되지 않은 형주와 익주를 기반으로 만드는 것이었다. 이 전술이 조조의 남정으로 물거품이 되었는데 노숙이 먼저 찾아와 동맹을 요구한 것이다. 이런 변동 상황에 맞춰 먼저 손권과 연대해 조조를 쫓아낸 다음에 형주와 익주를 도모하는 것으로 전술을 수정했다. 물론 어디까지나 흉중에 묻어둔 채. 노숙을 자극해 손권이 조조에게 대항하도록 부추겼다. 그 때문에 손권이 조조와 전쟁을 결단하고 지푸라기라도 잡는 심정으로 유비에게 도움을 청하게 되었다.

손권의 결단으로 수군 대도독이 된 주유는 이 결단에 제갈량이 속셈을 감추고 큰 영향을 미쳤다는 것을 뒤늦게 깨닫고 결심을 한다.

"공명은 떠돌기만 하던 유비를 돕고 있다. 그가 이 전쟁을 선호했다면 어떤 노림수가 있다. 우리가 이기면 기회를 노려 형주를 취하고 조조가 이기면 혼란을 이용해 강동을 취하려 할 것이다. 음… 그렇다고 지금 공명과 다퉈 적전분열을 할 수는 없다. 우선 이번 전쟁에서 무조건 이겨야 하고 그다음 유비에게 기회를 주어서는 안 된다. 그 방법은 하나, 공명만 오나라로 데려온다면 염려할 것이 없다."

죽이려는 주유와
또 살아나는 제갈량

주유는 아무리 다급해도 그 일이 정리된 후까지도 내다볼 줄 알았다. 대단한 통찰력이었다. 주유가 제갈량의 형 제갈근을 불렀다.

"조조와 결전을 앞두고 있소. 동생이 오나라를 섬기면 우리에게 더 큰 힘이 될 것이오."

제갈근이 제갈량을 찾아갔으나 일언지하에 거절당했다.

"형님, 저희 주군은 천자의 황숙이며 황실의 후손입니다. 오직 황실의 재건을 위해 애쓰고 계시니 형님께서 이리 오십시오. 우리가 힘을 합하면 한실의 회복에 큰 공을 세울 수 있으니 얼마나 좋습니까?"

이후 주유는 제갈량을 없애야겠다고 결심한다.

어느 날 주유가 출전한다며 제갈량을 자문으로 데리고 갔다. 한참 강을 따라 가다가 산 아래 작은 언덕에 주둔지를 설치하고 부탁했다.

"지난날 조조가 적은 군사로 원소의 대군을 이긴 것은 원소의 군량미를 불태웠기 때문이오. 우리 6만 군사로 조조의 백만대군을 이기려면 조조의 군량미를 없애야 하오. 조조의 군수기지가 취철산에 있소. 취철산이라면 선생이 거주했던 형주 땅이라 지리도 잘 알 테니 군사 천 명을 데리고 가서 수송로를 끊어보시죠."

말이 부탁이지 명령이었다. 양도糧道 끊기의 달인인 조조가 바보가 아닌 다음에야 취철산의 방비를 게을리할 리가 없으니 몰살당하기 딱 좋은 작전이었다. 그런데도 제갈량이 쾌히 승낙했다. 주유의 속마음을 잘 아는 노숙이 찾아왔다.

"공명 선생, 이번에 공을 세울 수 있겠소?"

안타까워하는 노숙을 보며 제갈량이 웃었다.

"하하하, 나는 수전水戰, 보병전, 기마전, 전차전 등 모든 싸움에 능통하거늘 이까짓 싸움 하나 못해 내겠소? 그보다 요즘 강남 아이들이 잘 부르는 동요는 아시오?"

"잘 모릅니다."

"잘 들어보시오. 성을 지키는 데는 노숙이요, 강에서 싸우는 데는 주유라."

세상이 어수선할 때일수록 아이들의 유행가에 민심이 담겨 있기 마련이었다. 제갈량이 동요를 읊조리더니 해석까지 덧붙였다.

"아이들은 꾸미지 않소. 주유는 바다에서나 싸울 줄 알지 땅에서는 무능하다는 뜻 아니겠소."

제갈량이 그럴듯하게 지어낸 것이다. 그러나 노숙은 그대로 믿고 주유에게 전했고, 주유는 펄쩍 뛰었다.

"뭐라? 내가 지상전에 약하다고. 우리 강남인들이 나를 그렇게 보게 놔둘 수 없지. 내가 직접 취철산을 공격하겠소."

주유가 제갈량을 사지에 몰려던 작전을 스스로 떠맡겠다고 한 것이다. 노숙의 말을 전해 들은 제갈량이 심각한 표정을 지었다.

"왜 그러시오? 주유가 못해 내리라고 보시오?"

"주유가 나에게 조조의 군수기지를 치라는 것은 나를 사지에 몰아넣으려는 것이라 내가 장난삼아 동요를 꺼냈는데 발끈했군요. 우리끼리 신경전을 벌일 때가 아닙니다. 하나가 되어도 조조를 이기기 쉽지 않습니다. 조조가 누구요. 천하의 꾀돌이인 데다가 지상전의 달인입니다. 나의 강점으로 적의 약점을 쳐야지 왜 내 약점으로 적의 강점을 치려 합니까? 오군의 장기인 수전으로 적의 기세를 꺾어 놓는 것이 우선입니다."

공감한 노숙이 주유에게 전달했더니 주유가 제갈량에게 희롱당했다며 화를 냈으나 맞는 말이라 따를 수밖에 없었다. 이 또한 주유의 장점이었다. 아무리 자기 의견이었더라도 아니다 싶을 때는 체면을 내세우지 않고 바꾸었다. 그때부터 주유는 조조와 벌일 전투는 수전으로 하려고 준비했다. 그동안 하구에서 유비는 제갈량이 기다려도 소식이 없자 유기의 군사까지 이끌고 번구로 내려와 진을 쳤다.

노숙을 이용해 유비를 구하다

번구에 진을 친 유비는 미축에게 제갈량의 안위를 알아오라고 했다. 미축을 만난 주유는 극진히 대접하며 말했다.

"공명께서 중책을 맡아 움직일 수 없으니 유황숙께서 오셔서 함께 작전회의를 하면 큰 영광이겠습니다."

미축이 떠난 후 노숙이 물었다.

"뭐 하러 유비를 이곳까지 불러들이시오?"

주유가 바로 속내를 드러냈다.

"유비는 천하의 영웅이오. 지금은 약골이지만 갈수록 강골이 됩니다. 그 전에 싹을 잘라야 합니다."

주유의 환대에 취해 돌아간 미축이 유비에게 주유의 뜻을 좋게만 전했다. 유비는 제갈량의 친서가 없어 미심쩍어하다가 관우와 몇몇

경호원만 데리고 닻을 올렸다. 저 멀리 유비의 배가 나타나자 주유는 회담장 뒤에 무사들을 숨겨두며 일렀다.

"내가 술잔을 던지거든 튀어나와 유비를 단칼에 베어라."

회담장에 들어선 유비는 주유와 인사한 후 제갈량이 어디에 있느냐고 물었다. 주유는 회담이 끝난 뒤 오기로 했다며 얼버무리고 각본대로 주연을 베풀었다. 한창 술잔이 돌아가는데 노숙이 빠져나와 제갈량을 만났다. 제갈량이 유비가 왔다는 것을 알고 놀랐다.

"아, 이것으로 주군의 생명이 끝나는구나."

제갈량은 탄식하다가 문득 물어보았다.

"혹시 유황숙을 따라온 장수는 없습니까?"

"관우가 따라왔습니다."

제갈량은 그제야 안도했다.

"그러면 됐습니다. 관우가 안량과 문추를 베어낸 적이 있지만 주도독은 관우를 한 번도 본 적이 없습니다. 수고스럽겠지만 다시 가서 주 도독에게 유비 옆에 서 있는 장수가 관우라고만 전해주십시오."

노숙이 돌아간 후 제갈량은 어부 옷으로 바꿔 입고 유비가 타고 온 배가 정박한 나루로 가서 쪽배를 타고 낚싯대를 드리웠다.

노숙이 회담장에 와보니 주유가 술잔을 던질 기회만 노리고 있었다. 노숙이 조용히 주유 옆에 앉아 맞은편 유비에게 넌지시 물었다.

"아, 한 가지 궁금한 게 있습니다. 유황숙이나 우리 대도독께서는 서로 잘 아시지만 곁에 서 있는 장수는 잘 모르십니다. 물론 저는 알지만 제가 소개하느니 유황숙께서 말씀해주시죠."

"아이고, 주 도독과 얘기하느라 소개를 못 했구려. 제 의형제 둘 중에 첫째인 관운장입니다."

주유가 흠칫 놀라 바라보니 그제야 필부로만 보았던 관우에게서 천하의 맹장다운 기세가 풍겨 나오는 것 같았다.

"오! 조조가 반할 만하구나. 저 위풍당당한 모습이라니…."

재치와 용맹을 겸비한 오나라의 전략형 장수 주유

천하의 조조가 관우를 부하로 삼으려 공을 많이 들여도 관우가 유비만 섬긴다는 것이 의리의 표상이 되어 있었다. 그런 관우를 보며 주유가 심리적으로 위축되어 술잔을 던지지 못했다.

주유는 독창성도 있지만 경쟁심이 매우 강했다. 하지만 독창성에는 경쟁성이 아니라 조화성이 더 잘 어울린다. 그래야 독창성이 대중성을 획득한다. 사마의 같은 사람이 독창성과 조화성을 갖추었다. 주유 같은 경우 혼자 앞설 때는 잘하지만 자기보다 더 잘한다 싶은 경쟁자를 만나면 내면이 위축되며 과장되게 행동하기가 쉽다.

이러한 주유의 장단점을 잘 아는 제갈량이 노숙을 이용해 또 유비를 구한 것이다. 그럼 노숙은 왜 이토록 친유비 행보를 보였을까? 개인적 호감도 있지만 조조와 결전을 앞두고 오나라에 유비 세력의 도움이 필요했기 때문이다.

제갈량의 재치로 살아난 유비는 주유의 전송까지 받으며 배에 올랐다. 이 배가 물살을 거슬러 가는 것을 본 제갈량이 노를 저어 다가갔다. 유비의 배에 오른 제갈량이 주유의 흉계를 알려주자 유비는 물론 관우도 깜짝 놀랐다.

"그렇다면 군사도 위험하니 이제 그만 돌아가자."

"이곳이 저에게 아무리 위험해도 얼마든지 헤쳐 나갈 수 있습니다. 제 걱정은 마시고 얼른 가셔서 군마와 군량을 늘려 두십시오. 그리고 동짓달 스무날, 즉 갑자일이면 동남풍이 불 테니 배 한 척에 조자룡을 태워 보내주시면 돌아가겠습니다. 잊지 마십시오. 동짓달 스무날 사시巳時입니다."

제갈량은 이 말만 남기고 쪽배에 훌쩍 옮겨타더니 돌아갔다.

주유가 제갈량에게 희롱당해 손안에 들어온 유비를 놓쳐 화가 나 있을 때 조조의 사신이 편지를 들고 찾아왔다. 주유는 편지를 찢어버리고 사신의 목을 베어 상자에 담아 조조에게 보냈다. 이제 혈전은 피할 수 없게 되었다.

왜 주유는 승리하고도
꺼림칙했을까

    주유는 선봉장에 감녕, 좌익에 한당, 우익에 장흠을 세우고 조조의 공격에 대비했다. 조조도 형주의 수군 출신인 채모와 장윤을 앞세워 주유가 주둔한 삼강구三江口로 향했다.

    양측 수군 선봉대가 출렁이는 강물 위에서 화살을 쏘며 서로 다가가기 시작했다. 수전에 익숙한 오나라 수군의 사격은 백발백중이었으나 위나라 수군의 사격은 모두 빗나갔다. 또한 오나라 수군의 배들이 주도적으로 위나라 수군의 배들 사이를 휘젓고 다니며 전투력을 유감없이 드러냈다. 이를 본 조조는 더 싸워봐야 전력만 손실되리라 보고 북을 쳐 후퇴시켰다. 조조 앞에서 채모와 장윤이 얼굴을 들지 못했지만 조조는 의외로 격려해 주었다.

    "우리 군대는 수전에 초보인 청주병 위주로 구성되어 불리할 수밖에 없었다. 앞으로는 수전을 중심으로 조련하도록 하라."

서전을 승리로 장식한 주유는 의기양양하면서도 뭔가 아쉬웠다. 이 전쟁이 취철산 습격 작전을 포기하고 제갈량의 구상대로 되었다는 것이다. 그런데도 제갈량은 공치사는커녕 역시 주 도독은 수전의 달인이라며 칭찬만 하고 다녔다. 주유는 그런 제갈량이 더 얄미웠다.

한편 채모는 조조에게 수군을 훈련하는 동안 수비만 하며 강변 일대를 요새화하고 적의 수군을 유인해 일시에 전복시키자고 했다.

"좋다. 그대가 수군대도독이니 일일이 묻지 말고 알아서 하라."

채모와 장윤이 형주의 수군을 지휘했던 경험을 살려 군사를 조련하는 한편 주둔지를 철벽같은 군사기지로 만들기 시작했다. 워낙 병력이 많다 보니 속도도 빨랐다. 수채를 장강의 북쪽 물속에 3백 리, 강변에 5백 리에 걸쳐 만들어 놓았다. 그리고 3백 리 수채 안에 작은 배들을 두고 수채 밖에 큰 배들을 성곽처럼 띄워두었다. 밤이면 그 배들에 등불을 켰고 5백 리 주둔지에도 모닥불과 횃불을 밝혀 놓았다. 이곳을 향해 매일 낮이면 군수물자를 싣고 내려오는 수레와 우마차의 소리가 천지를 뒤흔들었다.

조조와의 첫 전투에서 이긴 주유는 조조가 곧 보복하러 오리라 보고 다시 자신의 수전 솜씨를 보여주려 벼르고 있는데 감감무소식이라 어느 날 밤 산에 올라 북쪽을 살펴보았다. 주유는 불야성을 이룬 조조 진영의 위용에 놀라 돌파 방법 마련에 골몰하느라 제갈량을 제거할 생각을 접었다.

공작에는 역공작으로

주유가 생각한 돌파 방법은 채모와 장윤을 제거하는 것이었다. 조조 진영에서 수전에 능통한 장수는 그 두 사람뿐이니 둘만 제거하면 조조의 발을 장강에 묶어둘 수 있었다.

"그 두 놈이 조조의 막강한 육군을 막강한 수군으로 변신시키고 있다. 어떻게 제거해야 할까."

주유가 막사에 앉아 고민하고 있을 때 옛 친구이며 조조의 문신 노릇을 했던 장간이 찾아왔다. 척 보니 오나라 군부 사정을 염탐하러 온 조조의 블랙요원이었다. 미국 중앙정보국CIA뿐 아니라 세계 정보 기관은 모두 블랙요원을 운영한다. 이들은 신분을 세탁하고 적국에 위장 잠입해 첩보를 수집하며 요인 암살 공작을 한다. 영화 '007 시리즈' 역시 블랙요원들 이야기이다.

기업들도 블랙요원을 운영해 첨단 기술 누출을 방지하거나 빼내오기도 한다. 범죄조직 소탕이나 대테러 활동은 블랙요원을 잘 활용하면 그 효과가 두 배 이상 올라간다. 블랙요원 운용에는 이런 매력도 있지만 역으로 이용당하기도 한다. 주유처럼 상대가 조조의 블랙요원인 줄 알면서 모르는 척 역공작을 펼 수 있다.

장간이 찾아왔을 때 주유는 환대하는 한편 측근을 집으로 보내 아내 소교에게 뭔가를 전달했다. 그 후 장간을 집으로 데리고 가서 술잔을 부딪치며 옛정을 나눈다. 둘 다 주량이 셌지만 주유가 먼저 곯아떨어졌다. 장간이 주유의 책상을 뒤졌다. 서랍별로 인사와 재정, 작전 등 기밀서류가 정리되어 있었으며 마지막 서랍에 외교문서가 있었다. 그중에 익숙한 이름의 편지를 발견했다.

저희도 어쩔 수 없어 조조에게 있는 것입니다. 우리가 유종을 설득해 형주를 조조에게 바치게 했는데도 조조가 유종과 그 어미까지 죽였으니 어찌 원한이 없겠습니까. 그래서 훈련시킨다는 명분으로 조조군을 지치게 만들어놓을 테니 북풍이 거세게 이는 날로 공격일시를 미리 알려주시면 안에서 난을 일으키겠습니다. — 채모, 장윤 드림

틀림없이 채모의 글씨였다. 채모는 유기의 외삼촌이며 형주 최대 호족으로 전국의 명사들과 편지 왕래가 빈번했다. 주유가 그중 하나

를 가지고 있다가 글씨 흉내를 잘 내는 아내에게 주어 가짜 편지를
써놓게 한 것이다. 이 편지를 장간이 품에 넣고 조조에게 달려갔다.

"음, 채모의 필적이 틀림없다. 이놈이 원한을 품고 있었구나. 냉큼
두 놈을 잡아들여라."

한밤중이었다. 영문도 모른 채 두 사람이 끌려와 조조가 내민 편
지를 보고 오나라의 모함이라며 하소연했으나 어둠 속으로 끌려가
참수당했다.

계략에 걸리지 않으면
군법에 걸리게 한다

주유의 역공작으로 조조군의 수군 전략가 채모와 장윤이 제거당했다. 손권의 치하를 들은 주유가 한껏 고무되어 제장을 불렀다.

"하하하. 내가 조조의 손으로 채모와 장윤을 없앴다."

적의 블랙요원을 통해 역공작만 펼 수 있다면 적 내부를 들여다볼 수 있으며 상상 이상의 과업을 만들어낼 수 있다.

조조에게 채모와 장윤이 사라졌다는 것은 조조 측 수전의 역량을 대부분 빼앗는 것과 같았다. 그래서 오나라 제장이 주유에게 정말이 나며 환호성을 터트렸다. 제갈량만 유달리 침묵을 지켰다. 제갈량을 힐끗 본 주유는 뭔가 이상해서 노숙을 불러 알아보게 했다. 노숙을 본 제갈량이 빙그레 웃었다.

"주 도독이 궁금해하는 것은 내가 채모와 장윤의 운명을 미리 알고 있었느냐입니다."

"선생이 주 도독의 머릿속을 들여다보는 것 같구려. 언제 아셨습니까?"

"장간이 고향 친구라며 주 도독을 찾아오던 날입니다. 주 도독이 채모와 장윤 제거에 골몰하던 때라 장간을 역이용하리라고 보았습니다."

그동안 제갈량은 주유의 차도살인借刀殺人(남의 칼을 빌려 상대를 제거하는 것)으로 여러 번 죽을 뻔했다. 이 경험으로 주유가 또 차도살인 책으로 채모와 장윤을 죽이리라고 추리한 것이다. 노숙으로부터 제갈량의 혜안을 전해 들은 주유는 뒷덜미를 잡으며 탄식했다.

"아… 공명이 내 속까지 들여다보다니 오나라를 위해서도 결코 살려둘 수 없다. 계략에 밝은 자를 계략으로 걸기 어려우니 당당하게 군법으로 처단해야 한다. 어떻게 걸리게 할까?"

이틀 후 작전회의에서 주유가 물었다.

"적의 장수 중 수전에 능한 두 명은 제거되었소. 제장에게 묻겠소. 수전에서 기선 제압에 제일 중요한 무기가 무엇이오?"

"화살입니다."

모두가 이구동성으로 대답했다.

"맞소. 그런데 지난 첫 전투 때 많은 적을 상대하느라 화살을 많이 쏘아 지금 화살이 부족하오."

여기서 말을 멈춘 주유가 제갈량을 똑바로 쳐다보았다.

"천 리를 꿰뚫는 선생께서 열흘 안에 화살 10만 개를 만들 수 있겠소? 한시가 급하오."

당연히 제갈량이 거절하리라 보고 물은 것이었고 그러면 군령으로 처단하려는 속셈이었다. 하지만 제갈량의 반응이 의외였다.

"언제 조조와 싸워야 할지도 모르는데 어찌 열흘이나 낭비하겠습니까? 사흘 안에 만들어놓겠습니다."

놀란 주유가 노골적으로 군법을 들먹였다.

"어긴다면 군법에 따라 처형된다는 것을 유념하시오."

"알겠습니다."

주유의 얼굴이 환해졌다. 노숙도 이번에는 제갈량이 꼼짝없이 걸려들었다고 보고 회의장 밖으로 나가며 제갈량에게 걱정을 했다.

"아니 어쩌자고 그런 약속을 합니까. 사흘 안에 화살 10만 개는 고사하고 대나무나 깃털과 아교조차 마련하기 어렵습니다."

그래도 제갈량은 벙글거리더니 이틀이 지나도 빈둥대기만 했다. 정말 큰일 나겠다 싶어 노숙이 제갈량을 수군 훈련장으로 불렀다.

"약속한 날이 내일이오. 도대체 어쩔 셈이오?"

"걱정하지 마시지요. 지금 배 20척과 각 배에 병사 30명을 마련해 주십시오."

"그 정도 병력으로는 오늘 밤새워 일해도 화살 100개도 못 만듭니다."

그렇게 말하면서도 부탁을 들어 주었더니 제갈량이 배마다 마른

짚단으로 채우고 푸른 장막을 둘렀다.

다음 날 새벽이었다. 빽빽한 안개를 뚫고 배 20척이 징과 북을 치며 조조 진영으로 다가섰다.

조조가 내습인 줄 알고 일제 사격령을 내리자 무수한 화살이 오나라 수군의 짚단에 꽂혔다. 이렇게 10만 개가 훨씬 넘는 화살이 확보되었다. 주유가 머쓱해하자 노숙이 타이르듯 말했다.

"이쯤 해서 공명을 잡는 데 신경은 그만 쓰시고 조조를 물리치는 일에 공명이 성심을 다하도록 해봅시다."

주유도 고개를 끄덕였다.

제갈량과 주유가
동시에 손바닥을 펼쳐 보니

주유는 제갈량을 처리하지 못해 아쉬웠지만 화살을 확보한 것이 더 기뻐 제갈량에 대한 경계심을 내려놓았다. 주유가 시기심은 많아도 무엇이 더 중요한지는 잊지 않았다. 일의 중요도에 따른 정서 조절력을 갖추었다는 것이다.

문제가 있다 해서 문제에만 매몰되면 정서적 혼돈에서 헤어나기 어렵다. 문제 해결에 더 집중해야 질투나 시기, 좌절이나 불안, 우울 등 부정적 감정에서 벗어난다. 조직의 운명을 책임진 리더일수록 감정적 항상성emotional constancy을 갖추어야 한다. 그래야 문제보다 해결에 초점을 둔 문제 해결 중심의 사고를 한다.

주유는 제갈량에 대한 시기심을 내려놓고 따로 불러 단숨에 화살 10만 개를 확보한 공로를 치하했다. 두 사람 사이에 처음으로 화기

애애한 분위기가 연출되었다. 주유가 붓을 들어 손바닥에 뭔가를 쓴 후 제갈량에게 붓을 주었다.

"이 손에 조조 파멸 계책을 적었소이다. 선생도 한번 써보시구려."

제갈량도 손바닥에 뭔가를 적고서 함께 손바닥을 폈다.

여덟 팔八과 사람 인人

둘은 서로의 손바닥을 보고 동시에 웃었다.

"하하하. 화공火攻입니다."

둘 다 조조를 돌파할 전략이 화공뿐이라고 본 것이다. 문제는 어떻게 조조가 화공에 말려들게 할 것이냐였다. 더구나 차가운 강물 위에서 화공이라니….

조조는 제갈량의 화살 탈취 작전에 당하더니 물러가면서 좌우익으로 멀찍이 양 날개를 펴서 포위망을 만들려고 했다. 이 상황을 타개하려 수전의 달인인 황개가 나서서 조조군을 이리저리 찔러 보았으나 소용없었다. 제갈량이 주유와 만나고 나올 때 황개가 푸념했다.

"아무리 덤벼도 조조는 요지부동이오. 강남인들이 강북 연안에 한없이 늘어선 적선을 보고 불안에 떨고 있습니다. 지구전으로 가면 우리가 분명 질 것이오."

제갈량은 별 대꾸 없이 중얼거리며 지나갔다.

"교착상태를 깨는 병법은 사항계詐降計뿐인데."

내리는 어둠만큼 까매지는 장강의 물결에 저 멀리 조조 진영의 수많은 횃불이 붉게 일렁였다. 한참 사색에 잠겼던 황개가 주유의 막사로 갔다. 주유도 막 횃불을 끄고 자려던 참이었다.

"야심하지만 급히 드릴 말씀이 있습니다. 조조 진영은 우리 군사력만으로는 깨기 힘들고 불의 힘을 빌려야 합니다."

작전의 비밀이 샌 줄 알고 놀라는 주유를 황개가 안심시켰다.

"누구에게 들어서가 아니라 혼자 깨우친 것입니다."

황개는 손씨 정권 밑에서 평생을 바친 충신이었다. 주유가 그렇게 늙은 황개의 얼굴을 보며 두 손을 마주 잡았다.

"그런데 황 장군, 뾰족한 수가 없어요."

"사항계를 써야 합니다."

황개의 눈빛이 주름이 깊게 파인 미간 사이에서 흔들렸다.

"내가 조조에게 거짓으로 항복하겠습니다."

그러더니 목소리를 더 낮추었다.

"내일 작전회의 때 도독에게 무례하게 굴 테니 군율로 다스리십시오. 그래야만 조조가 제 항복을 믿고 받아들이며 화공을 벌일 기회도 열립니다."

계략을 위한 계략

지금 황개는 주유에게 사항계를 펴기 위한 고육지계를 자청하고 있었다. 주유는 원래 인정에 흔들리지 않았지만 황개의 충성 앞에 할 말을 잃은 채 눈물만 흘렸다. 주유가 다음 날 일찍이 전군 주요 간부를 모아놓고 군령을 내렸다.

"지금까지 산발적 전투에서 우리가 우세했다. 하지만 조조는 워낙 대군인 데다가 비옥한 황하 유역에서 물자가 넉넉히 오고 있다. 자꾸 싸우기보다 여기에 대비하는 것이 더 시급하다. 각 부대 장수들은 휘하의 전함을 연안으로 후퇴시키고 3개월 치 군량미와 마초를 준비하라."

일촉즉발의 상황인데도 주유가 후퇴를 언급하자 장내가 술렁거렸다. 급기야 한 장수가 벌떡 일어서더니 분노를 터뜨렸다.

"주 도독, 지금 뭐라고 하셨소? 전선에서 후퇴해 석 달 치 군수물자를 마련하러 다니라고요? 삼 년 치를 마련해 보쇼. 조조를 이길 수 있나. 이달 안에 조조를 깨지 못하면 차라리 항복하는 게 나을 것이오. 도독이 저리 유약하니… 쯧쯧쯧!"

모두가 쳐다보니 황개였는데 평시라도 군문에서는 있을 수 없는 하극상이었다. 주유도 발끈했다.

"이 늙은이가 도독이 군령을 내리는데 감히…. 더욱이 항복이라는 말을 입에 담아? 저놈을 당장 죽여 수장해라."

황개가 주유에게 삿대질까지 해대며 대꾸했다.

"네가 도독이 되었다고 나에게 놈이라니. 나야말로 정보, 한당과 더불어 손씨 집안의 3대 공신이다. 네 놈이 감히 함부로 대할 수 없느니라."

"안 되겠다. 이봐 경비. 당장 저놈 주둥이를 짓이기고 목을 베어라."

경비들이 우르르 달려들어 황개의 무릎을 꿇렸다.

감녕이 주유 앞으로 나와 무릎을 꿇고 사정했다.

"장군, 황개가 죽을죄를 지었으나 나라를 위한 말이었습니다. 황개 같은 장수를 잃으면 조조만 좋아할 뿐입니다. 참수하는 일만큼은 전쟁이 끝난 뒤로 미루어 주십시오."

다른 지휘관들도 감녕을 따라 무릎을 꿇었다. 주유도 어쩔 수 없었다.

"여러 장수의 뜻이 그렇다면 전쟁이 끝난 뒤 참수하겠다. 그래도 군율을 어긴 죄는 묵과할 수 없다. 황개를 곧장 백 대에 처한다."

널빤지에 묶인 황개는 워낙 골격이 강해 처음에는 잘 버텼으나 온몸이 피투성이가 된 채 신음하다 실신했다. 이 상황이 병사들 사이에 널리 퍼져나갔다. 한결같이 황개를 동정하며 주유가 전쟁을 돌파할 지략이 없어 황개에게 화풀이했다고 수군댔다.

걱정이 된 노숙이 제갈량을 자기 배로 데리고 갔다.

"큰일이오. 주 도독의 처사로 군의 사기가 크게 떨어졌소. 적이 알면 내분이 일어났다고 얼마나 좋아하겠소. 오늘 일이 새어나가지 않도록 단속해야겠습니다."

"오늘 중으로 조조의 귀에 들어갈 테지요. 또 그래야 합니다. 제가 보기에 이번 일은 주 도독과 황개가 짜고 벌이는 것입니다."

"아니 선생, 무슨 말씀을 그리하십니까? 도독의 자작극이라니요? 그리고 적이 우리의 내분을 알아야 한다니?"

노숙이 처음으로 제갈량에게 화를 냈다. 제갈량이 진정하라면서 설명했다.

"조조를 이기려면 화공계밖에 없다는 것쯤은 짐작하실 것입니다. 물과 불은 상극인 데다가 화공을 하려면 가까이 있어야 합니다. 하지만 적은 우리가 가까이 가면 물러나 포위하려고만 드는데 거짓으로 항복이나 해야 적을 가까이할 수 있습니다. 조조는 의심이 많으니 믿게 하려면 어떤 방법이 있을까요. 고육책뿐입니다."

노숙이 그제야 깨닫고 화를 내서 미안하다고 하자 제갈량은 아직 안심할 단계가 아니라며 그다음이 더 중요하다고 했다.

"조조를 방심하게 해서 근접해 불화살을 쏜다고 해도 과녁이 된 배나 불타고 맙니다. 화공에서 적의 전선을 모두 태우는 전략을 마련해야 합니다."

누가 고양이 목에
방울을 달 것인가

그날 저녁 피떡이 되어 누워 있던 황개는 조조에게 투항하겠다는 비밀 서찰을 보냈다. 조조가 이 편지를 읽을 때였다. 오나라에서 암약하는 간첩들이 황개가 주유에게 버림받았다는 첩보를 보내왔다. 그러니 매사에 확인하고 또 확인하는 조조도 속을 수밖에 없었다. 이제 남은 것은 조조의 모든 전함을 불에 태울 비책을 마련하는 것이었다.

제갈량은 비책을 알고 있었지만 주유가 물어도 모른 척하고 친구 방통을 소개해 주었다. 방통이 내놓은 비책이 '연환계連環計'였다. 조조의 모든 배를 묶자는 것이다. 그래야 화공이 연쇄반응을 일으킨다.

이제 비책은 나왔다. 하지만 누가 고양이 목에 방울을 달 것인가. 조조에 비해 고양이 앞의 쥐라고 할 만큼 열세인 손권 측에서 누군가

조조를 찾아가 연계를 받아들이게 해
야 한다. 제갈량은 여기에 적합한 인
물이 넉살 좋은 방통이라고 보았다.
그렇다고 무턱대고 보내면 살아남지
도 못하고 역효과가 나기 때문에 일
단 방통을 주둔지 근처 오막집에서
쉬게 했다. 그때까지도 조조는 황개
에 대해 한 가닥 의심을 풀지 못하고
다시 장간에게 오나라 군부를 염탐하
게 했다.

지혜는 제갈량에 견줬지만 운이 따르지
않은 천재 책사 방통

　장간이 또 찾아오자 하늘이 준 기
회라고 직감한 주유는 곧 방통을 불러 조조의 책사가 올 테니 불편하
더라도 참으라며 첩자를 가두는 암자에 머무르게 했다. 방통도 무슨
뜻인지 알고 웃었다. 장간을 만난 주유는 언짢아했다.

　"너는 내 둘도 없는 고향 친구라며 지난번에 군사기밀을 훔쳐 달
아나지 않았나? 이번에 또 무슨 꿍꿍이속으로 왔나. 당장 죽여야겠지
만 그래도 옛정이 있으니 일단 가두어두겠다."

　암자에 갇힌 장간은 방통을 만났고 함께 경비를 피해 조조에게 달
아났다.

　"아이고, 고명하신 봉추 선생께서 오시다니… 어떻게?"

　장간이 방통 대신 조조에게 설명했다.

"선생께서 장강의 평화를 위해 손권과 주군을 찾아볼 계획으로 먼저 손권을 만났다가 모멸만 당하고 감옥에 갇혔습니다."

"이런, 어린놈이 선생께 큰 결례를 범했군요. 무슨 가르침이든 주십시오."

"위나라 주둔지를 한번 둘러보고 대책을 내겠습니다."

그래서 조조가 방통을 데리고 전선을 순시했다. 그동안 누구도 조조 앞에서 방통처럼 말하지 못했다. 한동안 같이 다니는데 조금도 무료하지 않았다. 방통이 농담을 섞어가며 세상 돌아가는 얘기를 하는 바람에 즐겁기만 했다.

조조의 아킬레스건을 건드리려면 방통이 제격

순시를 마친 방통이 조조의 아픈 곳을 건드렸다.

"둘러보니 승상의 군대는 정예 육군이고, 그나마 형주에서 차출한 군대가 수군 냄새가 납니다만 유표가 고준담론高峻談論(옛일과 지금 일을 아울러 이야기하거나 논하는 일)에 빠져 지내느라 그랬는지 수전 훈련을 제대로 못 했군요."

조조가 애로사항을 털어놓았다.

"내 부대가 지상에서는 호랑이지만 물에서는 맥을 못 춥니다. 선생께서는 강가에서 자라 수상전에도 능하다고 들었습니다."

"예. 오죽하면 제 별명이 봉추겠습니까? 하하하. 이 장강은 수심도 깊고 풍랑이 거세기가 바다와 같습니다. 군사들이 배만 타면 멀미하느라 적과 싸우기는커녕 토하기에 바쁠 것입니다. 이럴 때는 강을 육지처럼 만들어야 합니다."

방통은 수다스러운 책략가였다. 조조 앞에서도 어려워하지 않고 이 말 저 말을 내뱉었다. 책략가들이 의도적으로 본심을 감추려 수다를 떨 때도 있지만, 말이 많으면 비밀이 새어나가기 쉬워 책략가는 본디 입이 무겁다. 그런데 방통의 수다는 인정 욕구의 과잉에 기인한 것이었다. 인정 욕구 자체는 인간 본성으로 칭찬받고 인정받으면 발전과 성과에도 긍정적 효과는 있다. 문제는 인정 욕구를 타인에게서만 해소하려는 경우로, 결코 자족하지 못한 채 인정받으면 우쭐거리고 무시당하면 소심해진다. 이런 과잉 인정 욕구에서 벗어나려면, 인정받으면 받는 대로 아니면 아닌 대로 살아야 한다. 책사라면 더욱 그래야만 한다. 언론이 없던 때라 무엇보다 명사의 평판이 중요했기 때문이다.

방통이 수다스러워진 데는 사정이 있었다. 큰 뜻을 품고 형주와 양주 일대의 최고 명사라고 하는 사마휘를 찾아갔을 때였다. 마침 뽕나무에서 오디를 따던 사마휘는 방통의 변설을 들으며 울고 웃다가 방통을 인물로 보고 공개적으로 천거하기 시작했다.

"남쪽 지방의 선비 중 최고다(통남주사지관면統南州士之冠冕)."

그 후 누구든 와룡(제갈량)과 봉추 중 하나만 얻어도 천하를 평정할 수 있다는 여론이 형성되었다. 그래서 유표를 찾아갔지만 외모가 영 아니라며 사마휘의 체면을 보아 남군의 공조(하급관리로 인사 담당자)에 임명했다.

그랬더니 방통이 관리들에게 좋은 말만 하고 단점이 보여도 싫은 소리를 하지 않았다. 왜 그러느냐고 물으면 자기 같은 사람은 아름다운 말을 해야 명성이 난다고 했다. 자신의 외모 콤플렉스를 현란한 말솜씨로 극복하려고 한 것이다.

제갈량은 영리한 조조를 방통의 거침없는 말재주로 미혹하려 했다. 과연 방통은 처음 조조를 만나더니 세상 얘기로 혼을 빼놓고 조조의 아킬레스건을 슬쩍 건드렸다. 방통의 못생긴 외모와 대비되는 화려한 화술에 조조가 넘어갔다.

'나를 속이려 했다면 풍채부터 그럴듯하게 꾸미고 좋은 말만 할 텐데 꾸밈도 없이 진술한 것을 보니 믿을 만하겠구나.'

"봉추 선생, 저 거센 장강을 흙으로 메우란 말입니까?"

"아닙니다. 선단마다 큰 배를 가운데 놓고 작은 배를 50척씩 쇠사슬로 묶은 다음 그 위에 원목을 깔면 됩니다. 그렇게 묶은 선단들끼리 또 연결하면 아무리 풍랑이 거세도 육지처럼 든든할 것입니다. 그 위로 사람은 물론 말도 뛰어다닐 수 있지요."

어찌 보면 황당한 말인데 조조는 묘책으로 보았다.

"기막힌 책략이오. 오늘부터 바로 작업을 해야겠소."

그날부터 조조 진영은 대장간에서는 밤낮없이 대못과 쇠사슬을 만들고 부두에서는 배를 묶기 시작했다. 병사들은 이제 지긋지긋한 뱃멀미를 안 해도 되겠다며 좋아했다. 이 과정을 지켜본 방통이 또 조조가 좋아할 만한 이야기를 꺼냈다.

"주유란 놈이 워낙 성미가 고약해 황개를 내쳤듯 강남의 인물들에게도 원한 살 일을 많이 저질렀습니다. 그들이 이리 오게 하겠습니다."

"그리해 주시오. 다녀와서 나와 함께 천하를 주물러 봅시다."

그렇게 방통이 조조를 꼬드기고 유유히 빠져나왔다.

전리품을 두고 다투다

조조는 방통의 말대로 모든 배를 쇠사슬로 묶고 그 위에 널빤지를 깔았다. 그 모습이 장강 위에 떠 있는 또 하나의 대지였으며 밤에는 등불을 밝혀 가히 불야성을 이루었다. 달도 교교한데 조조가 전군을 모아 잔치를 벌이며 감격에 겨워 즉흥시를 읊었다. 강 아래쪽 산 위에서 이 웅장한 광경을 살펴보는 사람들이 있었다. 유비, 주유, 제갈량이었다. 제갈량이 주유에게 말했다.

"이제 동남풍만 불면 됩니다. 하늘의 별을 보니 3일 후인 동짓달 스무날에 동남풍이 거세게 불 것입니다. 그때 황개를 투입하십시오."

잠시 후 어둠을 뚫고 황개의 밀서 한 장이 조조의 손에 들어왔다.

"3일 후 묘시卯時에 주유와 원한이 있는 병사들을 데리고 투항하겠습니다."

과연 그날 축시丑時부터 바람이 일더니 묘시가 되자 더 거세졌다. 설마 제갈량이 바람 부는 것까지 알 리 없다고 여겼던 주유는 속으로 경악했다.

'이놈을 놓아두었다가는 조조보다 더 다루기 어렵겠군. 조조를 잡으면 너도 없애야겠다.'

주유는 황개가 출항하자 경비병에게 지령을 내렸다.

"화공이 마무리되면 지체없이 공명을 죽여라."

그 시각 조조도 거대 선단을 몰고 오려 했지만 역풍이 불어 취소했다. 이 바람이 황개에게는 순풍이었다. 극비리에 기름 바른 마른 풀과 장작을 실어놓은 배 20척 중 제일 큰 배에 황개라고 쓴 흰 깃발을 달았다. 강풍이 얼마나 센지 이 배들은 금세 조조 진영에 다가갔다. 조조 측에서 항복선이라고 환호하는 가운데 황개가 붉은 깃발을 들었다. 이를 신호로 배 20여 척이 불이 붙은 채 돌진해서 순식간에 조조의 선단에 불이 옮겨붙었다.

조조의 배가 모두 불에 탔으며 연안 막사까지 불이 번져서 많은 병사와 군마가 연기로 사라졌다. 이로써 조조는 강남 정복의 꿈을 연기에 날리고 회군해야 했다. 이날 적벽대전은 화공 역사상 가장 완벽한 승리로 마무리되었다. 조조 진영에 벌건 화마가 날름거릴 때 주유의 경비병은 제갈량을 죽이려고 찾아다녔으나 제갈량은 이미 조자룡이 몰고 온 배를 타고 유비의 주둔지 하구河口로 떠난 후였다.

제갈량은 무사히 귀환한 후 안도하는 유비에게 다음 전략을 내놓았다.

　"아직 축배를 들 때가 아닙니다. 조조를 이겼다고 우리가 승리에 들떠 있으면 손권이 전리품을 모두 가져가고 맙니다. 조조의 퇴로를 공격하며 우리의 입지를 다져야 합니다. 이것이 일타쌍피 전략입니다."

　유비가 그 말에 수긍해서 전군 지휘권을 제갈량에게 주었다.

전리품도 요령 있게 챙겨라

제갈량은 먼저 조자룡에게 임무를 주었다.

"오림으로 가서 매복하라. 조조가 오거든 선두는 보내고 중간 부분을 끊어라. 절대로 무리해서 전멸시키려 말고 도망치게 놔두어야 한다. 그러면 그들이 형주 쪽으로 해서 허도로 가려 할 것이다."

그다음 장비를 불렀다.

"이릉으로 가는 호로곡에 매복하라. 내일이면 조조가 거기서 솥을 걸고 밥을 할 테니 연기가 오르거든 공격하라."

제갈량은 조조가 도주할 때 어느 길로 언제 갈지까지 예측했다. 조직 간 경쟁에서 비교해야 할 세 요소가 리더, 책사, 장수이다. 어느 조직의 책사가 더 유능한가. 더 역량 있는 장수인가. 이들을 관리할 리더십은 어느 쪽 리더가 더 탁월한가. 이처럼 조직 대 조직의 대결은 개인의 대결보다 더 입체적인 비교가 필요하다. 필요한 전략을 입안하는 책사와 그 전략의 가치를 알아보는 리더, 전략을 적용하는 장수가 어우러져 조직의 승리를 창출해내는 것이다.

제갈량은 지략가이면서 어떤 장수가 전략 실행에 적당한지도 알았다. 조자룡을 오림으로, 장비를 호로곡으로 보낸 다음 미방, 미축, 유봉에게 강가를 돌며 패잔병과 방치된 군수물자들을 모으게 했고 유기에게는 따로 부탁했다.

"조조가 연달아 패하면 그 패잔병 중 일부가 무창武昌으로 올 것입니다. 그 성은 요새이니 굳게 지키기만 하세요."

제갈량이 모든 장수에게 임무를 주었지만 관우만 예외였다. 관우가 불만을 터뜨렸다.

"나는 뭡니까? 매번 선봉에 섰던 나를 뺀 까닭이 뭐요?"

"장군에게는 께름칙한 게 있어 본진에 남게 하려는 것이오."

"뭐요?"

"장군의 의리는 천하가 아는 바요. 지난날 장군이 허도를 떠날 때 조조에게 그동안 입은 은덕을 훗날 보답하겠다고 하셨소."

"맞소. 조조가 내게 은혜를 베푼 것

용맹과 충의가 완벽히 조화를 이룬 이상적 무장 조자룡

도 사실이요. 하나 그전에 안량과 문추를 죽여 준 것만으로도 충분히 보답했다고 생각하오. 그러니 조조를 잡아도 풀어주지 않을 것입니다. 만약 놓아준다면 군령으로 제 목을 치시오."

"그렇다면 화용도로 가서 산에 올라 연기를 피우시오. 그러면 조조가 올 테니 그때 그놈의 숨통을 끊어놓으시오."

관우가 고개를 갸웃거렸다.

"아니 연기가 오르면 조조가 군대가 있는 줄 알고 다른 길로 갈 텐데요."

"하하하, 조조는 연기를 보면 다른 길로 가게 하려는 연막작전이라 여길 것이오."

조조의 심리를 이용한 허허실실虛虛實實(실속은 감추고 겉모습으로만 현혹하다) 전법이었다. 장수들이 각기 제갈량이 지정해준 곳으로 떠난 다음 유비가 크게 걱정했다.

"아무래도 관우는 조조를 풀어줄 것만 같소. 화용도로 관우 대신 장비나 조자룡을 보내면 어떻겠소? 이러다가 조조를 놓치고 관우도 잃을까 우려되오."

"맞습니다. 장비나 조자룡이 가면 조조를 죽일 테지만 관우는 놓아줄 것입니다."

제갈량이 조조를 살려주다니…
그 속셈은

제갈량이 유비에게 화용도를 굳이 관우에게 맡긴 까닭을 설명했다.

"아직은 조조를 살려두어야 합니다. 지금 조조를 죽이면 천하가 누구 것이 될까요? 아직 주군께 힘이 없으니 손권의 차지가 됩니다. 조조가 있어야 손권도 주군을 박대 못 합니다. 그래야 천하 삼분의 전 단계로 형주 삼분도 가능합니다."

형주 삼분이란 형주를 손권과 유비, 조조가 나누어 갖는 것으로 조조가 사라지면 형주를 손권이 독식하려 할 테고, 그러면 유비는 설 자리가 없어진다. 유비도 깨닫고 있었다. 조조와 자신이 적대적 공생관계임을…. 유비가 기반을 닦을 때까지 조조가 있어야 북방도 안정되고 손권도 유비를 조조의 방어막으로 삼으려 할 수밖에 없는 것을…. 그 방어막을 칠 지역이 형주와 양주였다. 유비가 탄복했다.

"과연 선생은 천문 지리와 더불어 각 세력의 상호작용까지 내다보는군요."

상황은 제갈량의 계산대로 돌아갔다. 조조가 패잔병을 모아 도주하던 중 오림에서 조자룡에게 당했고 겨우 빠져나와 호로곡에 이르러 밥을 짓다가 장비를 만나 재차 당했다. 그때 남은 300명을 모아 다시 회군하다가 평지로 돌아가는 길과 험한 산길이지만 지름길인 화용도 두 갈래 길을 만난다.

마침 산길에서 연기가 오르자 조조는 제갈량이 평지로 가게 하려는 수작이라고 보고 화용도로 들어갔다. 기다리던 관우에게 전멸 위기에 처한 조조가 관우에게 옛 은혜를 기억하라며 사정해 겨우 풀려났다. 그렇게 돌아온 관우에게 제갈량이 일갈했다.

"사사로운 정으로 조조를 놔주다니 당장 목을 베라."

유비가 나서서 도원결의까지 들먹였다.

"관우가 죽으면 나도 죽어야 합니다. 비록 그 죄가 죽어 마땅하나 차후 이 죄과보다 큰 공적을 남기도록 하고 이번만은 넘어갑시다."

제갈량도 유비와 나눈 이야기도 있고 해서 물러섰다. 이로써 유비 휘하, 특히 장비와 관우에게 제갈량의 위엄이 확실히 각인되었다. 제갈량은 책략을 세운 상대가 그것을 원하도록 만드는 재주가 있었다.

적벽대전의 승전은 외형적으로는 손권에게 가장 많은 이익을 가져다주었다. 조조의 패잔병 수만 명을 오나라 군대에 편입시키며 강군이 되었다. 그러나 유비도 만만치 않은 전과를 획득했다. 형주의 주요 지역을 점거하며 입지를 확실하게 굳힌 것이다.

조조는 어땠을까? 초라한 모습으로 허도에 도착했다. 그럼에도 조조의 세력은 여전히 막강해 유비는 물론 손권도 넘보기 어려웠다. 군대 수십만을 잃고도 끄떡없을 만큼 강성했다는 것이다. 도대체 그런 탄탄한 기반을 어떻게 닦았을까? 그 계기가 관도대전이었다.

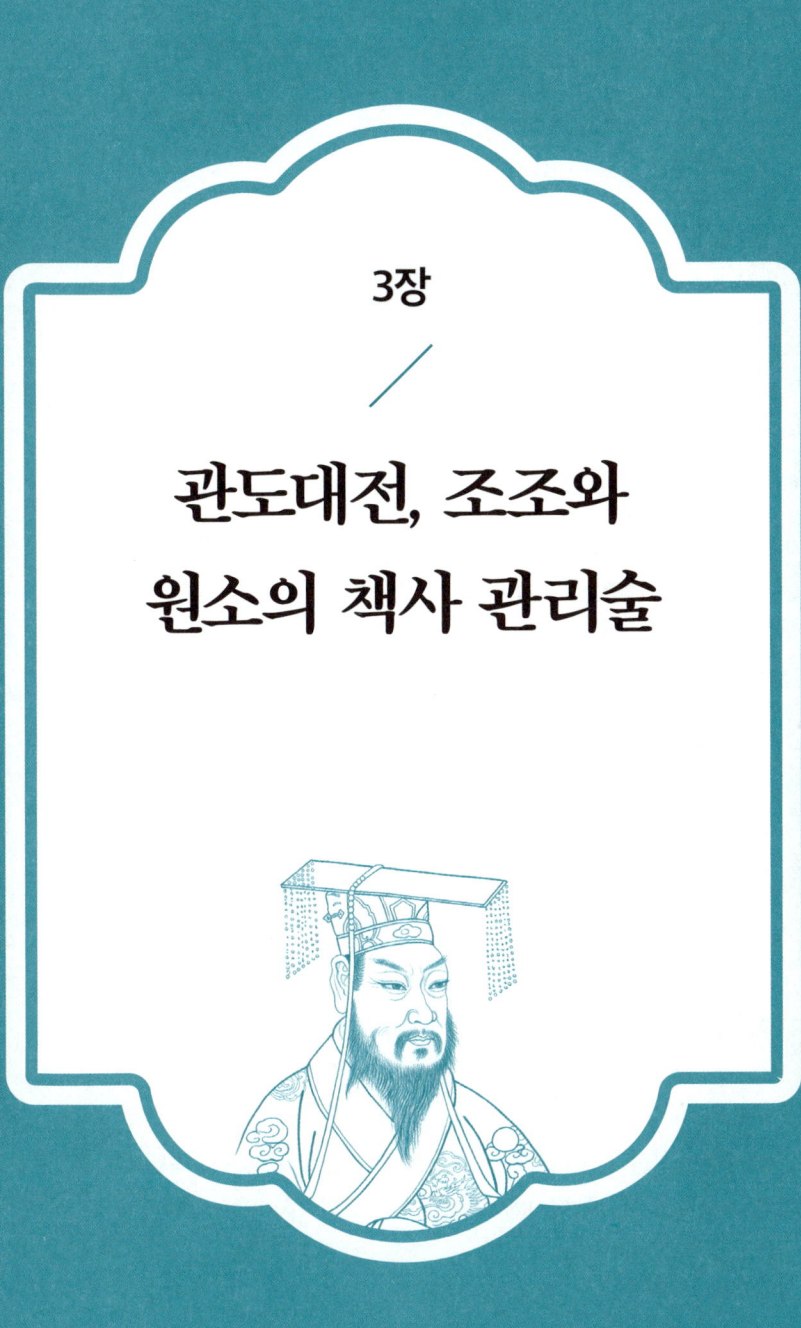

3장

관도대전, 조조와
원소의 책사 관리술

원소와 조조가 황하를 사이에 두고 200년 2월부터 10월까지 맞섰다. 이 관도대전은 약자가 강자를 제압하려면 어떻게 해야 하는지, 또한 강자가 왜 약자에게 허물어지는지 보여주는 전형적 사례다.

원소와 조조는 어릴 적 친구로 가문의 격차가 컸다. 4대에 걸쳐 삼공을 지낸 명문 귀족인 원소에 비해 조조는 초라했다. 아버지 조숭은 어려서 거지였다가 환관 조등의 양자로 들어갔다. 이래서 조조가 환관의 손자가 된 것이다.

원소는 반동탁 연합군의 맹주를 지냈으며 초라한 조조가 192년에 동군태수가 되도록 도와주었다. 그리고 원술과 여포가 사라지는 등 천하의 세력 구도가 완전히 바뀐다. 원소는 동탁보다 더 강했던 공손찬을 정리하고 하북 4주인 기주, 청주, 유주, 병주를 장악했으며 조조도 황건적의 귀순을 받아들여 정예병으로 삼고 순욱 같은 책사들을 확보하며 세력을 키웠다.

공교롭게도 원소가 북방을 정리한 199년에 조조도 중부지방을 어느 정도 정리했다. 그러나 역시 세력은 원소가 훨씬 더 강했다. 그랬던 원소가 왜 조조에게 졌을까? 원소가 자기애성 인물이라면 조조는 마키아벨리형 인물이었다. 그런 성향의 리더가 이끄는 양대 조직이 어떤 모양으로 부딪치게 되는지가 나와 있다.

리더가 공사를 구별 못 하면 절호의 기회도 소용없다

적벽대전이 터졌을 때 누구나 조조가 이기리라고 보았지만 손권과 유비 연합군이 이겼다. 관도대전 역시 이구동성으로 원소가 이긴다고 했지만 조조가 이겼다. 둘 다 예상 밖이었던 것은 전략적 사고의 차이 때문이다. 누구나 물리적 파워만 보았을 뿐 전략적 파워를 보지 못했던 것이다. 두 전쟁에서는 전략적 파워가 물리적 파워를 눌렀다.

관도 대치에서 양측의 물리적 파워를 보자. 원소의 병력은 70만이고 조조의 병력은 10만이었다. 병력의 차이만큼이나 근거지의 규모도 차이가 컸다. 원소는 하북 4주를 평정하며 천하무적이던 공손찬의 기마군단까지 흡수했다. 이로써 원소는 가용 병력만 100만이 넘었다. 가히 천하의 대세는 원소일 수밖에 없었다.

조조는 어떤가. 확실히 장악한 땅은 연주와 예주 정도에 불과했다. 그나마 원소만 상대하는 것이 아니었다. 장강 상류 쪽인 익주의 유장, 장강 중류의 유표가 버티고 있었다. 그뿐 아니었다. 장강 하류로 가면 원술이 관도대전 일 년 전에 병사하는 바람에 원술 휘하의 손책이 독립해 나날이 커지고 있었다. 그 손책이야말로 요주의 인물이었으며 그다음이 유비였다. 유비는 세력으로 볼 때는 별것 없었으나 유표 등에게 조조와 싸우라 부추기고 다녔으므로 조조가 신경 써야 했다.

이처럼 조조가 원소에 비해 전력은 물론 형세에서 불리했지만 그나마 책사들 수준은 비슷했다. 조조 측에 순욱, 곽가, 정욱 등이 있었고 원소에게는 저수, 전풍, 심배, 곽도, 진림, 허유 등 당대에 이름난 책사들이 있었다. 딱 한 가지 조조가 유리했던 것은 용인술이었다.

양측 책사 중 조조에게 전향한 경우는 많아도 원소로 넘어간 경우는 없었다. 그중 압권은 원소 편에 있던 순욱이 191년 동군태수였던 조조에게 간 것이다. 이로써 조조 진영의 전략적 안목이 크게 향상되었다. 또한 조조가 환관 집안으로 탁류파라고 비난받아 왔는데 청류파의 대표적 인물인 순욱을 영입하면서 청류파의 우수한 인재들도 조조에게 오게 되었다.

순욱을 영입한 다음 해인 192년부터 보잘것없었던 조조의 세력이 청주군을 창설하는 등 빠르게 확장되었다. 이로써 동군에 작은 근거지를 마련한 조조가 황건적과 싸우다가 죽은 연주자사 유대의 후임이 될 수 있었다. 한나라 지방조직에 주가 있고 그 아래에 군과 마지막에 현이 있다. 주의 장관은 자사, 군은 태수, 현은 현령이라 했으니 조조가 연주자사가 되었다는 것은 크게 출세한 것이다.

같은 해 동탁이 여포와 왕윤에게 살해되는 등 정국의 혼란은 가속화되고 있었다. 이런 시기일수록 주군이 책사를 어떻게 관리하느냐에 따라 조직 역량의 우열이 나뉜다. 인재 관리 역량이란 자율과 조율로 나타난다. 인재는 그 특징이 자율을 원하지만 조직은 규율이 필요하다. 조조 같은 리더들은 규율과 자율의 균형을 본능적으로 실행한다.

삼국지의 책사들은 대부분 슈퍼 인재들로 자기 소신껏 책략을 내고 성취감을 누리려 했다. 성취감은 보상심리의 일종으로 내적 자기만족과 외적 보상이 있다. 이런 보상심리를 잘 활용해야 한다. 그러한 조율에 조조는 능통했고 원소는 너무 서툴렀다.

184년에서 280년까지 100년의 삼국시대 중 조용한 해가 없었다. 그중 200년은 조조라는 인물이 두각을 나타내는 해로, 그해 정월에 조조는 자신을 배반하고 서주에서 자립한 유비를 공격하려고 했다. 그때 정욱이 통찰력 있게 만류했다.

"관도에서 원소가 허도를 노리고 있습니다. 그런데 우리가 유비를 공격하면 그사이에 원소가 우리를 칠 텐데 감당하기 어렵습니다."

조조가 일리 있다며 끄덕이는데 곽가가 다른 의견을 냈다.

"원소라면 걱정할 필요가 없는 것이 의심도 많고 결단도 느립니다.

그의 책사들끼리도 서로 시기하느라 뜻을 하나로 모으지 못합니다."

"아! 그렇다."

이런 일이 조조의 책사 회의에서 수시로 벌어졌다. 조조의 의견에 누구나 거리낌 없이 찬반 의견을 말했다. 책사들도 개인감정이나 편 가르기가 아니라 각자 의견을 내놓았다. 이들 사이에 상호 힘겨루기 도 균열도 없었다. 조조는 이처럼 다양한 안목을 종합해 적기에 결단 을 내렸다.

조조가 곽가의 책략대로 동진하기 시작하자 다급해진 유비가 원 소에게 구해달라는 편지를 보냈다. 전풍이 원소에게 권했다.

"조조가 허도를 비웠으니 냉큼 차지하십시오. 이런 기회는 두 번 다시 오지 않습니다."

원소의 반응은 시큰둥했다.

"그 정도는 나도 알아요. 하지만 내 막내아들 원상이 아파서 전쟁 하기 어렵소."

혀를 차며 밖으로 나온 전풍이 지팡이로 땅을 쳤다.

"세상에 이런 절호의 기회를 집안일로 걷어차 버리다니."

조조는 왜 관우를
선봉에 세웠나

원소가 공사를 분별하지 못하는 바람에 조조는 유비가 있던 소패를 공략하고 연달아 관우가 지키던 하비성까지 차지했다. 그리고 관우를 포위하고 죽이기 직전에 아끼는 마음으로 투항을 권유했다. 관우가 투항하는 대신 유비의 가족을 지키다가 유비가 나타나면 언제든 떠난다는 조건을 내세웠고, 조조가 승낙했다. 당시 유비는 혈혈단신으로 원소에게 도망가 있었다. 원소가 책사들에게 넌지시 물었다.

"이제 원상의 병도 나았으니 허도를 공격해 볼까?"

전풍이 반대하고 나섰다.

"지금 서주를 차지한 조조는 기세가 높아져 있습니다. 조금 더 기다리셔야 합니다."

원소가 유비의 생각을 물었다.

야망은 컸으나 결단이 부족했던 명문가 출신 원소

"천하의 역적이 조조 아닙니까. 무엇보다 대의를 중시하시는 분께서 역적을 방치하면 명성에 누가 될 것입니다."

유비는 서주를 잃고 가족의 생사도 모르기에 원소를 부추길 수밖에 없었다. 그런데도 원소가 유비의 손을 들어 주었다. 전풍이 황당해서 저수까지 동원해 아직은 때가 아니라며 지구전으로 가자고 주장했다. 원소는 유비 앞에서 체면을 구겼다며 전풍을 옥에 가두었다. 이를 본 심배와 곽도가 원소의 의중에 맞춰 속전속결을 주장했다. 원소가 흡족한 표정을 지으며 전쟁을 선언했다.

최정예부대 10만이 출전하기 전이었다. 저수가 가까운 이들을 불러 전 재산을 나누어 주었다.

"이번 전쟁에서 이기면 얼마나 좋겠느냐만 원소의 역량으로 보아 힘들 것 같다."

원소는 이미 승리한 것처럼 들떠 있었으며 안량이 선봉장에 지원하자 바로 임명했다. 저수가 원소와 따로 만나 만류했지만 꾸짖음만 들었다.

"안량이 용맹하기는 하지만 성미가 너무 급해 선봉장으로는 무리입니다."

"그런 일에는 관여 말라. 내가 다 알아서 한다."

"아, 원소가 공사 분별도 못 하고 장수의 특징도 파악하지 못하는구나."

저수가 한탄했다.

상황이 급할수록 분별력이 중요해진다. 그래야 충동적 오판을 하지 않는다. 조직적으로 절체절명의 상황을 만나면 조직적인 충동에 잘 빠진다. 그럴 때면 주군이 중심을 잡고 비전에 맞춰 전략을 구사해야 한다. 그러나 원소는 누구보다 먼저 흥분하고 용맹하기만 했을 뿐 성급한 안량을 앞세우고 황하 북측 여양에 전진기지를 설치했다. 조조도 관도로 진군해 진을 쳤다.

원소가 먼저 안량에게 강 건너 백마성을 공격하도록 했다. 조조 측에서 송헌, 위속을 보냈으나 안량의 단칼에 목이 날아갔다. 그다음 서황도 안량에게 밀려 돌아왔다. 조조가 한탄했다.

"안량을 대적할 장수가 없다."

그러자 정욱이 관우를 천거했다.

"관우 외에는 안량을 대적할 장수가 없습니다."

"하지만 지금 유비가 원소 진영에 있는데…."

"아직 관우는 그 사실을 모르니 출전하라고 하시면 따를 것입니다. 관우가 안량을 죽이면, 결국 원소가 알게 될 테고 그때부터 원소는 유비를 의심하고 죽이려 들 것입니다."

"그것 참 일석이조이겠구나."

유비의 조직은 작았으나 허리가 강했다

조조가 정욱의 책략을 옳게 여겨 허도에 있던 관우를 불렀다.

"안량을 처치해 줄 수 있겠소?"

관우도 조조에게 은혜를 갚을 기회라 보았다. 단숨에 달려온 관우가 청룡도에 안량의 머리를 꽂았다. 그 때문에 백마성에서 안량에게 포위당했던 조조가 풀려나 서쪽으로 후퇴했다. 원소가 문추를 보내 추격했다. 조조가 장료와 서황을 보내 막으려 했으나 실패하자 다시 관우를 불러 문추를 정리했다. 관우 덕에 무사히 관도로 물러난 조조는 하후돈에게 관도를 맡긴 후 허도로 가서 천자를 모시고 승전 축하 잔치를 열었다.

한편 원소는 안량과 문추를 죽인 적장이 누군지 궁금해했다. 심배와 곽도가 관우가 틀림없다고 했다. 그때부터 유비가 의심받기 시작했고 유비도 도망칠 궁리를 했다. 관우도 조조에게 보답했다며 빠져나갈 궁리를 하는데 손건을 만나 유비가 원소 진영에 있음을 알게 되었다.

바로 그날 밤 관우는 조조에게 편지를 남기고 유비의 가족을 대동해 유비를 찾아 대장정에 나섰다. 그러다가 망탕산의 도적 떼 소굴이던 고성에서 장비를 만났다. 이들이 함께 유비를 찾아 하북으로 가려 하자 손건이 말렸다.

"장군께서는 안량과 문추를 죽였기 때문에 위험합니다. 제가 다녀오겠습니다."

200년 8월이었다. 손건을 몰래 만난 유비의 얼굴이 환해졌다가 원소 진영에서 빠져나갈 방도가 없어 수심에 잠겼다. 간옹이 꾀를 냈다.

"내일 원소를 만나서서 형주의 유표를 동원해 조조를 공격하는 것이 좋겠다고 하십시오. 그리고 황숙께서 직접 유표를 만나 성사시키겠다고 하면 원소가 좋아할 것입니다."

간옹은 유비가 서주자사를 지낼 때부터 손건, 미축과 함께 유비를 따라다녔다. 이들이 통칭 간손미이다. 간손미는 유비에게 변함없는 충신으로 실무능력이 뛰어났다.

조직에서는 세 계층, 즉 최고 경영자, 중간 관리자, 일선 관리자가 형성되기 마련이다. 로버트 카츠^{Robert Katz}에 따르면 세 계층이 공통적으로 개념역량^{conceptual skills}, 관계역량^{human skills}, 실무역량^{technical skill}이 필요하지만 위로 올라갈수록 개념 능력, 즉 통합적 스킬이 중요하고 아래로 내려갈수록 실무적 스킬이 중요하다. 유비가 제갈량을 만나기 전에도 그나마 버틸 수 있었던 것은 실무적 스킬에 뛰어난 간손미가 있었기 때문이다.

통합역량이 조직 전체를 보고 분야별로 어떻게 연결되어야 경쟁 조직에 비해 우위를 차지할지를 결정하는 능력이라면 관계역량은 목표를 달성하기 위해 원활한 의사소통 등으로 동기부여를 하는 실무역량에 전문화된 수행 기술이다.

미축은 서주의 대부호로 재정을 담당했으며 간옹은 설득의 대가로 유비가 익주를 차지할 때 항전하려던 유장을 설득했다. 손건은 유비가 궁박할 때 망명처를 마련하는 재주가 있었다. 유비가 조조를 배신했을 때는 원소에게, 유비가 원소를 떠날 때는 유표에게 의탁하게 했다. 그래서 유비가 병력도 적고 제대로 된 책사도 없이 버텨냈다. 어느 조직이든 리더가 뛰어나도 유능한 책사가 있어야 대성한다. 그렇지 않으면 간손미 같은 허리조직이라도 튼튼해야 버텨낼 수 있다.

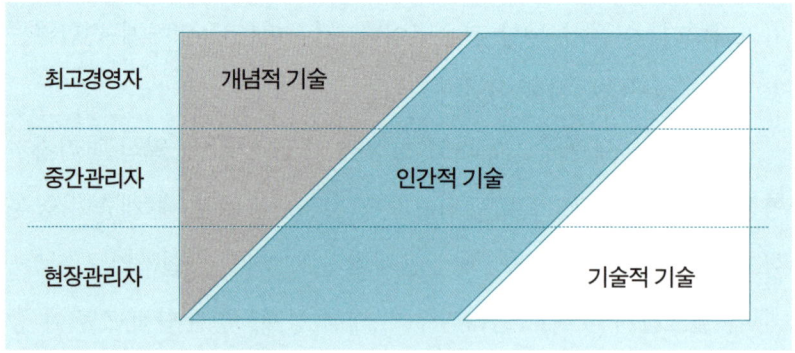

로버트 카츠의 계층별 관리 기술

곽가, 손책의 피살을 예상하다

유비가 간옹의 권고대로 원소를 만났다.

"제가 유표를 설득해서 조조의 후방을 치도록 하겠습니다."

원소가 반색하며 유비의 손까지 덥석 잡았다.

"그래 주시겠습니까. 두 분은 친척이니 그대로만 해주십시오."

옆에 있던 곽도가 펄쩍 뛰었다.

"안 됩니다. 유비가 여기를 떠나려는 수작입니다."

그러나 원소가 곽도를 타일렀다.

"사람을 그리 의심하면 안 되오."

이렇게 탈출에 성공한 유비는 관우와 장비를 만나 와우산으로 가던 길에 조자룡까지 얻게 되었다. 한참 후에야 원소가 유비에게 속았다는 것을 알고 당장 죽이겠다며 화를 냈다. 다시 곽도가 말렸다.

"잠깐만 진정하십시오. 지금 유비가 문제가 아니라 조조가 더 급합니다."

"그래서 내가 유비를 보내 유표를 끌어들이려 했던 것 아니냐."

"사실 유표도 별 도움이 못 됩니다. 유표보다 훨씬 강한 세력이 있습니다. 강동의 손책입니다. 손책과 반조조 동맹을 맺으면 조조는 그냥 사그라집니다."

맞는 말이었다. 이런 사실을 조조는 모르고 있었을까? 조조도 자신이 출전해 원소와 대치하면 손책이 허도를 노릴 것이라며 걱정했는데 곽가가 안심시켰다.

"손책이 강동을 평정하는 과정에서 원한 맺힌 세력이 많아 조심해야 하는데 천성이 급한 데다가 꾀는 없고 경솔합니다. 설령 백만대군이 옹위해도 자객 한 명을 당해내지 못할 것입니다. 그 때문에 우리가 안심하고 원소와 싸울 수 있습니다."

얼마 후 실제로 그와 같은 일이 일어났다. 강동의 오군태수 허공이 손책을 견제하려 조조에게 밀서를 보냈다.

"손책은 항우처럼 거칠어 외지에 두면 위험합니다. 적당한 벼슬을 주어 허도로 불러들이세요."

이 밀서가 손책에게 발각되어 허공이 죽어야 했다. 여기에 앙심을 품은 허공의 식객 허소가 손책이 사냥에 나섰을 때 독화살을 쏘아 손책을 죽였다. 곽가가 손책의 운명을 맞힌 것은 강동의 호랑이라 불리던 손책의 기질에서 기인했다. 손책은 항우와 비교될 만큼 용맹무쌍

했다. 직선적이고 거침없는 성격으로 종횡무진하며 강동을 조기에 평정했다. 인간의 기질은 자극에 반응하는 형태를 결정한다. 어떤 자극에 보였던 반응의 형태가 반복되면 습관이 되어 이후 유사 자극에 대해 유사 패턴으로 반응하게 된다.

어떤 사람의 기질에 따른 반응양식을 파악하면 그의 미래 행동을 예측할 수 있다. 그러나 유효한 확률일 뿐 기질도 환경과 스트레스 수준 등 여러 변수에 따라 일시적이지만 달라지는 경우도 있어 기계적 예측은 어렵다. 더구나 지혜가 쌓일수록 같은 상황인데도 이전보다 더 유용한 방식으로 여우처럼 반응하기도 한다.

허공의 빈객들은 무명인사들이었지만 허공에게 군자처럼 대우받았다. 그런 허공을 손책이 죽였으니 빈객들이 목숨을 걸고 원수를 갚으려 한 것이다. 손책이 여우 같은 재치만 더 갖췄더라면…. 그래서일까. 동생 손권에게 이런 유언을 했다.

"지금 조조와 원소가 천하를 다투고 있다. 싸움에서는 네가 나보다 부족하나 어진 사람을 모아 이 강동을 지키는 일은 네가 뛰어나다. 아버지와 내가 평정한 강동을 잘 지키며 더 큰일을 도모할 때 나라 안의 일은 장소에게 묻고 나라 밖의 일은 주유에게 물어라."

그때 손책은 26세, 손권은 19세였다. 손권이 손책의 죽음 앞에서 혼절하자 장소가 그를 일으켜 세워 문무백관의 충성서약을 받게 했다. 조조는 예기치 못한 손책의 죽음 소식에 곽가의 예측력을 실감하면서도 후방 걱정 없이 원소와의 결전을 대비하게 된다.

며칠 후 관도를 지키던 하후돈이 조조에게 급보를 보냈다.

"원소의 70만 대군이 몰려오고 있습니다."

조조도 올 것이 왔다며 허도에 순욱을 남겨두고 친히 7만 군사를 이끌고 관도로 달려갔다.

원소와 조조가 반대하는
책사를 다루는 법

한창 진군하던 원소에게 투옥되어 있던 전풍이 급보를 보냈다.

"지금은 때가 아니니 자중하십시오. 아무 때나 대군을 움직이면 이롭지 못합니다."

원소는 전풍이 전쟁을 앞두고 악담을 퍼붓는다며 죽이려 했으나 주위에서 그러면 군대의 사기가 떨어진다며 만류했다. 그때가 200년 8월 말이었다.

원소의 대군이 관도를 향한 모래 언덕을 방패 삼아 동서로 1백여 리에 걸쳐 진을 쳤다. 그때 저수가 말했다.

"우리가 적보다 군사와 양식과 마초가 많지만 적은 우리보다 용맹합니다. 당연히 적은 속전속결로 나올 테지만 우리는 지구전으로 가야 합니다. 그렇게만 하면 적은 물러갈 수밖에 없습니다. 만약 우리가 싸움을 서두르면 적에게 기회를 줄 수 있습니다."

그랬더니 원소가 버럭 화를 냈다.

"지난번에는 전풍이 헛소리를 하더니 이번에는 네가 그러는구나. 여봐라, 저놈을 가두어라. 조조를 깨뜨린 후 두 놈도 처벌할 것이다."

원소는 저수를 가둬놓고 높은 망루를 세워 조조 진영에 사격을 가하기 시작했다. 화살이 얼마나 빗발치던지 조조군은 방패를 쓰고 다녀야 했다. 그래도 병력에서 절대 열세라 수비에 치중할 수밖에 없어 궁리 끝에 투석기를 개발해 망루를 무너뜨렸다.

이번에는 원소 측이 땅굴을 파고 기습했다. 공방전이 지속되는 가운데 겨울이 왔다. 전황은 조조에게 불리해져 갔다. 조조가 허도의 순욱에게 급보를 띄웠다.

"두 달째 포위된 채 수비만 하고 있다. 병사들은 지쳤고 군량마저 부족하다. 이번에 물러서고 다음 기회를 보면 어떠하겠는가?"

이에 순욱이 답장을 보내왔다.

"하나로 열을 맞서느라 힘드실 줄 압니다만 이번이 원소를 꺾을 절호의 기회입니다. 등줄기 같은 관도를 내주면 허도를 지키기 어렵습니다. 이번 전쟁의 승자가 천하의 대세를 좌우하게 됩니다. 전쟁에는 군사의 무력뿐 아니라 장수의 덕과 책사의 지혜가 필요합니다. 주군께서는 덕과 지혜를 가지고 계십니다. 그러나 원소는 무력만 있을 뿐 덕도 지혜도 없으니 관도 땅에 금만 긋고 계셔도 머지않아 원소 진영에서 내분이 일어날 테니 그때만 놓치지 마십시오."

나르키소스형 인간 원소와 마키아벨리형 인간 조조

　이런 정세 분석은 조조 처지에서 볼 때 과연 충고인가, 명령인가. 그런데도 조조는 수용했다. 원소의 책사들은 전풍이나 저수가 바른 말을 했다가 처벌당하는 것을 본 다음 원소의 기분 맞추기에만 급급했다. 이런 분위기라면 좋은 책략이 나오기 어렵고 상호 견제와 비방만 난무하게 된다.

　조직의 성과는 조직문화와 깊이 관련되어 있다. 원소 같은 리더를 만난 책사들은 좋지 않은 피드백을 받을까 두려워 아무리 좋은 책략이라도 리더가 꺼릴 듯하면 내놓지 않는다. 조조처럼 리더가 조직과 비전에 진정성과 투명성이 있을 때 책사들이 소신껏 지략을 구사할 수 있는 조직문화가 형성된다.

원소의 서랍에서 나온
이중간첩 명단

　조조가 허도로 철수하려다가 순욱의 반대로 원소와 대치하는 동안 원소 진영에서 순욱이 예견했던 일이 발생한다. 원소가 총애하던 심배를 잠시 멀리하고 거친 일도 마다하지 않는 허유를 가까이했는데 심배가 이를 시기하여 허유의 가족이 백성을 수탈한다고 고자질한 것이다. 원소는 자신이 좋아하면 팥으로 메주를 쑨다고 해도 믿었고 싫어하면 콩으로 메주를 쑨다고 해도 믿지 않았기에 확인해 보지도 않고 허유를 불러 화부터 냈다.

　"너를 가까이해 보니 너뿐 아니라 가족까지 탐욕 덩어리더구나. 그리고 보니 네놈은 조조의 옛 친구 아니더냐. 혹 조조에게도 뇌물을 받고 첩자 노릇을 하지는 않았느냐. 두 번 다시 내 앞에 나타나지 말라."

허유로서는 마른하늘에 날벼락 같은 소리였다. 허유는 원소의 집 무실에서 나와 탄식했다.

"전쟁 중에 자기편을 하나로 묶어도 부족한데 저런 식으로 나오다니… 어디 두고 보자!"

허유는 그 길로 조조를 찾아가 천금과 같은 정보를 넘겨준다.

"오소에 원소의 모든 군수물자가 쌓여 있소. 군수사령관 순우경은 알코올 중독자입니다. 방비를 허술히 하고 있으니 모두 불태우시오. 그러면 원소는 사흘을 못 버틸 것이오."

그날 밤 조조가 직접 기마병 5천 명의 선두에 서서 오소로 달려갔다. 군수물자가 모두 불탔으며 조조 부하들이 수비병 1천여 명의 코를 베어 원소에게 보냈다. 그러자 원소군의 사기가 급전직하했고 원소의 장군 장합과 고람이 휘하 부대를 데리고 조조에게 투항하는 일까지 벌어졌다.

조조가 이 여세를 몰아 대공세를 벌여 원소군 8만 명을 피살하고 원소가 줄행랑치며 남겨둔 금은보화 등 각종 물자를 거두어 부하들에게 나눠주었다. 원소의 책상에서 기밀문서가 나왔는데 원소와 내통한 조조의 부하나 허도의 대신들 명단이었다. 부하들이 모두 죽여야 한다고 했지만 조조는 그 자리에서 문서를 태워버렸다.

"모두 알다시피 원소가 얼마나 강력했느냐. 나조차 흔들렸는데 오죽했겠느냐. 앞으로 이 일은 더 거론하지 말라."

이것이 조조 용인술의 핵심이다. 용인의 기준은 하나, 나와 어떤

관계였느냐, 과거 어떤 사람이었냐가 아니라 현재의 기여와 미래의
가치였다. 조조와 원소처럼 조직적으로 대결할 때는 얽혀 돌아가는
상황을 상상하며 해결책을 마련할 수 있어야 한다. 그런 책략을 낼
수 있는 인물이 조조와 원소 진영에서만 본다면 곽가나 순욱, 전풍,
저수 등이었다. 그래서 조조는 원소에 의해 옥에 갇힌 저수를 데려오
게 했다.

"원소처럼 멍청하고 교만한 놈을 버리고 앞으로는 나를 도우라."

"싫다. 원소가 밉다고 해서 배반할 수는 없다. 차라리 나를 죽여라."

그래도 조조는 저수의 능력이 아쉬워 좋은 거처까지 마련해 주었
다. 그런데도 저수는 몰래 말을 빼내 도망가려다 발각되었다. 조조가
또 구슬렸다.

"그대의 계책을 받아주지도 않는 원소가 밉지 않은가."

그래도 저수가 전향하지 않자 조조는 직접 칼을 뽑아 그의 목을
쳤다.

"뛰어난 책사는 병사 십만 명과 맞먹는다. 하지만 나를 따르지 않
는다면 없앨 수밖에 없다."

반성하지 않으면 재기할 기회도 없다

관도에서 크게 패한 원소는 기주로 퇴각하며 하늘을 우러러 한탄했다.

"내가 왜 일찍이 전풍의 말을 듣지 않았던가."

그 말에 봉기가 또 질투에 사로잡혔다.

"전풍이 옥에서 우리가 졌다는 소식을 듣고는 '그것 봐라. 원소가 내 말을 안 들어서 졌다'며 으스대더랍니다."

이 말 한마디로 전풍도 살아남지 못했다. 이렇듯 원소는 자기 체면만 중요하고 반성을 모르는 인물이었다. 기주로 돌아가서도 심기일전하기는커녕 실의에 빠져 정사를 돌보지 않는데도 저수와 전풍처럼 바른말을 하는 사람이 없었다.

나르시시스트였던 원소는 자기 잘못을 반성하기는커녕 남 탓만

했다. 잘못되면 잘못될수록 다른 사람을 더 의심하고 트집을 잡아 책임을 떠넘겼다. 남에게 책임을 떠넘기는 회피형 투사패턴에 빠지면 현실을 제대로 볼 수 없어 불안증과 우울증으로 이어지기 쉽다. 원소는 계속 그런 방향으로 갔다.

일단 원소는 조조보다 훨씬 강한 군대를 가지고도 졌다. 용인술에서 뒤졌기 때문이다. 조직 간 경쟁의 역사에서 열등한 자원으로 우월한 자원을 가진 조직을 이긴 비결은 용인술의 차이였다. 다시 말해 조조나 원소의 책사 수준은 대동소이했다. 구슬이 서 말이라도 꿰어야 보배이듯 뛰어난 책사들도 자신들의 리더에 따라 보배가 되거나 구슬이 된다.

원소가 패배의 후유증으로 헤맬 때 첩인 유씨가 아들 원상을 후계자로 세울 욕심을 냈다. 원소의 아들이 셋인데 첫째가 원담, 둘째가 원희, 셋째가 유씨가 낳은 원상이었다. 그때 원담은 청주를, 원희는 유주를 지키고 있었다.

유씨가 날이면 날마다 원소에게 졸라대니 원소가 봉기, 심배, 곽도, 신평을 불러 의논했다. 심배와 봉기는 원상을 돕고 있었고, 곽도와 신평은 원담을 돕고 있었다. 그런 줄 알면서도 이들을 모아 후계구도를 의논한 원소는 순진한 것인가, 어리석은 것인가.

공간에 공간의 기억이 있고 조직에 조직의 기억이 있어 그 기억들이 습관처럼 작동한다. 원소와 책사들이 원소가 다스리는 공간과 조직에 가면 어떤 심리가 작동할까. 조직의 미래보다 내 이익만 우선

하는 것이다. 원소의 근시안적 태도가 그런 조직 심리를 만들어냈다. 불행 중 다행으로 신평과 곽도가 드물게 원소에게 맞는 말을 했다.

"아직 패배도 수습이 안 되었고 두 아들이 밖에 나가 있는 상황에서 후사를 결정하면 형제끼리 싸움이 벌어져 더 큰 화를 부릅니다."

그제야 원소가 정신을 차리고 고개를 끄덕였다.

그런데 원소에게 유표와 연대할 수 있도록 주선하겠다며 빠져나간 유비는 어디로 갔을까? 여남에 가서 세력을 조금씩 불리고 있었는데, 조조가 이를 방관하지 않았다. 관도대전에서 승리를 맛본 부대 중 최고의 전투력을 자랑하는 정예병들만 여남으로 보냈다. 이에 유비가 앞서 언급한 것처럼 형주의 유표에게 도망쳤다.

그 후 유비의 식객 생활이 207년 제갈량을 만날 때까지 이어졌다. 유비를 형주로 멀찍이 쫓아낸 조조가 원소 소탕 구상에 몰두하는데 202년 5월 희소식이 들어왔다. 실의에 빠져 지내던 원소가 피를 토하며 죽었다는 것이었다.

이이제이를 어부지리로
연결하라

　원소가 사라지자 심배와 봉기 등 원상파는 맏아들 원담이 후계자가 되는 것이 두려워 재빠르게 원상을 후계자로 세웠다. 그러자 원담이 원상을 향해 이를 갈며 둘 사이에 긴장이 고조되었다. 조조가 이를 기회로 보고 다시 황하를 건너 북진하자 원담과 원상이 내분을 멈추었다. 곽가가 조조에게 일단 북진을 멈추자고 했다.

　"진격하면 원담과 원상이 더 뭉칠 것입니다. 여기서 멈추고 형주의 유표를 공격할 것처럼 남쪽으로 향하면 형제가 다시 다툴 것입니다. 그때 공격해서 한번에 평정하십시오."

　아니나 다를까. 조조군이 방향을 남쪽으로 돌리자 여유를 찾은 원담과 원상이 다시 다투기 시작했다. 곽도가 격정적인 성격의 원담을 부추겼다.

"조조가 남쪽으로 간 틈에 원상을 몰아내십시오."

그 바람에 원담은 자기보다 강한 원상을 무리하게 공격했다가 패배하고 평원국으로 후퇴했다. 조조가 이들을 멀리서 지켜보다 다시 북상하기 시작했다. 다급해진 원상이 원담에게 휴전을 제안했다.

"우리 힘을 합해 조조부터 몰아내자."

여기에 곽도가 이견을 냈다.

"우리가 원상과 연대할 게 아니라 조조에게 투항하는 척해서 조조와 원상이 싸우게 해놓고 어부지리를 해야 합니다."

이 무슨 소리인가. 조조를 안마당에 끌어들이자는 것인데도 원담이 덜컥 수용한다. 원담은 단순한 데다가 깊이 생각하기를 싫어했다. 이런 성격이라 초조할수록 순간적 직관과 감정이 과도하게 활성화되어 곽도의 어리석은 계책도 그럴듯하게 보인 것이다. 궁지에 몰려도 의사결정을 현명하게 하려면 단기 해결책에만 매몰되지 말고 명확한 분석을 바탕으로 지속가능하고 안전한 해결책을 찾는 습관을 들여야 한다. 즉 호랑이에게 물려가도 정신만 차리면 살아난다.

곽도의 계책을 좋게 여긴 원담이 신평의 동생 신비를 조조에게 보내 투항할 뜻을 전하며 그 대신 원상을 공격해 달라고 했다. 조조의 장수들이 원씨 형제의 싸움에 끼어드는 것을 반대하며 그 대신 배후의 유표부터 공략하자고 했지만 순유는 다른 의견을 내놓았다.

"유표가 강하긴 해도 자기 땅만 지키면 만족할 뿐 패권에 뜻이 없어 천하가 무너진다 해도 움직일 사람이 아닙니다. 그러니 원씨 형

전투와 전략에서 뛰어난 실천형 책사인 순유

제를 공략해도 됩니다. 그들의 영토가 아직도 넓고 무장한 군인만 10만이 넘습니다. 이들이 뭉치면 평정하기가 쉽지 않습니다. 형제끼리 싸우고 있으니 하늘이 준 기회입니다."

조조도 순유의 말에 찬성하고 204년 7월 원상이 원담과 대치하며 병력을 이동시킨 틈을 타 원상의 본거지 업성을 점령했다. 갈 곳을 잃은 원상은 둘째 형 원희가 있는 유주로 도망쳤다. 이런 와중에 원담도 원상이 지배하던 감릉군, 안평군, 발해군, 하간국과 기주 일대의 주도권을 장악했다. 그러자 조조가 이렇게 말했다.

"나는 이미 원담이 거짓 투항한 줄 알고 있었다. 원상을 먼저 정리하려고 모른 척했을 뿐이야. 이제 원담을 치러 가야겠다."

조조의 본격 공세를 받은 원담이 몇 번 싸워보더니 불리하다는 것을 깨닫고 다시 신평을 보내 이번에는 진짜 투항하겠다고 약속했다. 하지만 조조의 반응은 차가웠다.

"원담 같은 자를 두고 반복무상反覆無常이라 한다."

줏대가 없어서 믿을 수 없다는 것이다. 투항에 실패한 원담은 도망치다가 도륙당했고 조조는 205년 기주의 성을 장악했다.

최악의 책사 곽도,
최선의 책사 곽가

조조가 원씨 형제를 정복하는 과정에서 그들 휘하에 있던 책사들을 거둬들였다. 심지어 조조의 가문까지 성토하는 격문을 썼던 진림도 중용했다. 하지만 곽도만은 예외여서 만나자마자 곽도와 그의 일가족까지 모두 없애버렸다. 진림은 고쳐서 쓸 수 있지만 곽도는 고쳐서 쓸 수 없다고 본 것이다. 최강이던 원소의 세력을 급격히 위축시키는 계책을 냈고, 그럼에도 자신의 실책을 장합에게 전가해 장합이 고람과 함께 조조에게 투항하게 만들었다.

원담이 망한 것도 곽도가 조조에게 빌미를 주는 계책을 냈기 때문이다. 이처럼 곽도가 최악의 책사라는 것을 조조는 물론 유표까지도 알았지만 정작 원소나 원담은 깨닫지 못했다. 그런 사람은 워낙 변설에 능해 다른 사람의 눈과 귀를 덮으려고만 한다. 그래서 조직에 득이 되는 사람을 등용하는 것이 중요하나 그만큼 독이 되는 사람을 정리하는 것도 중요하다.

그로부터 2년이 지난 207년이었다. 조조가 원상과 원희가 의탁하던 북방 유목민 오환족을 정벌하려는데 조홍을 비롯한 장수들이 우려했다.

"원씨 형제가 오랑캐에게 피신해 있다고 해서 오랑캐가 돕겠습니까. 놔두어도 별 탈이 없을 것입니다. 우리가 공격하러 깊이 들어가면 유표가 유비를 보내 허도를 습격할 것입니다. 그만 군대를 허도로 돌리소서."

곽가만 다른 시각이었다.

"이 일에 관한 한 여러분의 의견은 맞지 않습니다. 유표는 아는 체는 잘 하지만, 유비를 부릴 만한 그릇이 못 됩니다. 본인도 잘 알아서 유비에게 중책을 주지 않고 가볍게 쓸 뿐입니다. 승상께서 아무리 멀리 나가도 유표는 어떤 일도 벌이지 못합니다. 그런데도 원상과 원희를 방치하다니요? 안 됩니다. 지금 오랑캐들은 자신들이 먼 변방에 있다며 방비를 소홀히 하고 있을 것입니다. 신속히 공격하면 쉽게 격파

탁월한 식견과 냉철한 판단으로 조조의 천하 통일 전략을 이끈 천재 책사 곽가

할 수 있습니다."

조조가 곽가의 말이 옳다며 북방원정대를 구성했다.

중원에서는 멀리 떨어진 요동과 요서를 오랑캐의 땅이라며 무시해 왔다. 조조의 원정대가 역현易縣에 도달한 후부터 모래바람이 몰아치며 몸이 약한 곽가가 수레에 누워야 했다. 곽가의 손을 잡은 조조가 안타까워했다.

"아, 북쪽 땅이 이토록 황량하고 거칠 줄이야. 천하를 평정하려는 내 욕심 때문에 고생이 많다. 차라리 돌아가는 게 좋겠다."

"아닙니다. 제가 승상께 입은 은혜가 얼마나 큰데요. 죽어도 다 갚지 못합니다. 쿨럭쿨럭."

곽가는 각혈까지 하면서 사력을 다해 말을 이어갔다.

"군사는 무엇보다 속전속결인데 벌써 진군 속도가 형편없이 느려졌습니다. 전공을 세운다 해도 2천 리 원정길에 너무 많은 세월을 허비하게 됩니다. 기마병만 뽑아 행군 속도를 3배로 높여 적을 기습하십시오. 저는 나머지 군대와 여기 주둔해서 병을 치료하며 기다리겠습니다."

그러면서 길 안내할 사람을 추천했다. 서무산西無山에 은거하던 전주田疇였다. 황건적의 난 이후 신흥군벌의 중심이던 원소의 거듭된 초빙도 거절했던 사람이다. 곽가가 어떻게 설득했는지 전주가 조조 앞에 나타났다. 마침 장마가 시작되는 때였다. 전주가 손을 들어 요서에 가로놓인 거대한 늪지대를 가리켰다.

"가야 할 길은 여름과 가을이면 항상 질퍽거립니다. 물이 얕다고 해도 말이 건널 수 없고, 깊다고 해도 배를 띄울 수 없습니다."

"그러면 어찌해야 하오?"

"이곳 역현에서 무종을 거쳐 서무산을 넘어가면 노룡이 나옵니다. 거기서 다시 험준한 백단을 넘어 유성으로 가야 합니다."

"그렇게 합시다."

조조가 은밀히 기병대만 모아 북진하고 곽가는 남은 군사를 모아 길가에 큰 말뚝을 박아놓고 소문을 냈다.

"지금은 장마철이니 가을을 기다려 진군하겠다."

속임수였지만 오환의 정찰병이 추장 답돈踢頓에게 그대로 보고했다. 그 말을 믿은 오환족이 태평하게 보내는 동안 조조의 기병대가 전주를 따라 유성으로 잠행해 들어갔다. 오환의 병사들이 뒤늦게 방비에 나섰으나 장료의 창에 추장 답돈의 목이 꽂히는 모습을 보고 무려 20여만 명이 투항했다.

책사가
간신이 되지 않게 하라

조조에게 오환이 정복당하자 원상과 원희는 요동태수 공손강에게 줄행랑쳤다. 사기가 오른 장수들이 앞다퉈 조조에게 권했다.

"이 기회에 요동까지 원정합시다."

조조가 장수들의 흥분을 가라앉혔다.

"이쯤에서 원상과 원희를 풀어주어야 한다. 너무 몰아세우면 저들이 합칠 것이나 놓아두면 서로 다투게 되어 있다. 그만 돌아가자."

그랬더니 얼마 후 공손강이 원상과 원희의 수급을 담은 상자를 보내왔다. 조조가 역현에 왔을 때 곽가는 이미 고인이 되어 있었다. 허도로 향하는 조조는 승리의 기쁨보다 곽가를 잃은 슬픔이 더 컸다.

"곽가가 아니면 어떻게 북방까지 통일할 수 있었으랴."

이런 심정을 순유 등 책사들에게 말했다.

"그대들은 나와 비슷한 나이들이오. 하나 곽가는 한참 어려 천하가 정리되면 후사를 부탁하려 했소. 그런데 이렇게 일찍 가다니…."

조조는 전리품을 병사들에게 모두 나누어 주고 오환 정벌을 반대했던 자들을 불러오게 했다. 이들이 두려움에 떠는데 조조가 다독였다.

"내가 이번에 승전한 것은 천행이었다. 누가 봐도 이기기 어려웠다. 너희가 전쟁을 만류한 것도 일리가 있었다. 앞으로도 기탄없이 의견을 말하라."

왜 그랬을까? 측근들이 줏대 없이 조조의 비위만 맞추는 부화수행 附和隨行(남의 의견이나 행동에 아무 비판 없이 덩달아 따름)을 막기 위해서였다. 그렇지 않아도 절대 권력자 주변에서 아부하는 사람이 득세하기가 쉽다. 원소는 그래서 세 번 기회를 놓쳤다. 조조가 허도를 떠나 여포를 공격할 때와 유비를 공격할 때였다. 기회를 알아본 전풍 등이 원소에게 허도를 차지하라고 했다. 세 번째 기회는 관도대전 때였다. 이때도 지구전으로 조조를 묶어두고 일부 군대로 허도를 기습했다면 조조의 후방 보급로가 끊겼을 것이다. 하지만 지구전을 주장하는 책사들은 내쫓고 자기 비위를 맞추는 책사들만 가까이했다. 원소가 이 세 번의 기회를 놓친 것은 책사들이 책략을 내면 어떤 내용인지보다 그 책사가 자기 심기를 거스르느냐 아니냐를 더 중시했기 때문이다.

조조와 원소의
관리 방식 차이

원소가 자기 뜻과 부합하는 계책만 선호하며 눈빛이나 안색으로 그런 심중을 내비쳤다면 조조는 일절 자기 의중을 내비치지 않았다. 책사들이 자신들의 재주만큼 책략을 내놓도록 장려하기 위해서였다.

여러 책략 중에서 선택할 때 기준도 실제 가치가 있느냐였다. 원소만큼이나 조조도 사람을 잘 믿지 않았지만 의심하는 방향이 달랐다. 최고의 귀족으로 자란 원소는 자기 외에 누구든 뭔가 부족하게 보고 자신에게서 이익을 취하려 한다며 미심쩍어했다. 천대받는 분위기에서 자란 조조는 더 좋은 결과를 만들어 내려는 과정으로 보고 의문을 품었다.

원소를 무너뜨린 것과 조조를 일으켜 세운 것의 차이는 그들의 평소 사고방식이었다. 자기 우월감에서 나온 의심과 자기 성장 욕구에서 나온 의심은 다르다. 우월감에 바탕을 둔 의심은 아부에 약해 도움이 되는 지혜까지 의심하지만 성장욕에서 비롯한 의문은 나도 얼마든지 틀릴 수 있으니 더 좋은 해답을 찾아내야 한다는 지혜이다. 안하무인이던 원소와 성장지향주의이던 조조의 책사 관리 방식도 차이가 클 수밖에 없었다.

그렇다면 당시 책사와 주군은 어떻게 만났을까? 책사가 되려는 사람이 주군을 찾아오는 것이 일반적이었으며 유비의 삼고초려三顧草廬 (초가집을 세 번 찾아간다는 뜻으로, 인재를 맞아들이려고 참을성 있게 노력함을 의미하는 고사성어)처럼 주군이 책사를 찾는 경우는 드물었다. 그다음으로 진궁이나 가후, 화흠처럼 우여곡절에 따라 주군을 바꿔갔다. 마지막으로 책사가 주군을 모셔보고 만족스러우면 다른 책사를 추천했다. 그런 경우가 조조에게 제일 많았고 유비나 손권도 있었지만 원소는 없었다. 원소는 워낙 유명하고 세력이 최강이라 책사들이 몰려들었다.

조조에게는 순욱이 정욱을 추천하고 정욱이 곽가를, 곽가가 유엽을, 유엽이 만총과 여건을 줄줄이 천거했다. 그때마다 조조가 그들을 직접 만나 먼저 절을 올렸다. 중요한 것은 조조는 책사를 칭찬할 줄 안다는 것이었다. 물론 유비와 손권도 책사들을 자주 칭찬했다. 그러나 원소는 칭찬이 없었다. 잘되면 제 덕이고 못 되면 책사 탓이었다. 조조는 이와 반대로 잘되면 책사 덕, 못 되면 자기 불찰로 돌렸다.

책사라면 누구나 자기 계책이 수용되고 전개되어 결실이 있기를 원한다. 그래야 책사로서 존재 가치가 있기 때문이다. 주군으로서는 책사가 많다고 꼭 좋은 것만은 아니다. 이들이 유효한 책략을 내는 것이 중요하고 그중 쓸 만한 것을 어떻게 선택해 하나로 모아내느냐가 중요하다. 그런 구심력은 주군이 발휘해야 한다. 그렇지 않으면 유능한 책사들일수록, 책사의 수가 많을수록 원심력으로 작용해 조직이 분해된다.

유능한 책사일수록 독립적이라 군주가 구심력을 구사하지 않으면 분열되기 쉽다. 조조는 이들을 잘 묶었고 원소는 곽도나 심배처럼 방치해 두는 바람에 거대조직이 산산조각이 나고 말았다.

삼국시대의 책사 중에는 특히 예주 영천군 출신이 많았다. 허도가 영천군의 허현이다. 후한 말기 재야의 거목이며 책사들의 최고 스승인 사마휘(수경선생)도 그 고장 출신이었다. 사마휘는 양양에 머물며 아무리 고위직을 준다고 해도 거절했다. 그래서 더 몸값이 올랐지만, 스스로도 황건적의 난으로 쑥대밭이 된 세상을 정리해내기 어렵다고 보고, 인물을 기르는 데 주력했다.

그 바람에 예천 출신 서서도 사마휘에게 수학하며 제갈량과 벗이 되었다. 황건적의 난으로 후한이 전대미문의 혼란에 빠지며 수많은 책사가 나왔고 이들을 이용해 시대를 풍미한 유비, 손권, 조조가 나왔다. 그렇다면 황건적의 난은 도대체 왜 일어났을까?

4장

십상시 난의 나비효과,
황건적의 난, 동탁 천하

어느 나라든 그 사회의 지배 관념인 이데올로기가 있게 마련이
다. 진나라의 이데올로기는 법가였고 한나라의 이데올로기는
유교였다. 품행이 방정하고 충효의 인덕을 갖추고 직언할 줄 아
는 인물이 향거리선제鄕擧里選製(향리에서 덕망과 재능이 있는 사람
을 추천하여 벼슬길에 올리는 제도)로 조정에 진출했다. 후기로 오
면서 유교적 가치는 허울뿐이었고 환관과 결탁한 관료나 호족
들이 권력을 농단했다. 이들을 탁류파라 했으며 그 절정이 십상
시의 난이었다.

이 난이 결국 종교와 정치가 결합한 황건적의 난을 불러왔고 동
탁 천하로 귀결되는 나비효과를 유발했다. 한나라가 공유한 이
데올로기가 권력의 위선으로 사회적 공감을 잃어 붕괴의 길로
향한 것이다.

나라가 흥할 때나 망할 때도 이데올로기의 변화가 중요한 전조
증상이다. 국가라는 조직이 유지되려면 공유하는 가치체계, 즉
현실을 이해하는 방식과 바람직한 이상의 공감, 사회적 조건에
대한 선택과 판단의 공유가 있어야 한다.

환제가 보여준
조직 몰락의 징후

사마휘는 제갈량을 가르쳐보고 평가했다.

"제나라 관중이나 연나라 악의보다 뛰어나다. 굳이 비유한다면 흥주興周 팔백 년의 강태공이나 왕한旺漢 사백 년의 장량과 같다."

주나라를 세운 문왕의 책사가 강태공이며 한나라를 연 유방의 책사가 장량이다. 제갈량도 제국을 세울 인물이라는 것이다.

주나라가 유왕 때 간신들에게 농락당해 국력이 약해져 견융족의 침략을 받고 도성을 장안에서 낙양으로 옮겼다. 이때부터 제후들이 독자 세력을 구축하며 춘추전국시대가 시작되었다. 춘추전국시대를 평정한 진나라를 무너뜨리고 건국한 한나라에서도 비슷한 상황이 반복되었다. 어느 조직이든 존재 이유가 분명할 때 성장하는데 한나라 후기에 외척과 환관의 권력 다툼으로 망조가 들었다.

유방은 진시황의 강제 노역과 억압에 지친 백성들의 불만을 대변해 나라를 세웠다. 건국 초기에 세금을 대폭 줄여주는 등 백성에게 도가적 휴식을 주었으며 무제는 유교를 국가이념으로 채택했다. 이로써 한나라는 동아시아 최강의 나라가 되었다. 그랬던 한나라에 21대 환제(146~167) 때 몰락의 징후가 나타났다. 유교의 정명론正名論에 입각한 명실상부한 정치가 무너지기 시작한 것이다. 황제의 시중을 드는 일만 해야 할 환관들이 국정을 전면적으로 농단했다.

그럼 언제 조직이 성장할까? 조직적 비전을 향한 열정이 내부 불공평보다 더 클 때이다. 그러한 성장기가 정체되는 것은 헤게모니를 쥔 그룹과 그렇지 않은 그룹 사이에 불공평이 커지면서부터이다. 불만이 고조되며 조직의 비전에 대한 열정이 줄어 조직 자체에 위기가 온다. 이러한 위기를 관리하려면 불평등에서 비롯한 불만이 조직의 비전에 대한 열망을 넘어서지 않게 해야 한다.

인간은 사회를 구성하고 여기서 발생하는 거래비용을 대체할 조직을 만든다. 이 조직들의 상호관계가 사회의 핵심 작동과정이며 그 과정을 최적화하는 것이 리더의 역할이다. 조직이 경화되면 파벌주의와 관료적 비효율성이 기승을 부리며 정치적 갈등이 극심해진다. 그럴수록 조직의 자원이 이런 갈등을 해소하는 데 낭비되어 조직 전체의 성과가 저하되며 반복 누적되면 기존 조직이 몰락하고 새 조직이 우후죽순처럼 생겨난다. 환제 때가 그런 시발점이었다.

원래 환제는 등극할 처지가 아니었다. 실세 외척인 양기가 어린 황제 질제(유찬)를 독살하고 후임자를 물색할 때 환제는 질제의 숙부뻘로 그 대상이 아니었으나 조조의 조부인 환관 조등曹騰이 양기를 설득해 겨우 즉위했다.

그렇게 등극한 환제는 15년간 양기의 허수아비 노릇을 하며 양기와 사이가 나쁜 환관이 누군지를 살펴보았다. 특히 단초單超, 구원具瑗, 당형唐衡, 서황徐璜, 좌관左悺은 양기와 화해 가능성이 없다는 것을 알아냈다. 이목을 피하려 이들만 화장실로 불러 피로 맹세하고 친위 쿠데타를 일으켰다. 방심하고 있던 양기와 부인 손수는 자결했으며 조정 관리 대부분이 양기와 연결된 죄목으로 처벌받았다. 제후로 임명된 다섯 명을 중심으로 권력이 재편되었다. 이때가 159년이었으며 시세에 밝은 관리들도 환관들과 속속 결탁했다.

재야 유학자들, 환관과 결탁하지 않은 관료들이 이들을 '탁류파'라 비난하며 자신들은 '청류파'라 칭했다. 청류파는 주동 인물인 이응李膺을 중심으로 태학의 학생 3만 명이 매일같이 황실 앞에 모여 탁류파의 악행을 비난했다. 궁지에 몰린 환관들이 환제에게 하소연했다.

"저들을 방치하면 더 어수선해집니다. 한시바삐 제거해야 합니다."

그날로 이응과 200명이 옥에 갇혀 모진 고문을 당했다. 그래도 청류파가 굴복하지 않고 환관들의 죄상을 폭로하며 사태가 더 악화되었다. 환제의 장인 두무竇武가 청류파 중 주동자만 처벌하고 나머지는 좌천시키는 선에서 끝내자는 상소를 올렸다. 그러자 환관들도 한 발 물러서는 체하면서 결국 166년 1차 '당고의 금黨錮之禁'을 일으켰다.

세상이 어지러워지면
기복 종교가 설친다

환제 후임으로 12대 영제(168~189)가 즉위했지만 열두 살밖에 안 되어 두태후가 섭정했다. 두태후는 아버지 두무를 대장군에 임명했으며 당고의 금으로 갇혔던 청류파를 석방했다. 이들과 함께 환관 세력을 모조리 쓸어버리려 했으나 사전에 환관 조절曹節과 왕보王甫에게 누설되어 반격당했다. 두무는 자살당했고 청류파의 거두들이 다시 옥에 갇히는 2차 당고의 금이 일어났다. 1차 당고의 금이 일어난 지 3년째 되던 해였다.

이응을 비롯해 1천여 명이 사형당하거나 금고형을 받음으로써 조정에서 사대부들과 외척의 입지가 사라졌다. 그들 대신 환관들, 그중에 장양, 조충, 봉서, 단규, 조절, 후람, 건석, 정광, 하운, 곽승 등 십상시가 활개를 쳤다.

영제는 장양을 아버지, 조충을 어머니라 부르며 의지했으니 군군신신부부자자君君臣臣父父子子를 중시하는 유교의 나라에서 있을 수 없는 일이었다. 임금은 임금다워야 하고 신하는 신하다워야 하고 부모는 부모다워야 하고 자녀는 자녀다워야 한다. 이런 정명론이 환관의 옷자락에 싸인 영제에 의해 무너져버린 것이다.

조직이 표방한 가치를 배반하면 사회적 신뢰도가 떨어져 아노미 상태가 된다. 이런 사회에서는 추상적 담론, 즉 종교적 환상이 횡행하게 된다. 천자와 환관들 때문에 조정의 기강이 무너지면서 지방 토호들도 덩달아 설치기 시작했다. 설상가상으로 홍수, 가뭄이 계속되며 메뚜기떼가 창궐해 농작물을 먹어치웠다. 유리걸식하는 백성이 폭증했지만 환관들의 횡포는 거칠 것이 없었다.

어느 날 돌풍이 대궐을 휘감더니 크고 푸른 구렁이가 보좌에 앉아 있었다. 영제는 기절했고 신하들은 도망쳤다. 영제가 어떤 징조인지 묻자 의랑 채옹이 "환관들이 정치에 간섭해서 나타난 불길한 징조입니다"라고 했다가 쫓겨났다. 각지에서 반란이 자주 일어나자 종교가 세상을 구하겠다고 나섰다. 이에 환제와 영제 때부터 말세 같았다는 뜻으로 환령지말桓靈之末이라고 했다.

기주 거록군에 장각, 장보, 장량이라는 삼 형제가 있었다. 그중 맏형 장각이 과거시험에 낙방하고 실의에 빠져 입산했다가 눈이 파란 노인을 만났다. 노인은 『태평요술』이라는 책을 장각에게 주고 회오리바람 속으로 사라졌다. 그 후 장각이 동굴에서 이 책을 터득하고

'태평도'라는 종교를 창시했다. 교리는 간단했다. 가난과 질병은 죄인에게 내리는 하늘의 저주이니 회개하고 자신이 써준 부적을 태운 물을 마시면 치료된다는 것이었다.

이 말을 믿은 몇 사람이 그렇게 하고 치유되었다. 물론 플라세보 효과였지만 이 소문이 퍼지면서 신자가 급증했다. 많은 사람이 장각을 만나러 가다가 병에 걸려 죽어도 이미 신비화된 장각의 위상은 흔들리지 않았다. 금세 신도가 수십만 명에 달했다.

이상은 컸으나 실행은 미숙했던 태평도 지도자 장각

장각은 만 명 단위로 36개 교구로 나누어 교구장을 세웠고 자신은 천공 장군이 되었다. 그리고 장보는 지공장군, 장량은 인공장군으로 임명해 교구를 지휘하도록 했다. 그러더니 "갑자년 갑자일인 184년 3월 5일에 푸른 하늘이 사라지고 누런 하늘이 떠오르게 된다"라고 설교하기 시작했다.

오행사상에 따라 한나라의 색은 청색이고 다음 나라의 색은 황색이라는 것이다. 장각은 핵심 간부들에게 갑자일이 되면 청주, 서주, 기주, 유주, 형주, 양주, 사주, 예주의 8개 주 신도들이 모두 노란 두건을 쓰고 한꺼번에 봉기해 조정을 흔들라는 비밀 지시를 내렸다. 이때부터 이들을 황건적이라 불렀다. 신도들은 대문에 '갑자'라고 써놓고 갑자일만 고대했다. 그러나 거사 계획이 새어나가자 거사일을 앞당기고 전국 8주 36교구에서 봉기해 낙양으로 향하며 지방관청을 휩쓸어 갔다.

황건적이 봉기한 지 한 달도 안 되어 낙양 근교까지 들어왔다. 이들이 주문을 외우며 부적을 태운 물을 마시는 소리가 황실까지 들리는 듯했다. 다급해진 영제가 하태후의 오빠 하진을 토벌 대장군으로 임명하고 청류파에게 내렸던 금고령을 해제하며 난 진압에 동참하라고 했다. 이때 유표도 하진 휘하의 '복군중후'로 임명되었고 노식과 황보숭, 주준도 토벌장군으로 참전했다.

그래도 정부군만으로는 황건적을 대적하기가 버거웠다. 황건적이 그만큼 압도적이었던 것이다. 다행히 각지에서 의병들이 일어났다. 유주 탁군에서 유비 삼 형제가 첫 전투를 치러 승리한 후 곤경에 처한 청주성으로 달려가 성을 지켜냈다.

조조도 참전해 영천으로 행군하다가 장량, 장보와 붙어 1만여 명을 죽이는 전과를 올렸다. 하비에 있던 손견(손권의 아버지)도 1천여 명을 모아 주준에게 합류해 남양 완성의 황건적을 토벌했다.

이런데도 환관들은 탐욕을 부리고 다녔다. 노식이 황건적 주력군이 있던 기주 광종현을 함락하려고 준비할 때 환관 좌풍이 시찰을 왔다. 하지만 노식은 뇌물을 주지 않아 해임되었다. 조정에서는 노식 대신 하동태수 동탁을 보냈으나 그는 장량에게 밀렸다. 황보승이 구원병을 몰고 왔어도 계속 밀렸다. 황보승이 궁리 끝에 야습해서 전세를 역전시키며 반란이 종식되었다.

성직자 장각은 왜 압도적 세력을 가지고도 해체 수준이던 한나라 황실에 패했을까? 정치적 군중과 종교적 군중의 차이를 분별하지 못했기 때문이다. 황건적은 종교적 조직이었다. 가상의 신적 존재를 내세워 불안 심리를 자극해 의존하게 만드는 구조라 현실 전략이나 기회 창출에 둔감할 수밖에 없었다.

신자와 비신자를 구별하며 결속을 강화하면 배타적일 수밖에 없다. 그만큼 그들만의 추상적 세계관에 빠져 있다. 종교 조직의 특성상 치열한 경쟁으로 진화와 도태가 판가름 나는 정치 세계에서 적응하기 어렵다. 개방적 조직은 DEI(다양성Diversity, 형평성Equity, 포용성Inclusion)로 구성원의 역량을 극대화한다. 그 때문에 종교 같은 배타적 조직보다 경쟁력이 3배 이상 높다. 다양성의 포용과 의사소통의 형평성이 허용되는 데서 혁신의 동력이 나오는 것이다.

장각이 반란을 일으키려면 포교 중심의 조직을 정치 중심의 조직으로 전환했어야 한다. 자아도취 위주의 포교와 냉엄한 현실을 직시해야 유효 전략이 가능한 전쟁은 전혀 다르다. 주문을 외우고 신의 뜻을 따라 싸운다며 무모하게 돌진하다가 36개 지역에서 일어난 장각의 50만 성도가 패했다. 전쟁 경험이 많은 낙양에서 장각의 성도가 전력을 집중하지 못하게 해놓고 각개 격파해버린 것이다.

황건적의 난이 일단락되었지만 그 여진이 흑산적, 백파적, 청주적 등으로 이어졌다. 그 수가 100만에 달해 영제는 이런 전대미문의 상황을 통제하려고 188년 8월에 서원팔교위를 설치했다. 환관 건석을 상군교위(대장)로 삼아 중군교위에 원소, 전군교위에 조조, 하군교위에 포홍, 좌교위에 하모, 우교위에 순우경, 조군좌교위에 조융, 조군우교위에 풍방을 임명했다.

집단 착시가 불러온
동탁 현상

황건적 난의 여진으로 한나라 400년 역사가 종말로 치닫던 189년에 영제가 죽었다. 큰아들 유변이 열두 살에 외숙부 하진 대장군의 도움으로 다음 황제로 즉위해 소제(189년 4~9월)라 칭하게 된다.

그런데 영제에게는 또 다른 아들이 있었다. 유변보다 세 살 어린 유협으로 왕미인 소생이었다. 원래 영제나 영제의 어머니 동태후는 유협을 더 아껴 태자로 세우고 싶어 했지만 영제가 돌연사하는 바람에 유변이 황제가 된 것이다.

어린 소제를 대신해 하진의 누이 하태후가 섭정을 시작하면서 동태후와 갈등이 생겼다. 어느 날 하진이 동태후를 독살하고 반환관파의 거두인 원소를 사예교위로, 왕윤을 하남윤으로 임명해 도성을 장악했다. 도성을 포함한 지역이 사예주로, 사예교위도 다른 주의 자사처럼 자기 지역을 다스리면서 중앙의 관리까지 감독했다. 사예주의 여러 군 가운데 하나인 하남군은 낙양을 관할했으며 수령을 다른 군과 달리 태수라 하지 않고 윤이라 불렀다.

하진이 원소와 왕윤을 사예교위와 하남윤으로 세워 권력을 강화했어도 궁궐만큼은 여전히 십상시가 장악하고 있었다. 고심 끝에 원소가 타개책을 내놓았다.

"사방의 군웅들을 불러 환관들을 해치우게 하십시오."

하진이 흡족해하는데 노식과 조조, 진림 등이 한사코 반대했다.

"제일 먼저 달려올 사람이 이리와 같은 동탁입니다. 동탁은 도성에 들어오면 나라를 헤집어 놓을 것입니다."

하진이 세 사람을 보며 비웃었다.

"너희는 천하를 논할 만한 그릇이 못 된다."

그래도 조조가 만류했다.

"환관의 우두머리만 없애면 됩니다. 굳이 모두 제거하려면 일이 커져 실패하기 쉽습니다."

하진이 조조를 매섭게 노려보았다.

"네놈이 환관의 후손이니까 그렇겠지."

원소는 제후들을 부르면 낙양에서 가까운 서량자사 동탁이 먼저 달려오고 다음에 정주자사 정원이 오리라는 것쯤은 짐작했다. 그런데 왜 제후들을 불러들이자고 했을까? 그들은 일찍이 기반이 없어 원소의 아버지 원성이 많이 도와주었다.

동탁은 티베트 근처에서 강족의 침략을 막으며 막강해져 20만 대
군을 거느리고 있었다. 그런데도 황건적의 난 때 패해 문책당해야
하는데 십상시에게 뇌물을 바쳐 모면했다. 원소는 부친과 친분이 깊
은 동탁이 편하기도 했지만, 동탁 같은 인물이라야만 엉클어진 사태
를 쾌도난마처럼 해결할 수 있다고 보았다. 그래서 하진에게 동탁의
무지막지한 카리스마라야 환관 무리를 정리할 수 있다고 설득한 것
이다.

백정 출신으로 도축업자였던 하진은 십상시에게 거금을 주고 여
동생을 입궐시켜 여동생이 태후까지 되게 했다. 그만큼 십상시의 폐
해는 잘 알지만 전국 제후들의 동향이
나 성향은 잘 몰라 원소에게 자문했다.
동탁은 기분파로 시원시원하게 결단
을 내렸다. 이런 모습이 귀족 출신인
원소에게 카리스마로 보였고 천민 출
신 하진에게도 매력적으로 비쳤다. 기
존의 규칙도 무시하는 동탁의 돌출 행
동을 하진과 원소는 문제해결 능력으
로 착각한 것이다.

시대의 혼돈이 깊으면 그만큼 집단
착시가 잘 일어나 동탁 같은 예측 불
가능한 인물이 판단력과 결단력을 갖

권력을 탐하다 스스로 화를 부른 폭군
동탁

춘 인물로 보여 난세의 리더로 선택되기 쉽다. 동탁이 천자의 호출 조서를 받더니 파안대소하며 사위 이유와 의논했다. 장인을 크게 출세시켜 한 자리 차지할 속셈으로 가득한 이유도 좋아했다.

"좋은 기회입니다. 장인어른, 지금 낙양 정세가 오리무중이니 몸값을 한 번 더 높이십시오. 변방을 지키기에도 여념이 없다는 조서를 올려 한번 사양하십시오. 그래야 하진도 장인께 사심이 없다며 더 매달릴 것입니다."

그러면서 멋진 명언을 남겼다.

"대사를 도모하려면 명분이 서고 말이 순조로워야 합니다(명정언순 名正言順 대사가도 大事可圖)."

잘 어울리는
장인 동탁과 사위 이유

동탁이 천자에게 사양하는 조서를 보냈더니 하진이 몸이 달아 재차 천자의 조서를 보내왔다.

"동 장군이 변방을 안정시켰듯이 어서 와서 낙양도 안정시켜라."

동탁은 좋아서 히죽거렸고 이유가 천자에게 화답하는 표를 썼다.

"천하가 혼란스러운 까닭은 장양 같은 환관들이 하늘의 도리를 무시하고 왕명을 농단하기 때문입니다. 끓는 물을 식히는 데 찬물을 붓는 것보다 장작을 치우는 것이 낫고 아파도 종기를 터트리는 것이 안으로 파고드는 것보다 낫다(양탕지비揚湯止沸에 막약거신莫若去薪이며, 궤옹수통潰癰雖痛이 승어내식勝於內食이라)고 했으니, 황명을 받들겠나이다."

동탁의 군대가 개선군처럼 북과 종을 울리며 낙양으로 다가오니 많은 신하가 관직을 떠났다.

"이러다가 동탁이 나라를 요절낼 것 같다."

조직 심리에도 금융시장에서 두 종류의 화폐가 유통될 때 가치가 높은 화폐를 가치가 낮은 화폐가 밀어내는 현상과 같은 그레셤의 법칙Gresham's law이 종종 적용된다. 사악한 조직이 덜 사악한 조직을 몰아내는 현상이 낙양에서 벌어지며 양식 있는 신하들이 떠나고 탐욕의 화신들로 채워지고 있었다. 그래도 깨닫지 못한 하진은 부하들을 민지澠池로 보내 동탁을 영접했다. 동탁은 있는 대로 거드름을 피웠다.

"걱정들 마라. 내가 이대로 달려가 썩은 무리를 다 도려낼 것이다."

그랬던 동탁에게 이유가 속삭였다.

"장인어른. 서두를 일이 아닙니다. 이쯤에서 멈춰도 낙양은 우리 수중에 들어온 것과 다름없습니다. 여기서 어떻게 돌아가는지 지켜보세요. 상상 밖의 일들이 벌어질 것입니다."

낙양에서 민지는 서쪽으로 1백여 리에 불과했다. 십상시는 동탁이 근처에 왔다는 소식에 허겁지겁 엉뚱한 일을 꾸몄다.

"동탁을 불러들인 하진을 우리가 죽이자. 그래야 살길이 생긴다."

"맞다. 하진을 없애고 동탁에게 회군하라는 조서를 보내면 상황이 정리된다."

그 시기에 병주자사 정원도 동탁이 민지에 군대를 주둔했다는 것을 알고 소규모 부대를 꾸려 여포를 대동해 달려오는 중이었다.

십상시는 비밀요원 50명을 장락궁 가덕전(하태후의 거처) 뜨락에 숨겨두고 하태후를 만났다.

"대장군이 동탁을 불러 우리를 죽이려 하옵니다. 억울합니다. 저희는 다만 태후마마와 대장군을 위해 일한 죄밖에 없습니다. 오해가 있는 듯하옵니다. 저희를 구해주십시오."

"나한테 이러지 말고 직접 대장군을 찾아가 해명하거라."

하태후가 돌아앉으며 던진 이 한마디에 십상시의 등골이 서늘해졌다. 잠시 침묵이 흐른 후 장양이 식은땀을 줄줄 흘리며 매달렸다.

"우리가 대장군을 찾아가면 뼈도 못 추리게 됩니다. 이곳에 대장군을 불러 타일러 주십시오. 그래도 대장군이 듣지 않으면 우리가 자결하겠습니다."

십상시가 흐느끼기 시작했다. 이들에게 보살핌을 받았던 하태후는 측은한 마음이 들어 하진에게 급히 들어오라는 조서를 보냈다. 진림이 하진에게 십상시의 모략이라며 화를 당하니 가지 말라고 했다. 그러나 하진은 태평했다.

"태후가 나를 부르는데 무슨 일이야 있겠느냐?"

원소도 걱정했다.

"우리 모의가 새어나간 것 같은데 어찌 궁에 들어가려는 거요?"

조조도 위험하다며 만류했다.

"먼저 십상시를 궁에서 나오게 한 후 들어가세요."

그러나 하진이 호기를 부렸다.

"참 애들 같은 소릴 하네. 내가 천하의 권력을 잡았는데 십상시 따위가 어찌 나를 상대하겠는가?"

5장

동탁의 뒤통수를 친
왕윤과 여포

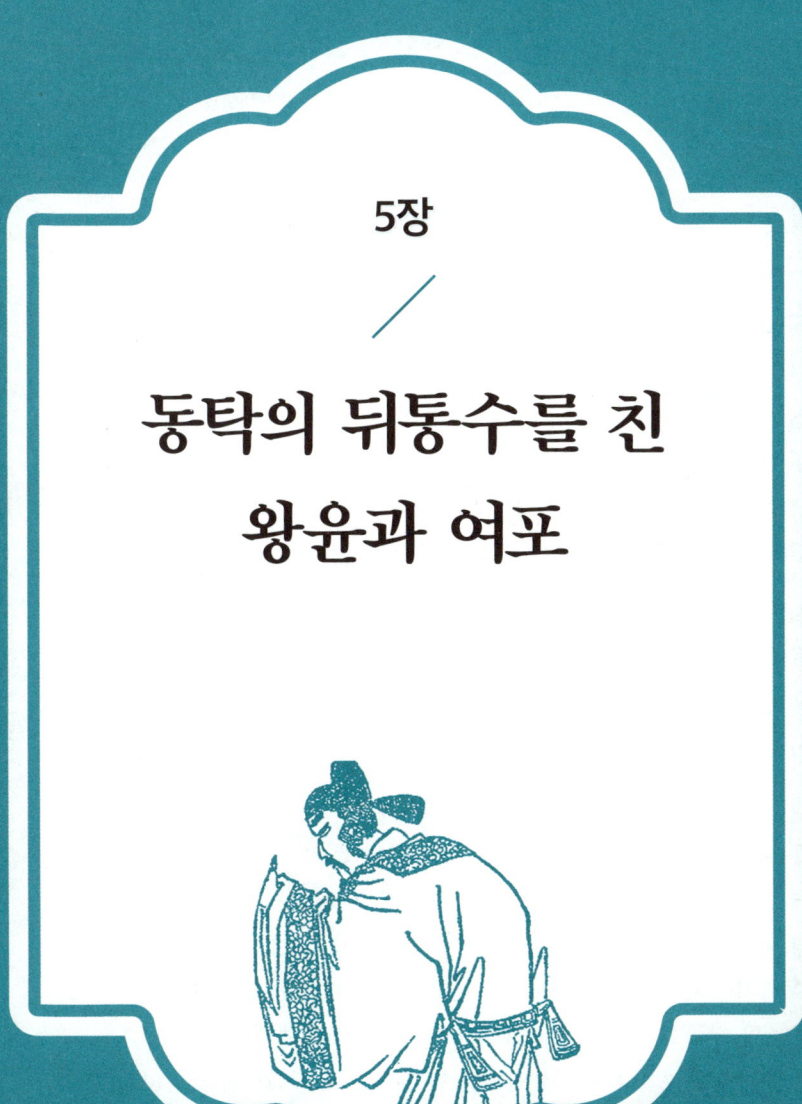

모든 상황에 동일하게 적용되는 좋은 조직, 나쁜 조직은 없다. 상황별로 좋은 조직, 나쁜 조직의 기준이 달라진다. 평화로운 시기에 절차적 합의를 중시하는 조직이 인정받는다면 불확실성의 시대에는 돌파력이 강력한 조직도 필요하다. 그럴 때 리더의 거침없는 언행과 거리낌 없는 작전 구사력이 돋보이며 아돌프 히틀러Adolf Hitler나 동탁 같은 파시스트까지 출현한다.

파시즘의 배경에 이성이나 평등보다 감성과 직관, 포용이나 화합보다 폭력과 차별을 선호하는 사회적 분위기가 있다. 이런 토양에서 인간의 기본 욕구인 생리적 충동에 쉽게 지배당하는 동탁이 조명을 받았다.

백정 출신 하진과 명문가 출신 원소도 동탁에게 미혹되었다. 하진은 열등의식은 개나 주라는 동탁의 무지막지한 추진력에, 원소는 길들이지 않은 동탁의 야성적 마력에 빠진 것이다. 그러나 정작 동탁 주변은 여포 같은 인물이 차지하게 된다. 이런 조직이 무너지는 과정은 야만의 사회를 우려하는 왕윤 같은 인물이 여포 같은 자를 움직여 리더를 제거하는 방식으로 진행된다. 왕윤은 동탁과 여포가 본능적 인물임을 간파하고 자기 수양딸 초선을 이용해 둘 사이를 증오 관계로 만들어놓는다.

천하에 왕이 없다니…

하진이 기어이 장락궁 가덕전으로 가려 하자 원소도 조조, 원술과 함께 각기 500명씩 대동하고 따라나섰다. 이들이 장락궁 앞에 이르렀을 때 환관들이 마중 나왔다.

"태후께서 대장군만 들라 하십니다. 다른 분들은 궁 밖에서 기다리십시오."

할 수 없이 하진 혼자 궁 안으로 들어가야 했다. 한참을 걸어 가덕전 앞에 도착했을 때 기다리던 장양과 단규를 만났다. 그런데 평소 굽실거리던 그들이 고개를 뻣뻣이 들고 노려보더니 장양이 큰 소리로 하진을 꾸짖었다.

"네놈이 동태후를 독살했지. 무슨 죄가 있어 그리했느냐? 본디 백정으로 짐승이나 팔아먹던 놈인데 우리가 도와줘서 부귀영화를 누리지 않았느냐. 그런 우리에게 은혜를 갚기는커녕 죽이려 들다니. 네놈은 청류파 원소를 등용해 우리를 더러운 무리라고 했지만, 이 바닥에서 맑은 놈이 누가 있더냐?"

하진이 아차 싶어 도망치려 했지만 문은 이미 굳게 닫혔고, 잠복해 있던 비밀요원 50명이 튀어나왔다. 산산조각이 난 하진의 머리를 장양이 담 밖으로 던지며 소리쳤다.

"역모를 꾀한 하진의 머리다. 나머지는 하진의 협박을 받아 따랐으니 용서해 준다."

엉겁결에 하진의 머리를 받아 든 원소가 경악했다.

"아니 환관이 대신을 죽이다니… 이런 악당들을 그냥 둘 수 없다."

그 한마디에 하진의 부하인 오광이 궁궐 문에 불을 질러 무너뜨리고 원술과 호위병들이 뛰어 들어가 환관처럼 보이는 자는 무조건 도륙했다. 조조는 아차 싶었다. 성밖에 지금 동탁과 20만 대군이 노리고 있지 않은가. 저들을 돌려보내는 것이 급선무인데 궁에 불을 지르고 환관을 죽이는 데만 혈안이 되어 있었다.

상황이 수습 불가능한 쪽으로 치닫고 있었다. 전략적 사고가 부족한 원소가 즉흥적으로 대응하며 빚어낸 대참사였다. 조조가 말릴 틈도 없었다. 원소와 원술 형제가 앞장서 수염이 없는 남자는 무조건 죽이라며 설쳤다. 그렇게 2천 명이 살육당했다. 그 와중에 조조는 천자를 확보하려 동분서주했으나 장양과 단규가 이미 천자와 진류왕(유협), 하태후까지 볼모로 잡고 뒷산으로 도망쳤다.

벼슬을 버리고 황궁 밖에 머물던 노식도 황실 전역에서 피어나는 까만 연기를 보고 달려오다가 단규 일행과 마주쳤다. 단규가 얼른 하태후를 놓아주었고 노식이 하태후를 구출할 때 단규 일행이 천자만 데리고 종적을 감추었다.

대제국도 구심력이 약해지면 무너진다. 외척이나 십상시가 발호해도 구심력은 황제일 수밖에 없어 단규 일행은 어린 천자를 보물처럼 껴안고 도망쳤다. 거대조직일수록 온건파, 급진파 등 분파가 없을 수 없어 리더의 역할이 그만큼 더 중요하다. 인사나 적당한 보상으로 분파들이 파당의 이익에 매몰되지 않게 해야 한다.

삼성그룹을 이끈 이건희 전 회장의 말처럼 '누가 승진하느냐가 곧 조직에 주는 메시지'이다. 원칙 있는 신상필벌만이 정치적 분파가 이익단체로 전락하는 것을 막아준다. 여기서 실패하면 분파끼리 내분 단계를 거쳐 구심력이 공백 상태로 가게 된다.

종적을 감춘 천자 일행은 어디로 갔을까? 밤새 어둠을 뚫고 낙양성에서 십 리 거리에 있는 북망산으로 갔다. 도중에 단규는 민공의 화살을 맞아 죽었고 장양은 절망에 빠져 강물에 몸을 던졌다.

길에서 황제를 주운 동탁

어린 천자는 동생 유협과 단둘이 남게 되자 어찌할 바를 모르다 강가 갈대숲에 엎드려 잠이 들었다. 그날 해가 지고 나서야 일어난 천자 형제는 반딧불이를 따라 산골 어느 집으로 갔다. 그리고 그 집 마당의 볏단에 노곤한 몸을 누이고 또 잠이 들었다.

다음 날 아침 집주인 최의가 두 소년을 깨운 뒤 천자라는 것을 알고 황망해하며 예의를 갖춰 모셨다. 그때 천자를 찾으러 다니던 민공이 최의의 집에 들렀다가 천자를 보고 통곡했다.

"나라에 단 하루도 임금이 없으면 안 됩니다. 서둘러 도성으로 가야 합니다."

도성에서도 이 소식을 듣고 원소가 왕윤, 순우경, 최열 등과 함께 어가를 마련하고 호위할 인마를 모았는데 수백 기에 불과했으며 그나마도 노쇠했다. 때맞춰 이유가 동탁에게 '지금이야말로 낙양을 접수할 때'라고 해서 동탁의 군마가 낙양성으로 향했다. 원소 일행은 낙양성을 나와 북망산으로 향하며 아이들의 노래를 들었다.

"황제는 황제가 아니고(제비제帝非帝) 왕도 왕이 아니네(왕비왕王非王). 수많은 말과 마차가 북망산으로 달려가는구나(천승만기千乘萬騎)."

원소 일생이 천자를 만나 낙양으로 오던 중 얼마 못 가 흙먼지를 뽀얗게 일으키며 달려오는 한 무리의 군마와 만났다.

"어떤 군대냐?"

원소가 묻자 흙먼지가 뿌연데 적토마에 앉은 장수가 되물었다.

"폐하는 어디 계시는가?"

최열이 그 장수에게 폐하 앞이니 군대를 물리치라며 꾸짖었다.

"무슨 개소리냐. 밤낮으로 3백 리를 달려온 나보고 물러가라니 이런 미친놈. 네 모가지가 몇이더냐?"

흙먼지가 걷히며 모습을 드러낸 동탁이 최열에게 욕을 퍼부었다. 소제는 무서워 웅크리는데 진류왕 유협이 대뜸 꾸짖었다.

"넌 누구냐?"

그제야 동탁이 부드럽게 나왔다.

"서량자사 동탁이라 하옵니다."

"너는 어가를 보호하러 왔느냐, 협박하러 왔느냐?"

"당연히 보호하러 왔습니다."

유협이 떨고 있는 소제를 가리키며 말했다.

"그렇다면 이분이 천자신데 어찌 말에서 내리지 않느냐?"

동탁이 말에서 내려 '천자는 어리바리하고 어린 동생이 훨씬 다부지구나'라고 생각하며 소제에게 절을 올렸다. 그러고는 어가를 접수해 개선장군처럼 앞장서서 낙양성으로 가서는 군대는 성밖에 주둔시키고 철기병을 대동해 성안으로 들어갔다.

며칠 지나지 않은 사이 동탁이 내전까지 들락거리며 보물을 강탈해 가는 데 아무도 제지하지 못했다. 공동체가 작동하려면 일정한 규범과 그에 따른 절차가 있어야 한다. 규범이 무너지면 절차가 무너지고 절차가 무너지면 규범도 의미 없어진다. 그런 공동체의 일원은 소속감을 상실한다. 이것이 사회적 아노미로 집단 패닉 상태에 빠지게 된다. 그 증상을 동탁이 무력으로 접수한 한나라 황실 내부에서 나타나고 있었다. 전통과 규범이 증발해버린 것이다.

후군교위 포신이 원소를 찾아갔다.

"동탁이 딴마음을 품었으니 그대로 두면 우리가 당합니다."

"천자가 궁에 돌아온 지 얼마 안 되었으니 가볍게 움직여서는 안 되오."

"동탁의 군사도 여기 온 지 얼마 안 됩니다. 그들이 피곤해하고 낯설어할 때 몰아내야 합니다. 지금이 아니면 기회가 없습니다."

포신이 거듭 요청했지만 원소는 연신 '가볍게 움직일 수 없다'고만 했다. 포신이 답답해하며 왕윤을 찾아갔다. 왕윤도 원소와 똑같은 대답을 했다.

나를 따르면 살고
거역하면 죽는다

원소나 왕윤 등 조정의 실력자들은 이미 동탁에게 기가 죽어 있었다. 이를 본 포신은 실망을 안고 태산으로 떠나갔다. 동탁은 아예 하진의 부하들까지 자기 부대에 편입시키고 이유에게 천자 교체 얘기를 꺼냈다.

"지금 천자는 마음이 너무 약하다. 진류왕을 세우면 어떠하겠나?"

"지당하십니다. 조정의 주인이 허약하니 하태후와 그 잔당이 설치고 있습니다. 하루바삐 교체하지 않으면 변고가 납니다. 다행히 진류왕은 배경도 없고 그를 키워준 동태후가 장인과 같은 성씨입니다. 장인께서 외척이라 하시면 됩니다. 내일이라도 백관을 불러 폐위를 물어보고 반대자는 바로 처단하십시오."

"으하하! 그러냐? 알았다."

드디어 동탁이 공개적으로 역모를 꾸미려 했다. 변방의 자사에서 단숨에 제국의 실세가 되더니 그간 중앙정치에서 무시당했던 권력욕이 한꺼번에 분출했다. 원소나 왕윤처럼 중앙 정계의 거물들도 동탁만 보면 설설 기는 분위기였다. 이에 동탁이 '나는 특별하다'는 자아도취에 빠져들었다. 제어받지 않는 권력과 자아도취가 만나면 사이비 교주 같은 노릇을 하려고 한다.

다음 날 동탁이 연회를 베풀고 백관을 호출했다.

"지금부터 내 말을 잘 들으세요. 천자는 만민의 기둥이니 권위가 딱 서야 합니다. 지금 천자는 약해 빠져서 잘 휘둘리니 더 총명한 진류왕으로 교체하고자 합니다. 어찌들 생각하시오?"

갑자기 멀쩡한 천자를 교체하자는 말에 모두 기가 막힐 수밖에 없었다. 한참 침묵이 흐르는데 한 장수가 벌떡 일어섰다.

"불가합니다. 천자가 잘못도 없는데 폐위하다니 역적이나 하는 짓이오."

모두가 바라보니 형주자사 정원이었다. 그 곁에 여포가 서 있었다. 동탁이 격노했다.

"나를 따르는 자는 살고(순아자생順我者生) 나를 거역하는 자는 죽는다(역아자사逆我者死)."

이유가 동탁을 만류했다.

"오늘은 먹고 마시며 즐기는 자리이지 국정을 논하는 자리가 아닙니다."

왕윤도 이유를 거들었다.

"그렇습니다. 폐위의 일을 술자리에서 상의할 수 없으니 다른 날에 하셔야 합니다."

백관들이 다 돌아간 후 동탁이 이유에게 물었다.

"정원 옆에 서서 나를 째려보던 놈이 누구냐?"

"여포라고 정원의 양아들입니다. 무예가 천하제일이니 장인께서도 조심해야 합니다."

"그러면 어찌해야 하느냐?"

걱정하는 동탁에게 여포와 동향인 이숙이 말했다.

"여포가 용맹하기는 하지만 의리도 없고 이익이라면 사족을 못 씁니다."

야심한 밤 이숙이 황금 보따리를 들고 여포를 찾아갔다.

"동탁 장군께서 주시는 선물이오."

"아니 내게 왜 이런 보물을….."

"그래요? 그럼 그냥 가지고 갈까요?"

"아니 뭐 한번 주었으면 그걸로 끝이지."

"이게 다가 아닙니다."

"뭐, 또 뭐가 있소?"

"밖에 적토마가 있습니다."

당시 동탁의 적토마는 중원에서 최고의 명마였다. 모두가 탐내던 터라 입을 다물지 못하는데 여포를 이숙이 더욱 꼬드겼다.

"지금은 누가 뭐래도 동탁 장군의 세상입니다."

"그야 그렇지요."

"어제부로 정원은 동 장군의 눈 밖에 났습니다."

"그럼 나는 끈 떨어진 갓 신세가 되는 게요?"

"이번 기회에 동 장군을 섬기십시오."

"그럽시다. 어차피 정원은 내 친아버지도 아닌데….."

"제가 동 장군께 말씀드려 장군을 양아들로 삼게 하겠습니다."

"그렇게까지 생각해 주니 고맙소."

친동탁과 반동탁으로
양분된 천하

여포가 동탁의 양아들이 되더니 앞장서서 정원을 제거했다. 낙양에서 동탁에게 반기를 들 세력은 이제 없었다. 동탁에 의해 소제는 홍능왕으로 강등되고 진류왕이 헌제(189~220)로 옹립되었다. 그래봐야 동탁의 허수아비였으며 나중에는 이각과 곽사, 조조에게도 허수아비 노릇만 한 후한의 마지막 황제이다.

동탁은 스스로 승상에 오르더니 왕조사상 특별한 경우만 인정되는 상국相國이 되었으며 궁녀는 물론 공주까지 희롱하고 다녔다. 부하들에게도 귀족이나 부호를 약탈할 자유까지 주었다. 그랬더니 이유가 하태후를 누각에서 떨어뜨려 죽이고 홍능왕은 독살했다. 이런 공포 분위기 때문에 원소는 본거지 하북으로, 원술은 형주에 있는 남양으로 떠났다. 이때부터 각지에서 군웅할거가 본격화했다.

당시 형주는 자사 왕예가 근처 무장 세력인 손견에게 살해당해 어느 지역보다 혼란스럽게 되자 동탁이 황실 후손 유표를 형주자사로 보냈다. 원술은 손견을 이용해 남양태수 장자를 제거하고 남양을 차지했다. 그 때문에 홀로 부임해 가는 유표는 원술의 환심을 얻어야 할 처지라 조정에 원술을 남양태수로 임명하도록 상주했다.

동탁의 전횡으로 도성에 남은 인물들이 많지 않았다. 동탁은 그들을 중용하며 관료사회를 추스르려 했다. 먼저 왕윤을 사도에 임명했다. 사도는 태위, 사공과 함께 최고위직으로 삼공이라고 불렸다.

왕윤은 강직하기로 명성이 높았다. 어려서 무예와 학문을 익힐 때 그 속도가 빨라 왕생일일천리王生一日千里(왕윤의 학문과 덕망이 빨리 자라남을 비유한 말)라는 칭찬과 훗날 왕좌재야王佐才也(왕윤이 장차 천자를 보좌할 재목이라는 말)가 되리라는 기대를 받았다. 그런 왕윤이 동탁 정권에서 사도가 되자 도성 내의 반동탁 분위기가 조금 누그러졌다. 고무된 동탁이 조조를 도성 경비를 담당하는 효기교위로 승진시켰다. 환관 집안이면서도 청류파와 어울렸다는 것이다.

그때부터 동탁이 조조를 총애했다. 하지만 조조는 동탁이 워낙 충동적이라 민심을 수습하지 못하리라 보고 왕윤의 밀명으로 동탁을 살해하려다가 실패했다. 조조는 동탁의 수배를 피해 고향인 예주 패현으로 도주한 다음 고향 친구 장막이 태수로 있는 연주 진류로 갔다. 그곳에서 반동탁의 기치를 들었으며 지역 유지 위자가 거액의 군자금을 대주어 의병 5천 명을 모았다. 조조가 촉발한 동탁 타도의 기세가 전국으로 번지기 시작했다.

사회는 여러 힘의 장^{force field}으로 고정된 구조가 아니다. 힘의 장의 기본원리가 작용과 반작용을 한다. 동탁이 힘으로 눌렀을 때 조조가 반발할 계기를 마련하며 190년에 반동탁연합군이 결성되었다. 힘의 장은 개인과 개인 사이에도 있지만 조직 간의 대결에서 더 다이내믹하게 움직인다.

반동탁연합군의 맹주는 원소가 맡았고 손견, 공손찬 등도 참전했다. 유비도 관우, 장비와 함께 공손찬의 일원이 되어 처음 등판했다. 유표도 합세한다고 했으나 말뿐이었다. 유표는 모든 시선이 낙양으로 집중된 틈을 이용해 양주를 거점으로 삼고 형주를 장악하더니 그 지역 유력 가문인 채모의 누이와 결혼하고 괴월, 괴량 등의 도움을 받아 자기 위치만 공고히 다졌다. 동탁은 반동탁연합이 결성되었으며 총사령관이 원소라는 것을 알고 격노했다.

"원씨 놈들은 모조리 죽여라."

그래도 분이 안 풀리자 아예 고색창연한 도성 낙양을 불살라 버리고 장안으로 천도했다.

동탁과 여포의
투기심을 이용하다

　동탁 무리가 장안으로 갈 때였다. 조조가 총사령관 원소에게 추격하자고 했지만 호응을 얻지 못했다. 다른 제후들도 마찬가지라 연합군의 분위기가 썰렁해졌다. 조조만이 동탁을 추격했으나 수적 열세로 돌아와야 했다. 그 후 반동탁연합군이 해산되었다. 이후 동탁뿐 아니라 제후들끼리도 서로 물고 뜯으며 일대 혼전을 벌이기 시작했다.

　원소부터 혼전을 조장했는데, 191년 하북의 최강자 공손찬에게 기주목 한복을 공격하라는 편지를 보냈다. 그래서 공손찬이 한복과 싸울 때였다. 원소가 기주의 여론을 자신에게 유리하도록 조성해놓아 한복이 기주목 자리를 양도하게 만들었다. 한복 아래에 있던 전풍, 심배, 저수 등도 원소의 책사로 재등용되었다.

원소에게 뒤통수를 맞은 공손찬이 유비를 평원상으로 임명하고 원소를 공격하기 시작했다. 192년에 계교 일대에서 원소와 공손찬이 일대 회전을 벌인 끝에 원소가 승리했다. 그동안 공손찬의 학정에 시달리던 백성들이 원소에게 호응했고, 더 포악해진 공손찬은 스스로 고립한 채 수비만 하다가 198년 봄에 분신했다.

좁은 기반에도 권모술수를 써서 세력을 지키려 한 공손찬

제후들끼리 싸우는 바람에 동탁은 새 도읍지 장안에서 자리를 굳히고 요직을 일족으로 채웠는데 민심이 술렁거리자 대신들 탓이라며 속죄양으로 삼았다.

동탁의 무리 이외에 모두가 이구동성으로 이대로는 안 된다고 했지만 병권을 쥔 동탁을 어떻게 해볼 도리가 없었다. 더구나 동탁 곁에 늘 붙어 다니는 여포를 누가 상대한다는 말인가. 왕윤이 날마다 해법을 찾다가 어느 날 무릎을 쳤다.

"동탁이나 여포 둘 다 호색한이다. 미인계를 써야겠다. 두 놈의 넋이 나갈 만한 미녀가 어디 있을까."

그러면서 또 무릎을 쳤다.

"초선이야."

어려서 고아가 된 초선을 왕윤이 데려다 노래와 춤을 가르쳤더니 빈객이 오면 제법 흥을 돋웠다. 빈객들 모두 초선의 춤을 좋아했고 여포나 동탁은 더 심했다. 동탁이나 여포는 똑같은 호색한이었다. 이들의 특징은 열정이 꽂히면 해소될 때까지 집착하고 거절당하면 더 열광한다는 것이다. 물론 이런 열정은 애정이 아니라 욕구 분출일 뿐이었다. 진정성 있는 애정은 '열정', '책임', '친밀감'이 균형을 이룬다. 호색한은 열정만 과도하게 부풀어 있고 친밀감은 조금 있으며 책임감은 아예 없다. 과도한 열정을 사랑이라 강변하는 것 자체가 자기기만이다.

누가 이런 기만에 잘 빠질까? 만성적 공허감이 있는 사람이다. 동탁이나 여포처럼 권력과 부를 쟁취했다 해도 삶의 가치기준 등이 유치하면 지적 공허감에 시달린다. 그 공허감을 잊게 해줄 대상을 찾으면 쉽게 도취된다. 이런 도취는 일시적이고 또 다른 도취 대상을 찾는다. 대상에게 취한 것이 아니라 대상에게 기대는 자기 기분에 취했기 때문이다.

더구나 권력이 있으니 얼마든지 색다른 대상을 만날 수 있다. 그럴 때 짜릿한 쾌감을 반복하다가 성중독 등 여러 중독에 빠진다. 지각 있는 사람이라면 이런 중독에 빠지지 않을 뿐 아니라 필요할 때 전략적으로 이용하기도 한다.

왕윤이 그러했다. 여포와 동탁을 원초적 본능으로 원격 조종하기 시작했는데, 여포와 초선이 먼저 정사를 나누게 한 다음 초선을 동탁의 애첩으로 보냈다. 이를 알 리 없는 여포는 동탁의 후원에 홀로 있는 초선을 보고 경악했다. 초선이 안타까운 눈빛으로 강제로 끌려왔다고 하자 여포는 질투에 눈이 멀어 동탁을 멀리하게 되었다. 동탁도 여포가 초선에게 눈독을 들이는 것만 같아 꺼림칙하게 여겼다. 둘 사이가 어색해지자 이유가 눈치챘다.

"장인어른, 그까짓 계집 여포에게 줘버리세요. 더 이쁘고 색기 넘치는 여자도 많지 않습니까?"

동탁은 이미 초선에게 깊이 빠진 터라 이유의 말이 거슬렸다. 이 상황을 지켜보던 왕윤이 여포에게 동탁을 암살할 뜻을 비쳤더니 여포가 이를 부득부득 갈았다.

"자식의 아내를 빼앗아 간 놈을 어찌 아버지라 하겠습니까. 오늘부터 대감을 아버지로 모시겠습니다."

이래서 여포는 삼성가노三姓家奴(성을 세 번 바꾼 집안 종, 즉 주인을 계속 바꾼 배신자라는 뜻)가 되었다.

용맹했으나 의리는 없었던 난세의 장수 여포

조직화되지 않은 왕윤의 구악 청산

동탁 살해 계획에 상사복야 사손서를 끌어들였다. 사손서가 동탁을 만나 헌제가 부른다며 미양전으로 데리고 갔다. 물론 거짓말이었다. 동탁이 나타나자 미양전 문 뒤에 수비병으로 변장해 숨어 있던 여포와 이숙 등 여러 병사가 동탁을 난도질했다. 그날 이유도 대로에 끌려 나와 동탁의 피가 묻은 칼에 목이 베였다.

장안의 백성들이 만세를 불렀으며 가게마다 술과 고기가 날개 돋친 듯 팔렸다. 권력의 정상에 선 왕윤은 여포를 의동삼사儀同三司라 하여 삼공에 준하는 예우를 받게 해주었다. 여포는 고관의 위엄을 갖추고 동탁의 거처였던 마오성으로 가서 초선을 데려왔다. 이로써 미색으로 조종하는 왕윤이 미색에 조종당하는 동탁을 무너뜨렸다.

동탁이 무너지면서 장안에 구악 청산 광풍이 불었다. 동탁의 일족은 물론 그와 조금이라도 가까웠던 자들까지 모조리 처형되었다. 그 중에 대학자 채옹도 있었다. 채옹은 인품과 학식이 출중해 모두에게 존경받았으나 동탁이 가까이했다는 이유만으로 죽어야 했다.

이런 분위기에서 동탁 정권의 군벌 실세였던 이각, 곽사, 장제, 번조가 3천 군사를 빼내 동탁의 고향 섬서陝西로 도망쳐 왕윤에게 사면을 요청했으나 거절당했다. 처음으로 여포까지 책사 노릇을 했다.

"아버지, 이들 무사가 뭘 압니까. 동탁이 시킨 대로 했을 뿐입니다. 나중에 처리하더라도 우선 사면해 주세요."

그러나 소용없었다. 왕윤은 난세의 원흉 동탁만 제거하면 세상이 다 자기 뜻대로 돌아가리라 보았다. 하지만 갑자기 권력을 잡은 왕윤이 단숨에 조직의 구악을 일소하려면 무리가 따른다. 요직마다 동탁의 수하들이 포진해서 단칼에 정리하려 들면 조직 운영이 마비되기 쉽다. 조직의 쇄신은 조직적으로 해야 가능하다.

평소에도 조직의 경쟁력을 높여 새로운 기회를 창출하려면 조직을 혁신해야 한다. 조직혁신에는 보직과 업무 방식, 경영전략과 문화까지의 변화가 핵심이다. 그럴 때도 많은 저항을 대비하며 진행해야 한다. 하물며 비상시국에 조직을 전면적으로 쇄신할 때는 전략적 안목을 지닌 팀을 구성해 단계별 혁신 프로세스를 마련해 그 일정대로 진행해야 한다. 그 과정에서 눈앞의 작은 것만 보지 말고 더 큰 것을 보고, 전략적으로 조직적 저항이 최소화되도록 당근과 채찍을 적절히 배분해야 한다. 그러나 완고했던 왕윤은 무조건 채찍만 휘둘렀다.

"역적 같은 놈들을 사면하면 의심받는다. 저놈들 때문에 동탁이 멋대로 날뛴 것이다. 다른 사람들은 다 용서하더라도 저놈들은 용서할 수 없다."

이렇게 되자 이각, 곽사, 장제, 번조 네 장수가 모여 대책을 찾았다.

"사면이 안 된다고 하니 각자 도생합시다."

이각이 이렇게 말하고 흩어지려는데 책사 가후가 만류했다.

"이제 와서 군사를 다 버리고 각자 떠나면 왕윤이 비밀요원 한 명만 보내도 모두 결박당합니다."

그 말에 네 사람이 이구동성으로 물었다.

"아이고, 그러면 어떻게 해야 하지?"

"어차피 이판사판 아닙니까? 성민을 선동해 군마를 더 늘리고 장안을 공격하세요. 이기면 천하를 쥐는 것이고 지면 그때 도망가도 늦지 않습니다."

그날부터 성안에 동탁을 죽인 왕윤이 동탁의 고향 사람들도 죽이려 한다는 유언비어가 돌았다. 삽시간에 10만 명이 자원입대했으며 이들이 달려가 장안성을 포위했다. 왕윤이 여포에게 대책을 물었다.

"걱정하지 마세요. 제가 누굽니까? 저놈들 숫자가 아무리 많다고 한들 내 앞에서는 쥐새끼 무리나 다름없습니다."

큰소리를 친 여포가 이숙을 선봉으로 세우고 성문을 열었다. 이각 쪽에서 동탁의 사위인 우보가 선봉으로 달려왔다. 두 선봉장의 싸움에서 우보가 밀려 멀찌감치 후퇴해야 했다.

스스로를 궁지로
몰아넣은 여포

그날 밤이었다. 장안성 외곽으로 밀려난 우보가 이숙이 승리에 들떠 있을 때 기습작전을 펴서 이숙의 군대를 절반가량 없앴다. 여포는 풀이 죽어 돌아온 이숙을 '위엄을 떨어뜨렸다'며 참수했다.

다음 날 새벽 여포가 직접 선봉이 되어 우보와 싸웠다. 우보가 몇 번 겨루더니 겁먹은 표정으로 도주했다. 그 뒤를 여포가 쫓아가며 많은 병사를 죽였다. 자신감을 잃은 우보가 심복 호적아를 불렀다.

"세상에 저렇게 사나운 여포와 누가 맞붙겠냐. 몰래 금은보석이나 챙겨 멀리 도망가는 게 낫겠다. 어떠냐?"

"좋습니다."

두 사람은 밤이 깊어지기를 기다렸다가 금은보석을 훔쳐 군영을 떠났다. 한참을 도망쳐 강을 건너려는데 호적아가 욕심이 생겨 우보를 죽이고 금은보화는 묻어두고는 우보의 머리를 여포에게 바쳤다. 아무래도 이상해서 여포가 호적아를 추궁해 진상을 알아낸 뒤 호적아를 처형했다. 그리고 곧 돌진해 이각의 군대와 대치했다. 이각도 여포의 상대가 되지 못해 70리가량 밀려나 산 아래 진지로 숨어 곽사와 장제, 번조를 불렀다.

"여포가 용맹하기는 하나 지모가 없소. 우리 군대를 넷으로 나누겠소. 하나는 내가 이끌고 계곡 입구에서 여포를 유인할 테니 곽 장군은 적의 후방으로 가서 징을 치면 공격하고 북을 치면 물러나시오. 그 틈에 장제와 번조는 두 갈래 길로 나눠 장안으로 진격해 점거하시오. 그러면 여포의 군대는 머리와 꼬리가 서로 돌볼 수 없게 되어 우리에게 패할 수밖에 없소."

누가 뭐래도 여포는 삼국시대 최고의 맹장인데 그와 맞붙어 누가 이길 수 있으랴. 반동탁연합군과 동탁이 호로관 전투에서 붙었을 때였다. 여포를 당해낼 장수가 없어 관우가 나섰지만 조금 밀리자 장비가 가세해 겨우 대등해졌으며 다시 유비가 가세하며 3 대 1이 되고서야 여포가 물러났다.

빛과 어둠은 같이 있는 법이다. 빛이 어둠이 되고 어둠이 빛이 된다. 장점과 단점도 위치와 상황에 따라 좋을 수도, 나쁠 수도 있다. 한 회사에서 직원일 때 뛰어난 실력을 보였던 유씨가 승진한 뒤 오히려 적응하지 못했던 사례가 있다. 유씨는 주어진 과제에 끈기 있게 집중해 성과를 내는 장점이 있어서 여러 팀을 관리하는 리더가 되었다.

이때부터 여러 과제를 동시에 관리해야 했지만 한 과제만 파고드는 특성 때문에 돌발변수에 대응하지 못했다. 결국 전략적 사고가 부족하다는 평가를 받고 사직해야 했다.

여포도 크게 다르지 않았다. 천하무적인 여포의 전투 기량 때문에 누구도 여포와 부딪치는 것은 두려워했다. 그럴 때 맞부딪칠 필요 없는 덫을 놓아야 한다. 이각의 구상대로 싸움이 진행되었다. 이각이 싸움을 걸자 여포가 거침없이 달려왔다. 이각이 겁먹은 몸짓으로 산 위로 후퇴하며 징을 쳐댔다. 그러면 곽사의 군대가 여포 부대의 후미를 공격했다.

여포가 투우장의 들소처럼 뒤돌아 곽사를 쫓아갔다. 이번에는 이각이 북을 치자 곽사의 부대가 물러가고 이각의 부대가 여포를 공격했다. 마치 투우사가 성난 황소를 희롱하는 격이었다. 사흘 동안 이런 식으로 여포가 이각과 곽사 사이에서 우왕좌왕하는데 전령이 달려왔다.

"장안이 장제와 번조에게 함락당할 처지입니다."

여포가 이각에게 속았다는 것을 깨닫고 장안으로 군대를 돌렸으나 이각과 곽사의 공격을 받고 병사 태반을 잃었다. 여포가 가까스로 장안성에 도착했는데 벌써 장제와 번조의 병사들이 성을 에워싸서 입성하지 못했다. 여포가 혼신의 힘을 쏟아 돌파하려 했지만 후방에서 이각과 곽사의 군대까지 공격해와 물러나야 했다.

쫓겨나는 여포,
자립하는 조조

여포가 도성에 들어오지 못하자 숨어 지내던 동탁의 측근 왕방과 이몽이 이각과 내응하고 성문을 열어주었다. 이각의 군대가 일시에 몰려 들어갈 때 여포도 기병대 수백 명을 데리고 막았으나 중과부적이었다. 여포는 부서진 성문으로 뛰어들어 쇄문 앞으로 달려가 왕윤을 불렀다.

"아버지, 상황이 급박합니다. 제 말을 타세요. 성문을 넘어가 후일을 도모해야 합니다."

"아니다. 나라가 안정되길 바랐지만 그리되지 않았으니 구차하게 살지 않으련다. 나를 대신해 제후들에게 전해다오. 온 마음을 다해 나라를 바로 세워달라고….."

그 말만 남기고 왕윤은 화염이 치솟는 궁궐로 걸어갔다. 성안에 불길이 거세져 여포도 더 머물 수 없자 부장 장료와 함께 기병 1백 기를 데리고 성문을 훌쩍 뛰어넘었지만 막상 갈 곳이 없었다. 어디로 가야 하나. 세상은 넓고 각지에 제후도 많았지만 중앙의 최정점에서 미끄러진 여포를 반겨줄 곳이 없었다. 여포는 고심 끝에 원술을 찾아갔다.

왕윤과 여포가 사라진 후 헌제가 황권을 세워보려 했으나 곧 이각과 곽사, 번조, 장제의 위협에 기가 꺾였다. 이각은 가후를 관리 선발직인 상사봉으로 봉직하도록 도와주어 자기 사람들을 요직에 심었다. 얼마 후 장제는 홍능으로 나가 주둔했다. 바로 그해 가을이 공손찬이 평원상 유비를 데리고 원소를 협공하던 때였다.

그럼 조조는 반동탁연합군이 해체된 후 무엇을 하고 있었을까? 192년에 황건적 잔당이 연주를 침략해 자사 유대까지 죽였다. 연주가 궁지에 몰려도 도와주려는 제후가 없었다. 조조가 앞장서 연주를 구해내는 과정에서 진궁이 연주의 관리들을 설득해 조조를 자사로 모시게 했다.

왕윤과 여포가 동탁을 제거한 뒤 천하를 움켜쥐었으나 둘 다 전략적 안목이 부족해 밀려나는 동안 하북의 신흥 강자 원소 아래에서 초라하게 머물던 조조는 자진해서 황건적 잔당을 일소하며 자립 기반을 마련했다. 당시 조조에게 항복한 100만 명 중 정예 30만을 뽑아 청주병이라 했으며 이들이야말로 조조에게 충성을 다하게 된다. 청주병처럼 구성원이 하나의 비전을 공유하고 공동의 임무를 수행할 수 있어야 좋은 조직이라 할 수 있다.

한편 여포는 일군의 무리를 모아 남양의 원술을 찾아가 떠들었다.

"내가 원씨 가문의 원수인 동탁을 죽였으니 은혜를 갚으시오."

말도 안 되는 소리였지만 당시 원술도 손견을 잃고 무장이 필요했던 때라 두말없이 여포 일당을 받아들였다. 잠시 손견에 대해 살펴보자. 장사태수였던 손견이 동탁 토벌 의병을 데리고 남양에 이르렀을 때 남양태수 정자를 죽였다. 정자가 군수품도 준비하지 않고 도로도 정비해놓지 않았다는 구실이었지만 실제로는 앞에서 언급했듯이 원소와 더불어 반동탁연합군의 실세였던 원술의 밀명에 따른 것이었다. 그렇게 원술이 남양을 차지하자 원소도 뒤질세라 한복을 겁박해 기주 땅을 차지했다.

이와 같이 원소와 원술 형제는 동탁 타도의 기치만 내세웠지 사실은 자신의 이익 챙기기에만 혈안이 되어 있었다. 그런데도 손견은 반동탁연합군의 선봉이 되어 낙양의 주요 관문인 호로관 전투에서 동탁에게 큰 타격을 입혔다. 이후 동탁이 장안으로 퇴각했고, 손견이 폐허가 된 낙양의 황실에서 옥쇄를 손에 넣었다.

옥새에 눈이 먼
원술의 판단 착오

손견이 확보한 옥새를 원소가 탐냈지만 손견은 그대로 회군길에 올랐다. 원소는 형주자사 유표에게 손견이 회군하는 길목을 막게 했다. 여기서 벌어진 전투에서 손견이 군사 태반을 잃고 간신히 회군했다. 이후 손견은 유표는 물론 원소와도 원수지간이 되었지만 옥새를 가지고 오는 바람에 강동에서 독보적 세력을 구축하는 데 큰 힘이 되었다.

원소와 멀어진 손견이 원술에게 더 밀착하며 유표와 싸우다가 유표의 부하 황조의 습격을 받아 죽었다. 그제야 유표가 안도하고 조정에 조공을 보냈다. 조정의 실권자 이각과 곽사도 유표를 포섭하려 성무후成武侯가 되게 했다.

손견의 지위는 장남 손책이 물려받았고, 손책은 원술 아래로 갔다.

아심은 컸으나 그릇이 작았던 자칭 황제 원술

원술도 손책을 특별 대우해 주었다. 그러나 날이 갈수록 독립하고 싶었던 손책은 원술에게 옥새를 담보로 제공하는 대신 병사 3천을 허락받고 겨우 독자 세력을 형성했다. 허영심이 강한 원술이 손책과 실속 없는 거래를 한 것이다.

옥새는 황제의 권위를 상징하지만 황제가 가지고 있을 때 그 가치가 있다. 하지만 헌제처럼 허수아비인 경우에는 실세들에게 이용당하는 도구에 불과하다. 다만 옥새를 가지고 있으면 사람들의 호기심을 끌 수는 있다. 손책도 이를 이용해 세력을 확대했다. 손책에게는 더 이상 옥새의 이용 가치가 없었다. 그래서 겉멋과 과시를 좋아하는 원술에게 옥새를 주고 독립의 길로 갔다. 그만큼 실용가치를 중시하는 손책은 적은 군사로 강동지방의 군벌 유오, 왕랑, 엄백호를 차례로 격파했다. 손책은 이런 미친 듯한 거침없는 전투력으로 소패왕이라 불렸다.

손견에 이어 손책까지 떠나보낸 원술은 다시는 남쪽으로 내려가지 못하고 남양에서만 맴돌며 사치를 부렸다. 심리적 레버리지의 충격 때문이었다. 상호관계에 영향을 주는 결정을 할 때 나와 너를 비교하고 분석하는 지렛대가 심리적 레버리지이며 혼자 무엇을 하느냐

마느냐와는 관계가 없다.

원술이 옥새를 담보로 손책에게 소규모 군사를 내줄 때는 손책이 이 정도로 기반을 닦으리라고 보지 못했던 것이다. 그런데 손책이 그 병력을 지렛대로 삼아 신들린 듯 영토를 확장해 나갔으니….

원술처럼 판단 착오를 했을 때 왜 잘못되었는지 점검만 잘하면 더 유용한 심리적 레버리지를 구비할 수 있다. 원술은 그렇지 못한 채 오직 옥새만 붙들고 더더욱 현실감 없는 망상으로 치닫게 되었다. 그 즈음 여포가 오자 원술은 여포야말로 손책을 대신할 인물이라고 착각했다.

당시만 해도 남양에서는 수만 가구가 풍요롭게 살았는데, 사치가 심한 원술이 이들을 약탈한 데다가 여포 무리까지 가세하자 민심이 험악해졌다. 원술도 여포 무리를 쫓아내야만 했다.

누가 여포 무리를 받아줄까. 여포 무리는 말발굽 닫는 데로 달리다가 병주 하내의 태수 장양에게 갔다. 마침 장양의 손에 장안에서 이각이 거액의 현상금을 걸고 여포 수배령을 내렸다는 공문이 들려 있었다. 장양이 여포를 죽이려 하자 여포가 빌었다.

"동향끼리 이러지 맙시다. 우선 내 무공을 충분히 이용하고 훗날 산 채로 넘기면 더 큰 상을 받을 것이오."

장양이 머뭇거리더니 여포에게 일단 숙소에서 쉬라고 했다. 그날 밤 도망친 여포 일행은 원술과 사이가 안 좋은 기주의 원소에게 갔다.

여포는 다시 장막에게,
도겸은 서주를 유비에게

원소 앞에서 여포는 원술을 엄청나게 비난했다.

"원술이 입만 열면 당신을 험담했소. 노비 아들인 주제에 형이랍시고 가문의 얼굴 노릇을 하는 것이 수치스럽다고 합디다. 이복형제라지만 아버지 피는 나눈 사이 아닙니까. 그런데 그렇게 씹다니. 그런 나쁜 놈을 도울 수 없어서 이리 왔소이다."

원소는 별 대꾸를 하지 않고 기병대장으로 임명하고는 임무를 주었다.

"지금 흑산적 장연 때문에 골치가 아파요. 잘 처리해 보세요."

역시 여포는 싸움의 달인이었다. 원소의 골칫덩어리였던 장연의 흑산적 수십만을 보기 좋게 격퇴해 버린 것이다. 하지만 큰 공을 세운 여포 일행이 기고만장해져 남양에서처럼 또 노략질하면서 민심이 사나워지자 원소도 여포 때문에 고민이 깊어졌다.

여포는 전투 현장의 최고 실무자이나 전략적 안목은 부족했다. 실무 역량은 좋지만 장기적이고 폭넓은 통찰력이 미흡할 때는 실무자로 만족해야 한다. 그러나 여포는 리더가 되고 싶었던 데다가 약삭빠르기도 했다. 정원을 양아버지로 따르며 낙양에 온 다음 배신하고 동탁을 아버지로 따랐다가 또 배신하고 왕윤을 따랐다. 그다음 이각 세력에게 쫓겨나 원술에게 갔다가 장양을 거쳐 원소에게 온 것이다.

여포는 그동안 그때그때 눈앞의 이익에 따라 처신해 왔다. 그래서 무예의 최고봉이면서도 큰 그림을 못 그리고 누가 그려놓은 그림을 야금야금 이용했다. 이런 인물에게 누가 천적일까? 유비나 조조처럼 큰 그림을 그릴 줄 아는 사람이다. 하지만 그게 다가 아니다. 디테일에도 능해야 한다. 그래야 당하지 않는다. 유비는 디테일에 약했다. 그럼 누가 큰 그림과 디테일에까지 강했을까. 바로 조조였다. 조조야말로 여포의 천적이었다.

조조는 연주를 평정한 다음 무엇을 하고 있었을까. 서주에 있던 아버지 조숭을 모시려다가 예기치 않은 일이 발생했다. 서주자사 도겸의 부하가 조숭과 그 일족을 몰살하고 재물을 강탈해 간 것이다. 이 때문에 가을부터 조조가 보복전을 벌여 서주의 10개 성을 차지했다.

도겸은 담성으로 물러나 동맹자였던 공손찬에게 구원을 청했다. 조조의 군사가 담성의 벽을 기어오르는데 정주자사 전해와 평원상 유비의 군사가 다가오고 있어 조조도 어쩔 수 없이 물러나야 했지만 그 분풀이로 지역민들을 보이는 대로 학살했다.

그 시기에 원소는 우환거리가 된 여포 일당을 제거하려는데 여포가 눈치를 채고 도망쳤다. 다시 떠돌이가 된 여포는 그래도 동향 사람이 낫다며 장양에게 향했다. 도중에 진류에 들러 태수 장막에게 융숭한 대접까지 받았다. 이 소식을 들은 이각과 곽사가 여포를 회유하려 헌제의 조서를 보내 명목상이지만 영천태수에 임명했다.

한편 남양의 원술은 강남 진출이 손책에게 막히자 북진으로 방향을 전환했다. 중원을 점령해 곧바로 천하의 지배자가 되고 싶었던 것이다. 그 수단으로 193년에 도겸과 분쟁 중이던 조조의 배후인 연주의 진류를 공격했다. 하지만 원소와 연합한 조조의 반격으로 치명타를 입더니 남양성을 떠나 동쪽의 양주자사 진우를 내쫓고 서주 근처의 북양주(수춘 회남 지역)에 자리 잡았다. 서주를 탐낸 것이다.

당시 원소에게 천자를 우롱하는 도적놈이라고 무시당하던 이각과 곽사는 원술을 끌어들이려 태부 마일제를 보내 양정후陽翟侯에 봉했다. 원술이 치명을 받으면서도 속으로 비웃었다.

'이놈들아, 내가 곧 한나라 황실을 대체할 천자가 될 것이니라.'

자극하면 뭉치고
방치하면 다툰다

　여포에게 장막이 귀가 번쩍 뜨일 만한 제안을 했다. 지금 조조가 서주의 도겸을 공격하느라 연주를 비웠으니 연주를 차지하라는 것이었다. 이 책략은 진궁이 낸 것이었다. 진궁은 조조가 의병을 일으킬 때부터 조조를 따랐으나 조조가 서주대학살을 벌여 악명이 높아지자 장막에게 갔다. 그러나 조조는 진궁은 물론 친구인 장막도 의심하지 않았다. 장막이 후방을 지켜주리라 믿었는데 배신당한 것이다.

　여포가 기세 좋게 연주를 함락하고 복양으로 진격할 때가 되어서야 급보를 받은 조조가 회군해 복양현으로 들어간 여포와 대치했다. 여포가 1백여 일을 버티는데 메뚜기 재해가 일어나 양측이 모두 군량 부족으로 허덕였다. 조조도 얼마나 힘겨웠던지 원소 아래로 다시 들어갈까 고민할 정도라 전쟁도 중단될 수밖에 없었다.

그 와중에 조조에게 크게 당한 도겸이 죽으며 유비에게 서주를 넘겼는데 그 과정에서 미축이 큰 역할을 했다. 당시 유비의 주군 격이던 공손찬은 원소에게 밀려 힘을 잃었고 원소 역시 조조와 가까웠으니 서주를 맡길 만한 인물이 유비 말고는 없었다.

서주목이 된 유비는 원소에게 수하로 인정해 달라고 읍소했다. 공손찬 진영이던 유비가 신흥 강자 원소 진영으로 바꾸려는 것이었다. 그럼으로써 조조가 장차 서주를 더 공격하지 못하게 하려는 의도도 있었다. 이에 조조가 유비를 공격하려 했으나 책사들이 말렸다.

"연주와 복양을 먼저 회복해야 합니다. 더욱이 연주에 군량이 부족해 여포의 장수 설란과 이봉이 매일 군사를 성 밖으로 보내 약탈하게 하고 있습니다."

조조는 그 말을 받아들여 연주로 달려가 탈환하고 복양성으로 갔다. 하지만 여포가 워낙 거세게 대항해 승부가 쉽게 나지 않았다. 복양의 유력 귀족 전씨가 성 위에 올라 양측 전투 상황을 보더니 여포가 약세임을 알고 조조와 내응했다. 그 바람에 조조군이 성을 접수했고 여포 무리는 다시 어디론가 가야 했다. 이번에는 장막, 진궁도 동행한 채 서주의 유비에게 말머리를 향했다.

도중에 장막이 따로 수춘의 원술에게 구원병을 요청하러 가다가 수하에게 살해당했다. 유비를 만난 여포가 피신 이유를 횡설수설하자 유비가 여포를 믿을 수 없는 인물이라 보면서도 이용해 볼 심산으로 소패에 머물게 했다. 산동에 머물던 조조는 유비가 여포를 소패에 주둔시켰다는 보고를 받고 순욱과 곽가를 불렀다.

"여포가 유비의 수족 노릇을 하면 큰일이니 미리 싹을 잘라야겠다."

"유비가 그릇이 크다고 하나 치밀하지 못해 여포 같은 천방지축을 담기 어렵습니다. 도리어 여포에게 당하기 쉽습니다. 서주라는 굴에 호랑이 두 마리가 들어간 격입니다. 지금 건들면 둘이 합세할 테고 놓아두면 서로 싸우게 됩니다. 저들을 가만히 놓아두고 조정에 산동을 평정했다는 표문부터 올리세요."

아무리 많은 조직이 경쟁해도 그중에 두각을 나타내는 톱3가 나오게 된다. 이 조직을 중심으로 다른 조직이 끊임없이 이합집산한다. 이것이 조직 경쟁에서 나타나는 심리적 구도의 역동성이다. 이처럼 정치는 살아 있는 생물과 같다. 조조, 유비, 여포 같은 인물이 리더로 있다면 이합집산하더라도 상대 조직에 흡수되지 않는다. 물론 여포와 달리 장기 책략을 만들 줄 아는 조조나 유비는 자기 조직을 톱3에 올려놓을 테지만 여포는 좌충우돌하는 조직으로 흘러가고 만다.

조직 간 경쟁 구도에서 열세 조직끼리 다투다가 강한 조직이 공격하면 뭉치려 하고 놓아두면 조직의 비전 차이와 이질성 때문에 서로 싸우게 되어 있다. 조조가 순욱과 곽가의 계책대로 여포를 방치해 두고 산동지역을 평정했더니 조정에서 이각과 곽사가 천자를 움직여 조조에게 건덕장군 비정후라는 작위를 내려주었다. 그리고 이각은 대사마가 되었고 곽사는 대장군이 되어 공동집권 체제를 더 강화했다. 바로 그다음 해인 195년에 장안에 큰 변고가 일어난다.

6장

형세에 따라 바뀌는
적과 동지

역사에서 승패는 영원하지 않다. 이러한 변동성이 승자에게는 겸손을 알게 하고 약자에게는 도전할 용기를 준다. 동탁이나 여포처럼 이겼다 하여 오만해지면 모든 것을 혼자 차지하려 든다. 독식하는 곳에 부패와 원망을 기반으로 적대 세력이 태동한다. 악화가 양화를 불러오는 것이다. 리더가 오만해질수록 허점도 많아지며 반대 세력에게 기회를 준다. 그래서 동탁이 왕윤과 여포에게 쫓겨났고 여포도 오만을 떨다가 이각과 곽사에게 쫓겨나 조조에게 제거당했다.

이각과 곽사도 마찬가지였다. 둘 다 오만에 취해 내분을 자초하며 천자를 놓쳤다. 그 천자를 차지한 조조는 천자의 이름으로 변화와 혁신의 기치를 내세웠고, 유비는 전래 가치의 복원을, 손권은 지방 권력의 강화를 표방하며 각기 세력 확장에 나섰다. 그 과정에서 조조가 유비를 불러 술을 마시며 천하에 용과 같이 능수능란한 영웅이 누구인가를 논평한다. 이런 명장면들 때문에 삼국지가 인간 삶의 영원한 지혜서로 여겨지는 것이다.

권력의 쌍두마차
이각과 곽사의 내분

공동 집권자 이각과 곽사는 '이곽'이라 불릴 만큼 좋은 친구 사이였다. 두 친구는 혁명 동지로 권력을 분점하던 번조와 장제를 밀어낼 궁리를 했다. 먼저 번조를 회의장으로 유인해 제거했더니 장제가 겁을 먹고 장안을 나가 홍릉에 주둔했다.

이제 천하의 권력은 두 친구 수중에 들어왔다. 마침 장안 주변에 가뭄이 심해 곡식값이 폭등하고 헌제도 썩은 곡식으로 지은 밥을 먹을 정도였다. 그래도 두 친구는 수탈하여 사치를 누렸다. 헌제가 양표에게 푸념했다.

"역적놈의 새끼들 때문에 나라가 어지럽다."

양표가 무슨 뜻인지 알아듣고 아뢰었다.

"그놈들의 성미가 고약하니 참으시는 것이 좋습니다. 제게 좋은 생각이 있습니다. 조금만 기다리십시오."

그러고는 자기 부인에게 넌지시 일렀다.

"장안에 망측한 소문이 났네. 곽사가 이각의 처와 정을 통한다는 거야."

입이 가벼운 양표의 부인이 다음 날 곽사의 처에게 일러주었다. 그 말을 그대로 믿은 곽사의 처는 투기에 눈이 뒤집혀 날마다 남편에게 이각을 헐뜯었다. 남편이 그 말을 듣기 싫어하는데, 마침 이각이 별미를 보내왔다. 부인이 그 속에 몰래 독을 넣고 남편이 보는 앞에서 개에게 던졌다. 음식을 입에 덥석 문 개가 즉사하자 그때부터 곽사가 이각을 멀리했다. 그런 곽사를 이각이 의심하게 되면서 두 사람이 충돌하기 시작했다. 군권을 양분한 두 세력의 싸움이 얼마나 격렬했던지 화살이 헌제의 일산을 뚫을 정도였다.

이각이 선수를 쳐서 헌제를 자기 진영으로 데려가자 곽사는 귀족들을 잡아다 볼모로 삼았다. 보다 못한 헌제가 양측에 황보력을 보내 화해를 종용했다. 곽사는 이각이 황제를 풀어주는 조건으로 허락했지만 이각은 어림없었다.

"여포가 설치던 이 삼보三輔를 지난 4년간 누가 편안하게 했더냐? 내가 아니냐. 곽사처럼 귀족들이나 붙들고 있는 놈과는 상대하기 싫다."

삼보는 장안과 그 주변인 관중을 가리킨다. 두 집권자의 내전으로 장안은 폐허가 되다시피 했다. 홍능에 주둔하던 장제가 이각과 곽사를 찾아와 이러다가 다 죽는다며 차라리 천자를 홍능으로 옮기자고 해서 둘을 화해시킨 후 돌아갔다. 그러나 며칠이 못 되어 두 세력이 더 격렬하게 싸우는 바람에 사상자가 수만 명 발생했다. 귀가 얇은 곽사 부인이 입이 가벼운 양표 부인에게 선동당해 일어난 대참사였다.

이런 일은 어느 조직에서나 일어날 수 있다. 불순한 의도를 가진 측에서 입이 가벼운 사람에게 거짓 정보를 흘려 그 거짓이 확대 재생산되는 것이다. 이런 루트를 리더가 감지하고 있어야 거짓 소문에 흔들리는 것을 방지할 수 있다.

이각과 곽사의 아귀다툼을 견디지 못한 헌제가 장인 동승과 한섬, 양봉의 도움으로 장안을 몰래 빠져나왔다. 헌제 일행이 동쪽으로 한참 갔을 때 이각과 곽사가 다시 뭉쳐 추격하는데 장제도 합세한다. 천자가 장안을 떠난 후 이각의 책사 가후는 화음에 주둔하던 단외를 찾아갔지만 옹졸한 것에 실망해 완성으로 장수를 찾아갔다.

이각과 곽사의 내분

천자 일행이 추격을 피해 황하를 건너가자 이각 등이 장안으로 돌아갔지만 천자가 없으니 영이 먹히지 않고 분란만 일어났다. 그러자 이각과 곽사도 장안을 떠나야 했으며 그 뒤 도적으로 전락하고 말았다.

원소가 포기한
상징성을 차지한 조조

천자 일행이 황하를 건너 은나라 도읍지였던 하동군 안읍현에 이르렀을 즈음 중원에 헌제가 낙양으로 간다는 소문이 퍼졌다. 그때부터 민심의 최고 관심사는 이각과 곽사 대신 누가 천자를 차지할 것이냐였다. 원소 진영에서도 대책 마련에 고심했다. 저수가 한시바삐 천자를 데려와야 한다고 주장했다. 그래야 천하 호령의 명분을 얻는다는 것이다. 그런데 원소가 심드렁했다. 눈치 빠른 곽도가 원소의 비위를 맞추었다.

"황실의 수명이 끝나가는 마당에 헌제를 데려와 봐야 번거롭고 군웅들의 표적이나 될 뿐입니다."

조조 진영에서도 같은 주제로 토론이 벌어졌다. 순욱과 정욱이 먼저 의견을 냈다.

"시급히 군사를 보내 헌제를 데려와 이곳을 황실로 만듭시다."

그래도 조조가 가타부타 않으니 장수들이 반대 의견을 냈다.

"어린 황제를 데리고 있어 봐야 다른 제후들의 표적만 됩니다. 내버려 두세요."

그럴만한 이유가 충분했다. 당시 여포를 쫓아내고 연주를 평정하기는 했지만 여전히 사방에 강적이 있었다. 북에 원소와 공손찬, 남에 유표와 손책, 동에 유비, 동남에 원술, 서쪽에 이각과 곽사 등이 조조를 둘러싸고 있었다. 이들끼리도 혼전을 벌이고 있지만, 만약 조조가 헌제를 데려오면 모두 칼끝을 조조에게 향할 수 있다. 자칫 6 대 1이 될지 모르는 상황에서 조조는 승부수를 던졌다. 순욱과 정욱의 손을 들어준 것이다.

헌제가 어디 있는지 수소문했더니 폐허가 된 낙양에 와 있었다. 조조는 하후돈을 선발대로 보내 천자를 확보한 다음 찾아가 알현했다. 바로 이 한 번의 선택으로 그동안 원소계 군벌 정도로만 인식되던 조조가 삼국시대의 주요 인물로 떠오르게 된다.

"폐하, 폐허더미만 가득한 이곳을 떠나 물자가 풍부한 허창으로 천도하셔야 합니다."

헌제는 조조를 거역할 수 없어 조조의 근거지 연주와 가까운 허창으로 가야 했고, 이후 허창을 허도라 했다. 이로써 조조는 동탁과 왕윤, 이각과 곽사 다음으로 어인이 찍힌 조서를 발부할 권력을 확보했다. 조조가 천하를 호령할 명분을 얻은 것이다. 아무리 제후들이 설친다 해도 백성들에게 천자의 권위는 여전했다.

딱히 여론매체가 없던 때라 천자의 조서야말로 민심을 움직이는 힘이 컸다. 그동안 조조가 황실을 어지럽힌 환관의 후손이라는 이유로 민심을 얻기가 얼마나 어려웠던가. 이후로 조조는 헌제의 이름으로 조서를 보내며 유리한 정치 구도를 만들어갔다. 유방이 세운 한나라가 존속하는 한 그 상징은 헌제일 수밖에 없었다. 인간이 국가를 만드는 이유도 소속감 때문이다.

원시인 때부터 고립되면 위험하다는 경험이 누적되며 소속 본능이 나왔다. 그 본능으로 자기 조직에 결속하고 희생까지 한다. 이런 심리로 집단이 추구하는 프레임에 맹종하게 된다. 집단이 커질수록 집단 프레임의 구심점인 상징이 중요해진다. 이 상징을 중심으로 의식적 또는 무의식적으로 의례를 반복하면서 안정감을 유지하려 한다. 이것이 상징의 긍정 측면이라면 세뇌하려고 상징조작을 남발하는 부정 측면도 있다.

한나라의 상징은 천자였다. 조조가 헌제라는 상징성을 획득하지 못했다면 가문을 중시하는 한나라 문화 때문에 원소를 넘어서지 못했으리라. 원소가 우물쭈물하며 헌제를 포기했을 때 조조가 헌제를 차지하고 내세운 것이 '협천자이령제후挾天子以令諸侯'였다. 천자를 내세워 원소나 원술 등 제후들을 호령한다는 뜻이다.

조조는 황제의 조서로
천하를 농락하고

조조는 '협천자이령제후'의 방식을 가장 먼저 원소에게 적용해 보았다. 조서를 보내 이렇게 꾸짖은 것이다.

"강병을 거느리면서도 무엄하게 황실을 구하려 하지 않고 세력만 키우려 하는구나."

원소도 조조의 짓인 줄 알지만 천자의 권위를 인정하는 상소문을 바쳐야 했다. 여기에 고무된 조조가 스스로 대장군이 되더니 원소를 태위에 임명했다. 태위가 최고 벼슬이나 명예직에 불과했고 실권은 대장군에게 있었다.

"조조 이놈이… 내가 저를 동군태수도, 연주목도 되게 해주었고 원술을 막을 때나 도겸과 싸울 때도 도와주었거늘 천자를 데리고 있다 해서 나를 농락하려 들다니."

원소가 격노하며 병을 핑계로 태위직을 사임했다. 원소가 세게 나오자 조조는 아직 원소와 맞설 힘이 없다는 것을 알고 대장군의 지위를 원소에게 양보했다. 원소 역시 조조보다 강하다 해도 천자의 후광을 업은 조조를 함부로 대하기 어려워졌다. 협천자가 신의 한 수가 되어버린 것이다.

절호의 기회는 자주 오는 것도 아니지만 위험도 따른다. 그래도 리더는 결정적일 때 승부수를 던질 줄 알아야 한다. 호기를 우유부단하게 흘려보내면서 엉뚱하게 기회도 아닐 때 대형 사고를 치기 쉽다. 원소가 낙양에 동탁을 불러들인 것이 그 사례이다.

리더라면 타이밍에 맞게 결단하는 용기가 있어야 하며 결단에 따른 파급효과도 예측하고 대처방식까지 고려해야 한다. 책략적인 결단력에서 확실히 조조가 원소보다 앞섰다. 헌제는 동탁이 하진이 세운 소제를 쫓아내고 옹립한 천자이다 보니 조조나 원소나 헌제에 대한 생각은 차이가 없었다. 하진의 부하였던 두 사람은 헌제를 인정하고 싶어 하지 않았다. 차이라면 원소는 평소 감정대로 헌제를 거부했다면 조조는 그 감정을 접고 헌제를 데려왔다는 것이다.

원술은 어떠했을까? 그 역시 하진의 부하였으나 협천자에 대한 관점은 원소나 조조와는 완전히 달랐다. 한 황실이 몰락했다고 보고 명문 원씨의 적통인 자신이 천자가 되고자 했으니 협천자는 아예 고려하지 않았다. 그 대신 자신이 웅거하던 수춘에서 서주를 호시탐탐 노리며 여강태수 육강에게 군량미 3만 석을 요구했다. 육강이 거절하자 자존심이 상한 원술이 손책을 불러 공격하게 했다.

"그대가 육강을 잡으면 여강 지역을 다스리도록 해주겠다."

손책이 2년간 공성전을 벌여 여강을 함락했다. 그런데도 원술은 여강태수 자리에 손책이 아니라 자신의 옛 관리 유훈을 임명했다. 이에 손책이 원술에게 크게 실망하고 이때부터 독립할 생각을 굳히게 된다.

원술은 드디어 세력을 갖추었다고 보고 유비 수하에 있던 여포에게 군량미를 수천 석 준다는 등으로 은밀히 달랜 다음 건안 원년인 196년 유비를 공격하게 했다. 이런 사정을 모르는 유비는 장비를 서주에 남겨 지키게 하고 우이와 회음에서 원술을 막았다. 양측이 치열한 공방전만 벌였지 결정적 승부를 내지 못하던 중 엉뚱한 사고가 났다. 장비가 하비상 조표에게 술을 권했는데 그가 술을 못 한다고 사양하자 두들겨 팼다. 그러자 조표가 앙심을 품고 장인인 여포에게 밀서를 보냈다.

"장인어른, 장비놈이 술 처마시고 죄도 없는 저를 뼈가 부러지게 팼습니다. 억울합니다. 성문을 열어놓을 테니 복수해 주십시오."

여포는 유비의 뒤통수를 치고
원술은 여포를 회유하고

여포가 조표의 밀서를 읽고 나서 진궁에게 주었다. 진궁의 눈이 반짝였다.

"이곳 소패는 오래 머물 땅이 못 됩니다. 서주를 손에 넣을 수 있으니 하늘이 준 기회입니다. 망설이지 마십시오."

여포의 기병대가 50리도 채 되지 않는 서주까지 단숨에 달려갔다. 벌써 조표가 성문을 열어 놓았고 술에 곯아떨어져 자던 장비는 도망치기에 바빴다. 급보를 받은 유비는 황급히 여포와 싸우려 회군했지만 군사들이 사기가 떨어져 탈영하는 바람에 성 앞에서 말머리를 돌려야 했다. 하지만 성안에 유비의 가족이 남아 있었다. 여포가 유비 가족을 볼모로 잡고 스스로 서주자사라며 으스댔다. 전략적 마인드가 부족한 유비가 여포에게 제대로 뒤통수를 맞은 것이다.

만사에 때가 있듯이 어떤 조직도 기회를 잘 타야 성장한다. 기회란 주어지기도 하지만 만들기도 하는 것이다. 기회를 획득하는 용기와 기회를 창출하는 지혜가 다 필요하다. 쉽게 오지 않는 기회만 노리고 있을 수는 없으니 기회를 만들어야 한다. 그것이 곧 전략적 마인드다.

기회를 창출하려면 비전에 맞춰 자꾸 시도해 보아야 한다. 그래야 없던 기회도 보이게 된다. 유비가 여기까지는 잘했기에 서주자사라는 기회를 잡을 수 있었다. 이런 기회 창출과 획득 못지않게 중요한 것은 잡은 기회를 내 것으로 만드는 '기회 소화력opportunity digestion'이다.

유비도 여포가 믿을 수 없는 인물이라는 것을 알았다. 그랬으면 원술과 싸우러 나갈 때 서주성을 장비가 아닌 관우에게 맡겼어야 했다. 획득한 기회를 발전시키려면 기회로 잡은 영역에 대한 포지션 배분을 잘해야 한다.

관우나 장비나 유비에 대한 충성심은 같았지만 장비는 술에 취하면 부하를 대하는 버릇이 고약했다. 하지만 관우는 달랐다. 사대부에게는 뻣뻣했으나 병사들에게는 잘했다. 술도 즐기지 않았으며 춘추서적을 끼고 다녔다. 나름대로 전략적 안목도 있어서 관우가 남아 있었다면 여포가 성을 넘보지 못했을 것이다. 제갈량을 등용하기 전의 유비는 늘 기회를 잡았다, 놓쳤다를 반복했다. 결국 또 근거지를 잃고 해서 지방으로 물러나 처량하게 지내야 했다.

서주성을 차지한 여포는 기세가 오를 대로 올라 내친김에 원술도 혼내준다며 큰소리쳤다.

"이놈이 군량미를 준다고 해서 봐줬더니만 뭉개고 있는데 가만두어서는 안 되겠다."

진궁이 말렸다.

"아직은 때가 아닙니다. 수춘에 양식도 넉넉하고 군사도 많습니다. 우선 유비에게 소패를 주어 수하로 만드십시오. 그다음 유비를 선봉 삼아 원술을 치고 원소를 공략하면 천하를 호령할 수 있습니다."

"하하하, 그거 그림 좋다."

여포가 곤궁하게 지내던 유비를 불러 소패에 주둔하게 하고 가족도 풀어주었다.

그동안 손책은 무엇을 하고 있었을까? 손책은 강동을 어느 정도 평정하더니 원술을 찾아가 군대를 빌리느라 맡겨둔 옥쇄를 돌려달라고 했다. 하지만 원술은 곧 황제에 오를 생각에 부풀어 있었다. 195년경에 서주 일대의 주요 호족인 진규에게 편이 되어달라고도 했다. 두 사람은 친구 사이지만 진규는 조조가 헌제를 모시고 있어서 조조를 따를 수밖에 없다며 거절했다. 그런 원술이 손책에게 옥쇄를 돌려줄 리 만무했다. 그래서 측근들에게 이렇게 물어보았다.

"손책이 내 군대를 빌려 강동을 차지하더니 배은망덕한 소리를 하고 있다. 어떻게 혼내주면 좋겠느냐?"

양대장이 의견을 냈다.

"장강을 의지하는 손책을 치기 전에 유비를 도모해야 합니다. 유비가 지금 소패에서 군대를 모아 조련하고 있다고 합니다. 더 강해지기 전에 쳐야 합니다."

"동탁의 난 때도 유비라는 이름을 들어보지 못했는데 그사이 많이 컸구나. 지난번 싸움도 무승부로 끝났으니 그 말도 일리 있다. 이번에 확실히 잡아야겠는데 좋은 계책이 있는가?"

양대장이 그럴듯한 방안을 내놓았다.

"아직 유비는 우리 상대가 안 됩니다. 문제는 서주의 여포입니다. 여포가 유비를 도우면 큰일입니다. 주군께서 지난날 여포에게 주기로 한 군수물자를 보내서 여포를 회유하십시오."

"그렇게 하라."

뇌물을 받은 여포, 유비와 원술의 싸움을 중재하다

원술이 여포에게 식량 20만 석을 보냈다. 단순한 여포가 원술의 회유를 크게 반겨 진궁이 기획한, 유비를 선봉으로 삼아 원술을 정복하기로 한 작전을 잊어버렸다. 원술이 기령을 대장으로 삼아 소패로 진군시켰더니 손책이 책사들을 모아 기염을 토했다.

"원술이 유비를 친다니 이 기회에 원술의 뒤를 치면 어떻겠는가?"

"원술이 속은 좁지만 그 세력은 아직도 커서 우리가 넘보기 어렵습니다. 유비를 치러 갔다 해도 뒤에 남은 군사가 우리보다 훨씬 강합니다."

주유가 말렸으며 주치나 다른 책사도 같은 의견이었다. 손책도 뜻을 바꾸어 평정한 강동의 민심을 아우르는 데만 전력했다. 원술의 대군이 소패성 앞에 진을 치자 유비가 황급히 여포의 도움을 청했다.

여포가 모른 척하기 어려워 진궁을 불렀다.

"거참, 상황이 난처하게 되었소. 원술이 물자를 보내 유비와의 싸움에 끼어들지 말라고 사정했는데 유비는 도와달라고 하니 어찌하면 좋겠소? 원술이 만약 유비를 격파하고 소패를 차지하면 북쪽 제후들과 연결해서 나를 치려 할 것 같은데. 아무래도 유비가 소패에서 버텨주어야 하지 않겠소."

"잘 보셨습니다. 가서 유비를 구해야 합니다."

소패성 동남쪽에 진지를 구축한 기령의 3만 군사 앞에 대치한 유비의 군사는 5천 명에 불과했다. 기령의 진영은 낮에는 많은 깃발이 나부꼈고 밤에는 횃불로 환했으며 징소리와 북소리가 하늘을 찔렀다. 여기에 눌린 듯 유비 진영과 소패성에는 침묵만 흘렀다.

대치를 시작한 지 사흘째 되던 아침에 기령이 공격할 준비를 하는데 서남쪽에서 함성이 들렸다. 여포가 정예병을 끌고 달려온 것이다. 난처해진 기령이 여포에게 부하를 보내 따졌다.

"여포 장군, 우리 군량미까지 받아놓고 신의 없이 왜 이러십니까?"

여포가 껄껄 웃었다.

"양쪽 다 섭섭하지 않도록 해결해 주러 왔소."

여포가 기령과 유비를 초대해 200미터가량 떨어진 곳에 세워 둔 자신의 방천화극을 가리켰다.

"여기서 내가 화살로 저 화극의 상부를 쏠 것이오. 맞힌다면 전쟁을 그만두시오. 못 맞히면 내가 이 전쟁에 관여하지 않을 테니 알아서들 싸우시오. 어때요. 약속하시겠소?"

기령이 잠시 머뭇거리더니 좋다고 했고 유비도 동의했다. 여포가 다시 강조했다.

"어느 쪽이든 약속을 깨면 나는 그쪽과 싸울 것이오."

마침 바람도 거세게 불어와 기령은 아무리 여포의 무예가 출중해도 적중하지 못하리라고 보았다. 그러면 여포가 방관하는 가운데 소패성을 차지하리라고 계산하고 있었다. 여포가 불쑥 일어나 활시위를 당겼다. 바람을 뚫고 날아간 화살이 방천화극의 상부에 정확히 꽂혔다. 그 순간 기령은 사색이 되었고, 유비의 얼굴에는 화색이 돌았다. 여포가 자신의 무공으로 양측의 이해관계를 조절해 최선의 결과를 도출해냈다. 이 장면은 여포를 습관성 배신자라 하는 세평을 무색하게 했다.

유비와 여포의
동맹을 깨려는 원술

여포의 개입으로 기령이 유비 공격을 중단하고 수춘으로 돌아오자 원술이 미친 듯 화를 냈다.

"그렇다면 내가 직접 가서 유비와 여포까지 쓸어 버리겠다."

"그러시면 안 됩니다. 여포가 한때는 용맹하기만 했지만 지금은 기름진 서주를 장악하고 있습니다. 여포와 유비를 동시에 공격하면 그 둘이 뱀의 머리와 꼬리처럼 하나가 되어 덤벼들 것입니다."

기령이 극구 말리며 내놓은 대안이 원술의 아들과 여포의 딸을 혼인시키자는 것이었다. 여포가 원술과 사돈이 되면 자동으로 유비를 제거하리라고 보았다. 이는 소불간친지계疏不間親之計로 다자간 경쟁구도에서 적의 동맹관계를 무너뜨릴 때 사용하는 전략이다. 군이 정략혼인이 아니라도 원조나 문화교류 등 여러 방식이 있다.

원술이 조조가 협천자를 앞세워 여포에게 서주자사를 주었다는 것을 떠올리며 중얼거렸다.

"그렇지. 내가 여포와 다퉈봐야 조조만 좋은 일 시키는 꼴이다. 여포를 내 편으로 만들자."

원술이 여포에게 청혼사를 보냈다. 여포는 자기 딸을 당대 최고의 가문에 시집 보낼 수 있다는 생각에 기뻐했다. 더구나 원술이 천자를 꿈꾼다는 소문이 파다한데 그리만 되면 딸이 황후가 되고 자신은 천자의 장인이 되는 것이다. 진궁도 여포에게 빨리 길일을 택해 혼사를 치르자고 했다. 이 소문이 서주성에 파다해서 진규까지 알고 여포를 찾아왔다.

"조조가 엄연히 천자를 모시고 있는데도 원술이 천자를 참칭하려 한답니다. 그런 원술과 사돈을 맺으면 천하에 불의한 자로 오명을 쓰게 됩니다. 조조 또한 가만히 있지 않을 것입니다. 원술보다는 조조와 손을 잡는 것이 현명합니다."

여포 역시 원술에게 추방당했던 앙금이 있어 혼인 얘기를 없던 것으로 했다. 만약 여포와 원술이 혼인동맹을 맺었다면 중원에 돌풍이 일었을 것이다. 그래서 진궁이 장탄식하며 아쉬워했다. 여포와 원술의 혼담이 깨지자마자 조조가 기다렸다는 듯 천자의 임명장을 보냈다.

"그대를 좌장군에 임명하노라."

여포가 조조에게 진규의 아들 진등을 사은사로 보냈다. 조조는 장차 여포를 제거할 때 사용하려고 진등을 포섭해 두었다.

여포에게 혼인동맹을 거절당한 원술은 여포 같은 천것에게 당했다며 장훈을 불러 복수전을 지시했다.

"병력 20만을 편성해서 여포를 박살 내라. 한섬, 양봉 세력과도 연계해."

진궁은 이 사태가 진규 부자 때문이라며 비난했다.

"장군, 두 사람의 목을 베어 원술에게 바치면 저들이 돌아갈 것입니다."

여포가 그대로 하려 하자 진등이 크게 웃었다.

"왜 그리 귀가 얇으십니까. 저들이 숫자가 많다고 하나 오합지졸에 불과합니다. 제게 서주를 지키고 원술도 사로잡을 계책이 있습니다."

"그런 계책이 있다면 살려주마. 어서 말해 봐라."

"적장 중에 한섬과 양봉은 한나라 황실의 옛 신하들로 조조의 위세에 눌려 원술에게 피신했을 뿐 원술에게 충성심은 없을 것입니다. 이들과 내통하면 쉽게 이길 수 있습니다."

"그렇게 하라."

진등이 여포의 밀서를 들고 몰래 한섬을 찾아갔다. 며칠 후 양측이 교전하는 가운데 원술의 진영에서 불길이 솟았다. 이를 신호로 여포와 기병대가 급습하며 원술이 크게 졌다. 이후 여포는 진궁이 잔소리가 심하다며 멀리하고 진규 부자를 더 신뢰하게 되었다.

조조 책사들의 논란, 유비를 없애느냐 이용하느냐

원술과 여포가 다투는 동안 유비는 소패에서 세력을 키우는 데 열 중했다. 어느덧 병사가 1만여 명에 이르렀고 군기도 엄정해졌다. 여포는 유비가 더 커지면 위험하다고 보아 직접 앞장서고 고순과 장료를 좌우에 세워 유비를 공격했다. 여포와 고순, 장료 이 세 장수의 진용이야말로 최강의 현장 팀이었다.

지략과 무예를 겸비한 위나라 명장 장료

경영전략과 조직이론 분야에서 독창적인 연구로 유명한 경영학자 헨리 민츠버그^{Henry Mintzberg}를 참조하면 조직구조는 단순조직, 기계적 조직, 전문적 조직, 애드호크러시로 구분된다. 초창기 소규모일 때가 단순조직이다. 이 조직이 커지면 위계가 형성되며 정부조직 같은 기계적 조직이나 병원처럼 실무 중심의 전문조직이 된다. 두 조직이 관료 성격을 띠지만 기계적 조직의 관료성이 더 강하다. 조직의 관료화를 제거하고 현장 부서 중심으로 운영하는 조직이 애드호크러시이다. 그때그때 주어진 과제에 대해 각자가 전권을 위임받는 임시조직이다. 변화에 민감하고 혁신을 추구하는 분야에 많이 활용된다.

한나라가 왜 이토록 혼란스러워졌을까? 외부 침략이 아니다. 권력층과 관료사회의 기회주의적 부패가 심해지면서 내부 기반이 약해졌기 때문이다. 이러한 대변동의 시기에 생동적인 애드호크러시 조직이 효과적이다.

그러나 안정성이 떨어지므로 내부 결속과 지속성을 끊임없이 보완해 주어야 한다. 여포나 유비 그룹이 애드호크러시 조직이었다. 유비 그룹은 충성도가 높았지만 여포 그룹은 각자 우수한 기량에 자부심이 있는 정도였다. 그 실력으로 여포가 많은 재미를 보기는 했으나 진궁 같은 유능한 책사를 진규 부자에게 눈이 가려 제대로 활용하지 못했다.

유비가 제갈량을 영입해 일취월장하게 되는 것은 훗날의 일로 지금은 관우, 장비와 함께 여포, 고순, 장료와 분전했지만 패배하고 다시 조조에게 의탁했다. 이번에는 조조가 평소와 달리 책사 모임을 하는 대신 한 명씩 불렀다. 먼저 순욱이 왔다.

"지금은 유비가 떠돌이지만 점차 커지는 인물입니다. 싹을 잘라내야 합니다."

다음으로 곽가가 왔다.

"순욱은 유비를 죽이라 하는데 어찌 생각하나?"

"아직은 아닙니다. 아직도 원소와 원술이 명성도 높고 강세입니다. 주군께서는 천자의 명성에 기대고 있을 뿐이라 신의 있는 인물로 이름난 유비를 일단 수하에 두어야 천하의 신망을 모을 수 있습니다."

"그래, 나도 그리 생각하고 있다."

조조는 자기 출신도 미천하거니와 서주대학살로 민심이 곱지 않다는 것쯤 잘 알고 있었다. 그 이미지를 개선하려면 유비가 필요했다. 사흘 후 조조는 헌제를 만나 유비를 예주자사로 임명하도록 청했다. 그런데도 정욱이 순욱과 함께 유비 퇴출을 고집하는 바람에 책사들을 모두 모았다.

순욱이 주장했다.

"떠돌기만 하던 여포가 서주를 차지해 우선 정리 대상이 되었다. 다시 떠돌이가 된 유비를 이용해야 한다."

그 덕분에 유비는 예주자사가 되어 유 예주라 불리게 되었다. 조조가 유비를 불러 군량미와 군사 3천을 주며 당부했다.

"유 예주께서는 다시 소패로 가서 동쪽의 여포를 견제하시오."

조조와 장수에게
상반된 전략을 내놓은 가후

조조가 유비를 도와준다는 소문이 전국에 퍼졌다. 민심은 조변석 改朝變夕改한다고 하듯 조조가 천자를 모시더니 유비 같은 군자도 아껴준다며 호의적으로 변했다. 유비에게 여포를 지키도록 한 조조는 197년 정월에 완성의 장수를 공격했다. 장수는 이각, 곽사와 함께 동탁의 수하였던 장제의 조카였다.

이각과 곽사의 내분 이후 장제도 권력을 잃고 남양으로 약탈하러 갔다가 화살에 맞아 죽었다. 그때 장제의 부하들이 장수를 따르게 되면서 가후도 장수의 책사가 되었다. 이들이 남양의 완성에 머물며 허도의 헌제를 탈취하려고 했다. 조조에게 이들이 눈엣가시일 수밖에 없어 유비에게 여포를 감시하게 하고 장수를 정리하러 간 것이다. 조조의 대군이 오자 장수가 가후에게 계책을 물었다.

지혜롭고 침착하며 운명을 정확히 읽어
낸 책사 가후

"우리 힘으로는 조조를 못 막습니다. 항복하는 것이 싸우는 것보다 낫습니다."

완성에 커다란 백기가 나부꼈다. 만면에 웃음을 띤 조조가 군대를 성 밖에 주둔하고 측근들과 성안으로 들어갔더니 장수가 매일 잔치를 벌여 접대했다. 기분이 좋아진 조조가 슬며시 정욕이 치솟았다. 주위에서 눈치채고 성안에 최고의 미녀가 있다며 장제의 미망인 추씨를 추천했다. 조조가 추씨를 농락하는 것을 안 장수가 가후를 불렀다.

"조조가 아무리 승자라도 내 숙모를 범하다니 도저히 그대로 볼 수 없다."

"정 그러시다면…."

가후가 장수의 귀에 속삭였더니 장수가 실행에 옮겼다. 장수는 쾌락에 빠져 있던 조조의 숙소를 기습했다. 조조의 경호대장 전위가 즉사했고, 조조의 장남 조앙은 조조 대신 피살당했다. 이들의 희생으로 조조는 화살을 맞은 고슴도치 모양으로 성 밖으로 나와 황급히 철군했다.

삼국지의 책사들 중 처세의 최고수인 가후는 왜 장수에게 항복과 공격이라는 상반된 책략을 내놓았을까? 가후가 활동한 경로를 보면 그 이유를 알 수 있다. 가후는 어렸을 때 저족 반란군을 만나 일행이 모두 살해되었는데 '내가 단경의 외손자'라 천연스럽게 말하여 혼자 살아났다. 물론 거짓말이었으며, 단경은 저족이 가장 두려워하는 장수였다. 성장한 후 동탁의 사위 우보 아래 있다가 동탁이 망하자 이각에게 갔다. 이각이 실각한 다음에는 회음에 주둔하던 단외를 찾아갔다. 단외는 가후를 우대하면서도 자기 부하들이 가후를 따르는 것을 보고 경계했다. 그래서 가후가 위기를 느끼고 장수에게 온 것이다.

장수의 책사가 된 가후가 남쪽의 유표를 만나고 와서 이렇게 평가했다.

"치세에는 정승 노릇은 할 만하지만 결단력이 없고 난세에는 소심해서 무능한 인물입니다. 안심하시고 천자를 빼앗을 궁리만 해도 됩니다."

장수를 만나기 전까지 가후는 천자를 앞세운 실권자들의 책사 노릇을 해왔다. 그들을 잘 도왔지만 하나같이 실각하는 바람에 방랑 책사가 되어 장수를 찾아왔다. 그나마 장수가 제후들 가운데 천자를 다시 찾아올 가능성이 있다고 본 것이다.

원소는 천자를 활용할 안목이 없으며, 원술은 참칭하려 했고, 여포나 유비, 손책 등은 그만한 세력이 되지 못했다. 그렇다고 그동안 동탁과 그 측근 아래서 활약하다가 곧바로 조조를 찾기도 난감했다. 그래서 장수를 택했는데 조조가 공격해 오자 장수에게 항복을 권유한 것이다. 그러면서 자연스럽게 조조에게 공을 세우고 함께 가서 책사가 되었다.

하지만 조조가 무혈입성하더니 평소답지 않게 민심을 아우르지 않고 욕정을 푸는 데 시간을 보냈다. 하필 그 대상이 장수 숙모였으니 민심이 술렁일 수밖에 없었다. 아무리 영웅호색이라지만 조조가 지나쳤다고 본 가후가 조조를 잡을 책략을 냈다. 조조를 잡으면 장수를 도와 곧바로 허도를 접수해 협천자할 기대를 품고서.

그런데 큰 실책을 범한 조조가 후계자로 생각하는 아들까지 잃자 중심을 잡고 의연하게 대처했다. 가후는 성루에서 조조가 질서 정연하게 퇴각하는 모습을 보더니 역시 조조는 걸출한 인물이라고 속으로 찬탄했다.

원술이 황제를 참칭하는 바람에 적만 늘었다

조조가 온몸에 부상을 입은 채 퇴각하는 것을 본 장수가 직접 추격하려 하자 가후가 한마디 했다.

"추격하지 마시죠. 조조에게 당할 것입니다."

"후퇴하는 적을 혼쭐내 주는 것이 전술의 기본이다. 걱정하지 마라."

장수가 큰소리치고 신나게 쫓아갔으나 조조의 장수 우금이 뒤돌아서 반격을 가하는 바람에 맥없이 무너졌다. 이후 장수는 패잔병들을 모아 형주 쪽으로 달아났다. 조조가 평소 조조답지 않게 전장에서 방종하는 바람에 조앙이 죽자 조앙의 어머니 송씨가 한을 품고 친정으로 돌아갔다. 조조가 정비인 송씨를 찾아가 수차례 사과했지만 거절당했다.

조조가 완성 원정에 힘을 쏟는 사이 원술은 수춘에서 기어이 천자를 자처했다. 부하들이 한결같이 반대했는데도 막무가내였다.

"원소도 대장군이 되었는데 내가 더 높아야 하는 것 아닌가?"

자칭 천자가 된 원술이 국호를 중仲이라 정하고서 장훈과 교유를 대장군에 임명했다. 그 당시 천하에 대한자당도고代漢者當塗高(한나라를 조고가 대신한다)라는 참언이 나돌았는데, 원술은 도塗와 술術이 같은 뜻이라며, 도고는 지체 높은 집안의 자식을 가리킨다고 믿었다. 리더십 과시망상delusions of leadership에 빠진 것이다. 리더로서 책임감보다 과시욕이 더 커질 때 리더십 과시망상 증세가 나타난다. 그러면 이때부터 리더의 사회적 책무보다는 리더 됨을 과시하는 데 더 열정을 쏟는다.

조직의 리더는 할리우드 스타나 록스타가 아니다. 개인의 인기보다는 조직의 역량을 높여 조직의 브랜드가 신망받게 해야 한다. 매스미디어가 발달할수록 리더십 과시망상을 조심해야 한다. 본모습과 전혀 다르게 연출과 편집으로 얼마든 포장할 수 있기 때문이다. 더 심하면 리더로서 진정성 있는 역량이 줄어들며 공공의 적이 될 빌미를 만들기가 쉽다.

리더가 연출에 능하고 자기 도야에 성실하지 않으면? 속이 비었기 때문에 원술처럼 허무맹랑한 요설에 잘 흔들린다. 칭제는 곧 반역이라 그 당시 최강이던 원소나 훗날 최강이 된 조조도 칭제만큼은 하지 않았던 것이다. 누구든 돕던 세력도 칭제했다 하면 역적 소리를 들을까 봐 멀어진다. 그러니 조조, 원소, 유비, 유표는 물론 원술과 가까웠던 손책이나 여포도 멀어질 수밖에 없었다. 조조는 아예 원술이 반역했다며 원술 토벌을 칙명으로 내걸었다. 곧바로 손책도 원술에게 절연장을 보냈다. 조조는 토벌군에 손책, 여포, 유비군도 참여하도록 했다.

토벌군 15만 병력이 수춘성을 에워쌌으나 공략하기가 쉽지 않다. 성안의 식량이 바닥날 때쯤 간신히 함락했는데 북쪽의 원소가 허도를 침략하려 한다고 해서 급하게 회군하는 바람에 원술이 도주할 수 있었다.

조조가 회군하자 원소는 허도 기습을 포기하고 다시 공손찬과의 전쟁에 몰입했다. 조조도 그런 원소를 한시바삐 정리하고 싶었지만 여포가 걸림돌이었다. 여포부터 정리하려고 유비를 불렀다. 조조의 도움으로 소패에 머물던 유비가 달려올 수밖에 없었다. 둘은 비밀리에 만났지만 이 사실이 여포 귀에 들어갔다.

그동안 여포는 조조와 원술 사이에서 줄타기하다가 원술의 참칭 이후 조조 편에 서려고 했다. 그런데 조조와 유비의 동향이 심상치 않자 다시 원술과 상호 불가침 조약을 맺은 다음 고순에게 유비를 공격하게 했다. 조조도 하후돈을 보내 유비를 지원했지만 고순에게 격파당했다. 상황이 악화되자 조조가 허도를 떠나 여포 정벌에 나섰다.

여포의 전투 역량 대 조조의 지휘 역량

　서주의 요충지이자 전진기지가 팽성이다. 조조가 유비까지 동원해 원정에 나선 지 한 달 만인 198년 10월에 이 성을 함락했다. 속이 탄 여포가 서주성을 진등에게 맡기고 직접 조조를 물리치러 갔다. 그 사이에 조조와 내통한 진등이 서주성을 조조에게 바쳤다. 갈 곳이 없어진 여포는 최후의 거점 하비성으로 물러갔다. 조조가 이곳까지 오자 여포가 성 밖으로 수차례 나와 싸움을 걸었다.

　조조는 악진, 우금, 이진, 서황 등 맹장을 총동원해서 여포를 번번이 물리쳤다. 그 후 여포가 성문을 닫고 지키기만 할 뿐 어쩔 줄 몰라 했다. 그런 여포에게 진궁이 기각지세掎角之勢의 책략을 냈다.

　"장군, 조조의 군대는 먼 길을 달려오느라 지쳐 있고 보아하니 식량도 얼마 남지 않은 것 같습니다. 사슴을 잡을 때 뿔과 뒷다리를 잡듯 조조를 협공하면 됩니다. 장군께서 기병과 보병을 데리고 성 밖으로 나가 멀찍이 주둔하십시오. 제가 성안에 있다가 조조가 장군을 공격하면 조조의 뒤를 공격하고 조조가 성을 공격하면 장군께서 조조의 뒤를 공격하십시오. 그러면 넉넉히 물리칠 수 있습니다."

여포가 펄쩍 뛰며 좋아했다. 그날 밤 여포가 아내 엄씨와 초선에게 알렸다.

"조금만 참아. 곧 조조를 잡고 허도까지 차지할 거야."

엄씨와 초선이 울면서 만류했다.

"당신만 성 밖으로 나가면… 그러다 이 성이 조조에게 점령당하거나 혹 진궁이 반역이라도 하면 우리가 짓밟힐 텐데 그래도 좋아요? 저희를 버리지 마세요. 죽어도 살아도 함께해요."

여포가 여기에 흔들려 사흘을 갈팡질팡하자 실망한 진궁이 원술에게 원군을 요청했다. 원술은 여포가 건방지게 혼인을 파탄 낸 인과응보를 받는다고 비난하면서도 여포가 무너지면 다음이 자기 차례라는 것을 알기에 기병대를 보냈으나 조조에게 전멸당했다. 조조가 다시 총력으로 공성전에 나섰지만 하비성은 지형도 험한 데다 견고했다. 지친 조조가 철수를 고민하는데 곽가와 순욱이 적극 만류했다.

"이번에 여포와 승부를 끝내야 천하대세로 가는 관문이 열립니다."

그 바람에 공성전을 이어가며 어느새 겨울이 성큼 다가왔다. 이대로 조조가 하비성에만 매달리기에는 천하 정세가 위태로웠다. 순욱과 곽가가 최후의 승부수를 내놓았다.

"하비성이 난공불락인 까닭은 강과 호수를 끼고 있기 때문입니다. 이 지형지물을 역이용해야 합니다."

성 주변으로 흐르는 기수沂水와 사수泗水의 물길을 성내로 돌리자는 것이었다. 그래서 두 강의 물줄기가 성으로 향하게 하는데도 여포는 성문을 굳게 닫고 밤낮으로 술에 취해 있다가 삽시간에 성이 물바다가 되자 대경실색하며 애꿎은 기병대장 후성을 두들겨 팼다.

억울했던 후성이 송헌, 위속과 술에 취해 잠든 여포를 밧줄로 묶고 성문을 활짝 열었다. 성루에 오른 조조가 의자에 앉았으며 유비도 옆에 있었다. 이들 앞에 포박당한 여포와 진궁, 장료가 끌려왔다.

천하의 맹장 여포가 왜 이렇게 되었을까? 더구나 송헌, 위속, 후성은 장료, 장패, 학맹, 조성, 성렴과 더불어 여포의 팔건장으로 불리지 않았는가! 여기에 책사 진궁까지 합세하자 여포의 전투 능력은 조조보다 확실히 앞섰다. 이에 비해 조조는 지휘 능력이 앞섰다. 지휘 능력이란 아군과 적군의 성향을 파악해 맞춤식 전략을 실행하는 힘이다.

그래서 조조는 여포와 싸울 때면 복양성 전투에서 보여준 것처럼 기습과 매복 작전을 구사했다. 무예만 뛰어나면 바로 맞붙으려는 것이다. 이런 경향을 성과로 연결하는 것이 지휘력이다. 여포가 그런 능력이 부족해 장안에서 이각과 곽사에게 패배하고 떠돌이 신세로 전락한 것이다. 전투 역량이 좋으면 금세 두각을 드러내기는 쉽다. 그러나 그 후에는 지휘 역량을 길러야 한다. 여기에 실패한 여포는 방구석 여포로 전락했다.

술자리에서 인물을 평하는 조조와 유비

전투 역량은 개인기이고 지휘력은 조직 운용 능력이다. 개인기가 도드라져 리더가 되었는데 조직 운용력이 부족해 경쟁조직에 번번이 패배하게 되면 소심해진다. 여포의 마지막 모습이 그러했다. 장료는 조조 앞에 끌려와서도 '나라의 큰 도둑놈'이라고 조조를 꾸짖기라도 했지만 여포는 살려달라고 애걸복걸했다.

내 편, 네 편 가리지 않고 인물을 아끼는 조조가 직접 장료의 결박을 풀어주고 부하로 특채했다. 진궁도 살려주려 부드럽게 물었다.

"너는 천하의 책사라며 어찌 네 주군을 이 모양으로 만들었느냐?"

진궁이 여포를 턱으로 가리켰다.

"이놈이 내 말을 들었다면 너와 내 처지가 바뀌었을 것이다. 이쯤 했으면 살 만큼 살았으니 회유할 생각 말고 어서 죽여라. 더 살아봐야 늙고 병들어 죽는 것밖에 더 있겠느냐."

그때까지 고개만 숙이고 있던 여포가 유비에게 애걸했다.

"그대는 위에 있고 나는 포로가 되어 아래에 있구나. 이 줄이 너무 쪼이니 느슨하게 해달라." 그 말에 조조가 웃었다.

"맹수를 잡으려니 그런 것이다. 이제 느슨하게 해줄 테니…."

조조가 여포를 수하에 두고 싶었던 것이다. 이에 유비가 얼른 경계심을 주었다.

"여포가 섬기던 주군마다 말로가 다 비참했습니다. 정원, 동탁, 왕윤을 생각하십시오."

그 바람에 여포가 진궁과 함께 형장으로 끌려가며 유비를 노려보았다.

"세상에 귀 큰 놈이 가장 믿지 못할 놈이로구나. 이놈아, 너나 나나 곁가지 신세 아니더냐."

여포는 유비도 자신처럼 떠돌이 신세에 불과하다고 본 것이다. 여포를 토벌한 조조는 허도로 회군해 유비를 좌장군에 앉혔다.

조조가 승승장구하는 동안 원술은 천자를 참칭한 이후 연전연패하고는 패잔병을 모아 자신의 수하인 진람, 뇌박이 있는 첨산灊山으로 갔다. 그러나 진람과 뇌박은 원술을 야박하게 대했다. 딱 3일만 머물게 하고 식량까지 끊으며 나가라고 한 것이다. 갈 곳이 없던 원술은 적으로 지내던 이복형 원소를 떠올렸다. 그동안 천민이 낳은 '종놈'이라며 얼마나 놀렸던가. 떨리는 손으로 붓을 들었다.

"형님, 나라가 중심을 잃으니 천자는 권신의 농락거리가 되었고 강토는 호걸들의 각축장이 되었습니다. 전국시대 말기와 다를 바 없어 결국 강한 자가 다 거머쥐게 될 것입니다. 그나마 다행으로 천하가 우리 원씨 세상이 된다는 상서로운 조짐이 많습니다. 제가 쇠퇴했으니 남은 것은 4주(청주, 기주, 병주, 유주)를 거느리는 형님밖에 없습니다. 조조가 천자를 붙들고 있다고 한들 이미 쇠락한 한나라의 명맥을 어찌 이어갈 수 있겠습니까?"

한때는 원소도 천자가 되고 싶은 욕망에 경포를 시켜 신하들 보는 데서 천자라 불러보게 했지만 신하들의 반발이 거세 경포를 죽이는 선에서 마무리했다. 그랬던 원소인지라 원술의 편지에 고무되었다. 마침 아들인 청주자사 원담이 원술을 데려오겠다고 하자 방관했다. 조조가 그 소식을 듣고 원술이 청주로 가는 것을 막고자 유비와 주령을 보내려고 했다.

유비가 출발하기 전 조조가 술이나 한잔하라며 불렀다. 그동안 유비는 여러 제후의 식객 노릇을 하며 큰 뜻이 없는 것처럼 보였지만 속마음을 알 수 없어 확인해 보려 부른 것이다. 조조가 술을 건네며 천하의 영웅이 누구냐고 물었다. 유비가 한 명씩 거명하면 조조가 평가했다. 원술은 무덤 속 백골이고, 원소는 소심하고, 유표는 실속이 없고, 손책은 아비의 명성에 기대니 영웅은 아니라고 했다. 그다음 유장은 '대문이나 지키는 개'이고 장수, 장로, 한수 등은 언급할 가치조차 없는 소인배라 했다.

영웅은 영웅을 알아보고

조조는 유비가 거론한 인물을 모조리 평가절하하고 또 다른 인물이 없느냐고 물었다. 유비가 없다고 하자 조조가 영웅론을 내놓았다.

"누가 영웅인가. 가슴에 웅지가, 뱃속에 좋은 책략이 있어야 한다(흉회대지胸懷大志 복유양모腹有良謨). 그래야 우주를 품을 만한 기지와 천지를 삼켰다 뱉었다 할 만한 배짱이 생긴다(유포장우주지기有包藏宇宙之機 탄토천지지지자야吞吐天地之志者也). 그런 자야말로 영웅이라 할 만하다."

"세상에 그런 사람이 있겠소?"

능청 떠는 유비를 조조가 똑바로 보며 말했다.

"지금 천하의 영웅은 바로 그대와 나 두 사람뿐이오."

유비가 너무 놀라 들고 있던 술잔을 떨어뜨렸다. 조조가 왜 그러느냐고 묻는데 마침 천둥과 번개가 치는 바람에 저 소리 때문이라고

얼버무렸다. 그 모습에 조
조가 유비를 천둥소리에 놀
라는 평범한 인물에 불과할
것이라 여기게 되었다.

조조는 『손자병법』을 손
에 들고 다닐 정도로 이 책
의 애독자였다. 그만큼 주
도권을 잡는 방법을 잘 알

조조와 유비가 매실을 안주로 놓고 대화하는 장면

았다. 병법에서는 전쟁을 시작하기 전에 아군과 적군을 오사^{五事}로
살피고 칠계^{七計}로 방향을 잡으라고 했다. 이것이 그 유명한 오사칠계
로 경쟁조직을 분석하는 기본 도구이다.

오사는 도^道(대의명분), 천^天(천하정세), 지^地(물리적 환경), 장^將(리더의
자질), 법^法(규율, 기강)이다. 오사로 양측을 비교 분석한 다음 칠계를
고려해 전략을 짜야 한다. 칠계는 첫째, 어느 리더가 더 민심을 얻고
있는가. 둘째, 장수는 어느 쪽이 더 유능한가. 셋째, 천시와 지리는 어
느 쪽에 더 유리한가. 넷째, 조직 역량에서 어느 쪽이 더 우세한가. 다
섯째, 병력과 무기는 어느 쪽이 더 우수한가. 여섯째, 군사 조련은 어
느 쪽이 더 강한가. 일곱째, 신상필벌은 어느 쪽이 더 공정한가이다.

이미 조조는 오사칠계로 전국 주요 제후국을 분석한 전략을 구상
중이었다. 유비가 군사 조직이나 물자 면에서 가장 열악했으나 도^道,
장^將 측면에서 타의 추종을 불허했다. 모든 것이 부족해도 이 두 가지

가 구비되면 오뚝이처럼 일어서기 때문에 조조가 유비를 직접 관찰해 본 것이다. 유비도 조조의 속셈을 간파하고 능란한 연기로 조조의 의구심을 누그러뜨렸다.

당시 궁중에서 헌제와 동승을 중심으로 극비리에 친위 쿠데타가 진행 중이었다. 여기에 유비도 연루되었는데 조조가 낌새를 채고 물증을 확보하는 중이었다. 그런데 천행으로 조조에게 원술이 원소의 아들에게 간다는 급보가 들어와 원술을 막는 일이 더 급해졌다. 조조가 유비를 원술 저지 대장으로 보내는 데는 세 가지 이유가 있었다.

첫째, 조만간 쿠데타 모의 세력을 일망타진해야 한다. 만약 유비의 연루가 확인되면 죽여야 하는데, 그러면 민심이 사나워져 천자를 앞세운 세력 확장이 어려울 수 있다.

둘째, 원술을 서주에서 막는 데 유비가 제격이다. 서주는 조조가 학살을 저지른 곳으로 조조에게 민심이 가장 사나웠고 유비에게는 민심이 가장 좋은 지역이었다. 그곳에서 조조의 명으로 유비가 황제를 참칭한 원술을 제압하면 덩달아 조조의 이미지도 개선된다.

셋째, 이것이 결정적이다. 유비는 천하 쟁패의 기반을 닦으려는 자다. 유비가 원술을 막고 나면 돌아오기는커녕 서주를 차지하려 할 테니 서주자사를 죽일 수밖에 없어 덕망으로 포장한 야수의 발톱을 서주 사람들에게 드러내야 한다. 그런 유비를 잡는 일은 식은 죽 먹기보다 쉽다.

이것이 조조의 계산이었는데 과연 조조의 예상대로 전개될까?

유비는 탈출,
조조는 방출

　유비로서는 조조의 그늘에 있던 허도에서 군사까지 배정받아 나왔다는 것은 기적 같은 일이지만 조조로서는 전략적 방출이었다. 유비가 회군하지 않고 서주를 차지하면 배신자로 몰아 제거할 명분을 갖추게 된다. 물론 조조는 자기 부하 주령도 함께 보내 유비를 감시하도록 했다. 그런 사정으로 원술은 서주에서 유비에게 차단당하고 폐허가 된 수춘으로 돌아가야 했다. 그런데 그 길에 무더워 꿀물을 찾다가 피를 토하며 쓰러졌다(196년 6월).

　그동안 원소와 함께 양대 맹주로 공손찬, 손견과 손책, 여포, 도겸, 유비 등을 우군으로 두었던 원술이 왜 이렇게 되었을까? 다자간 혼전이 벌어질수록 표면상으로라도 적군보다는 아군을 많이 만들어놓아야 한다. 이 원칙을 원술은 오만에서 비롯한 섣부른 판단으로 걷어

차는 바람에 우군마저 모두 적으로 돌아섰다. 이복형제인 원소와 원술은 오만한 성격이 닮았다. 차이라면 원술이 매사에 섣부르게 행동한다면, 원소는 꼭 절호의 기회를 간과한다는 것이다. 리더가 성급하거나 기회를 간과하면 조직 운영에 치명적이다.

이렇게 해서 199년 2월과 4월 그리고 6월에 여포, 공손찬, 원술 세 호걸이 사라졌다. 여포와 원술은 조조에게, 공손찬은 원소에게 당했다. 그때까지도 용병 노릇을 하던 유비는 조조의 명으로 원술을 차단하더니 주령을 허도로 돌려보낸 다음 서주자사 차주를 죽이고 서주를 점령했다. 모든 것이 조조의 예측대로였다. 서주를 차지한 유비는 소패에 머물며 관우를 합비로 보내 지키게 했다. 여기서 그치지 않고 원소에게 손건을 보내 조조를 협공하라고 부추기기까지 했다. 그러자 조조도 그대로 두기 어려웠다.

"음, 역시 유비가 그동안 도회지계 韜晦之計(자신을 낮춰 상대의 경계심을 풀고 때를 기다리는 것)를 썼구나. 그렇다면….."

일단 조조는 유대와 왕충을 보내 유비를 건드리게 하고 서둘러 동승 등 친위 쿠데타 세력을 정리했다. 유비는 유대와 왕충을 보고 일갈했다.

"너 같은 놈이 아무리 많이 와봐야 내 상대가 안 돼. 조조가 직접 오면 한번 해볼 만하지."

과연 그 말대로 유대와 왕충이 패하자 조조가 고개를 끄덕였다.

"그럴 줄 알았다. 과연 유비는 내 맞수가 될 만하다. 하지만 아쉽게도 유비는 책략이 조금 부족하다."

헌제의 친위 쿠데타를 분쇄한 조조는 기다렸다는 듯 서주를 기습했다. 워낙 빨라 원소가 구원병을 보낼 틈도 없었으며 유비도 혼자 도망쳐 원소에게 갔다. 유비의 가족과 그들을 지키던 관우도 조조의 포로가 되어야 했다. 그래도 조조는 관우를 예우하며 편장군을 제수했다.

원술이 사라진 후 부하 장수 장훈, 장사, 양홍이 남은 병력과 보물을 가지고 손책에게 가다가 여강태수 유훈의 습격을 받아 모두 빼앗겼다. 손책이 이 소식을 듣고 유훈과 거짓으로 동맹을 맺으며 유훈에게 예장 지역의 상료上繚를 공격하라고 부추겼다. 상료에 종교집단 1만여 가구가 살고 있었는데 그들은 늘 손책의 뜻을 거부했다.

물자도 풍부하고 땅도 비옥한 이 지역을 유훈도 탐냈지만 여강이 손책의 습격을 받을까 봐 망설였는데 손책과 동맹을 맺자 마음 놓고 쳐들어갔다. 그 틈에 손책이 여강을 차지해 유훈은 북쪽의 조조에게로 달아나야 했다. 원술, 공손찬, 여포가 사라지니 천자를 앞세운 조조와 원소가 양대 맹주 격이 되며 천하는 바야흐로 두 세력 중 어느 쪽으로든 줄을 서야만 하는 분위기가 팽배했다.

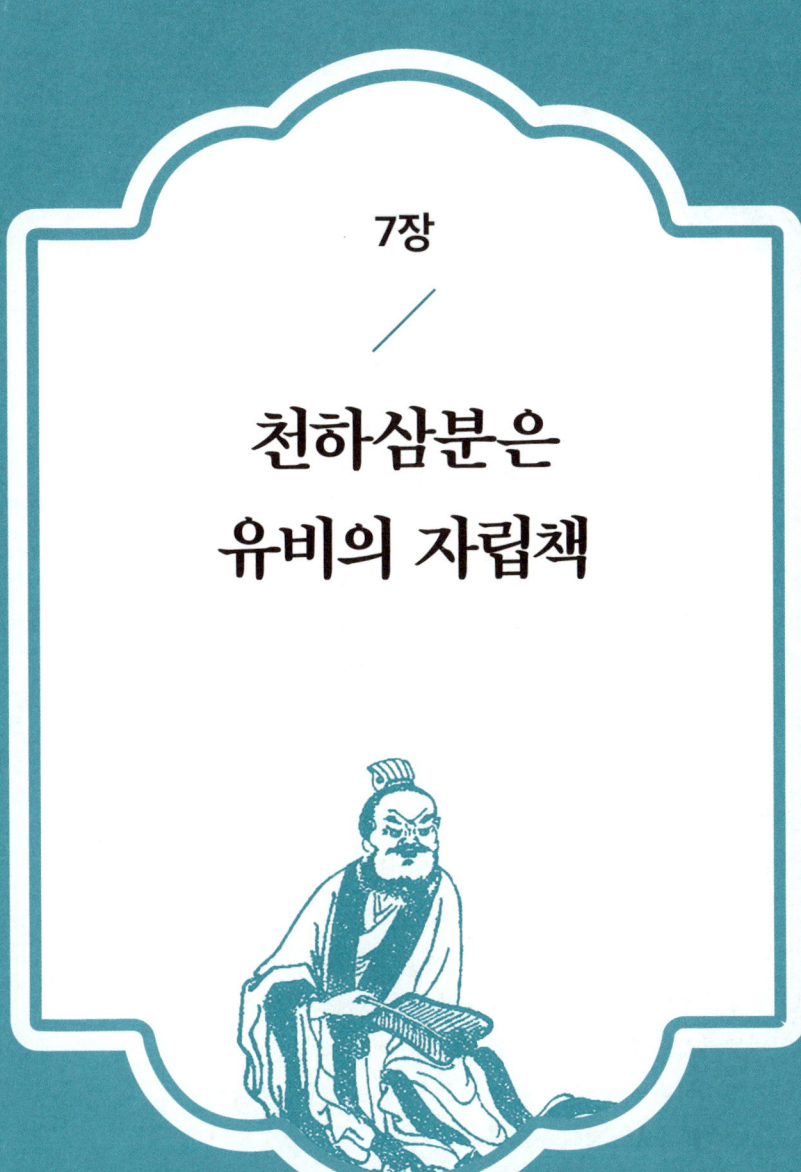

7장

천하삼분은
유비의 자립책

원소와 조조가 양분한 화북은 인구와 물자가 집중된 중심지였다. 이에 비하면 유표의 형주, 손책의 강남, 유장의 파촉 등은 인구도 적고 변방에 불과했다. 이런 지정학적 위치 때문에 조조든 원소든 중원을 통일하면 변방을 삼키려 드는 것은 정해진 순서였다.

그러나 사람 좋기로 유명한 유표와 유장은 현실에 안주할 뿐이었다. 이들과 달리 손책은 매우 공세적이었지만 남부지역의 산월이 골칫덩어리라 강동의 지배권을 안정시키는 것이 급선무였다. 그런데도 조조와 원소의 관도대전이 일어나던 해에 조조를 급습하려 했지만 아쉽게도 그전에 살해되었다.

유표나 유장은 자원도 풍부하고 군사력도 있었다. 특히 유표는 위치도 좋아 천하를 도모해 볼 만했다. 이들은 조조가 원소를 압도할 것 같으면 조조를 도와주고 원소가 조조를 압도할 것 같으면 조조를 도와주는 식으로 세력 균형을 도모했어야 했다. 하지만 관망만 하다가 사라졌다. 이런 상황에서 천하의 떠돌이 유비가 머뭇거리는 손권을 자극해 적벽대전에서 승리하는 바람에 위촉오 삼국이 시작될 수 있었다. 그럼에도 위나라의 국력은 오의 2배, 촉의 4배로 절대 우위를 점했다.

조조의 흑묘백묘

유비는 원소에게 갔고 원술의 잔존세력 중 일부는 조조에게 갔다. 이로써 조조가 원소와 천하대세를 놓고 겨뤄야만 했는데 꺼림칙한 존재가 있었다. 바로 손책이었다. 조조는 늘 손책을 '미친개 같아 다루기 어려운 놈'이라고 했다. 그래서 손책을 관리하려고 동생 조인의 딸과 손책의 막냇동생 손광을 혼인시켰으며 손책의 사신 장굉을 허도에 억류했다. 또 손책이 국방부장관 격인 대사마라는 벼슬을 요구하자 거절하며 길들여 보려 했다. 이때부터 손책이 앙심을 품었는데, 오군태수 허공이 이를 눈치채고 조조에게 일러바치려다가 손책에게 발각되어 제거당했다.

그 후 조조가 원소와 관도에서 대치할 때 손책은 허도를 급습할 계획을 세웠지만 실행에 앞서 광릉태수 진등을 먼저 해결해야 했다. 앞에서 보았듯이 진등은 여포 아래서 조조의 프락치 노릇을 했으며, 그 공으로 광릉태수가 되었다. 손책이 진등과 대치 중에 사냥을 나갔다가 피습을 당했다. 무분별할 만큼 공격적이던 손책 대신 온건한 손권이 오나라를 다스리면서부터 조조는 안심하고 원소와 싸움을 벌이게 되었다.

조조와 원소는 관도 대치 중에도 전국의 제후들을 포섭하려는 외교전을 치열하게 전개했다. 양성에 주둔한 장수도 그 대상이었다. 어느 쪽에 서야 할지 고민할 때 가후가 건의했다.

"형제끼리도 하나가 안 된 원소보다는 조조를 따르는 게 낫습니다."

장수는 조조에게 과거에 피해를 끼친 것 때문에 머뭇거릴 수밖에 없었다.

"지금 원소가 훨씬 강한데 군이 조조를 따라야 하는가?"

"원소는 너무 강해서 우리가 가도 별 도움이 안 되지만 조조는 도움이 되니 중용할 것입니다. 그리고 조조가 천자를 내세워 명분이 있고 패왕의 그릇이라 사사로운 원한은 품지 않습니다."

장수가 그 말을 믿고 조조에게 투항했더니 조조가 반색하며 가후에게도 칭찬의 말을 했다.

"이번 일로 그대가 내 신의를 천하에 높여주었네."

무슨 뜻일까. 조조가 자기 아들과 조카, 아끼는 부하까지 죽인 장수도 포용했다고 천하에 알려지면서 과연 조조는 큰 그릇이라는 여론이 돌았다. 여기에 고무된 조조는 자기 아들 조균을 장수의 딸과 혼인까지 시켰다. 그 결과 조조의 대외 이미지가 개선된 것은 물론, 장수가 유표를 견제하는 역할을 하며 유표가 원소를 적극적으로 돕기 어렵게 되었다. 관도대전 때도 장수와 가후를 활용해 큰 성과를 얻었다.

조조는 전략가이면서 시인으로 감수성이 뛰어났지만 전략 차원에서는 철두철미한 실용주의자였다. 그래서 장수를 스스럼없이 대했지만 조비가 문제였다. 조비는 장수만 보면 "내 형을 죽여놓고 내 아버지의 녹봉을 받아먹다니 왜 이리 뻔뻔하냐"라고 비난했다. 장수는 이를 견디지 못하고 207년 오환족을 정벌하러 가다가 자살했다.

조조의 실용주의는 훗날 덩샤오핑의 흑묘백묘黑貓白貓 리더십에 영향을 주었다. 흰 고양이든 검은 고양이든 쥐만 잘 잡으면 된다는 것이다. 조조는 흑묘백묘의 리더십으로 원소와 싸워 이겨내 최대 군벌로 등장했으며 그 후 남정을 시작해 적벽대전이 일어났다. 하지만 예상외로 조조가 적벽대전에서 패배했고, 그 여파로 원술 휘하에 있던 손씨 가문이 확실하게 강동의 맹주가 되었다. 역시 원술 휘하였던 유표도 죽고, 유비는 제갈량의 책략으로 그제야 자립 기반을 갖췄다.

포커페이스의 대명사
유비

유비는 도원결의 이후 적벽대전 직후까지 무려 20년가량 낭인 신세였다. 공손찬, 도겸, 여포, 조조, 원소, 유표, 유장 등을 번갈아 찾아다니며 연명해야 했다. 그러면서도 자립하겠다는 꿈은 포기하지 않았다. 그를 받아준 제후들도 유비의 웅지를 알고 싹을 자르려고도 했다. 그런 틈바구니에서 유비가 살아난 것은 능굴능신能屈能伸의 귀재였기 때문이다. 상황에 따라 굽힐 때 굽히고 펼 때 펼 줄 안다는 뜻이다. 언제나 유비는 상대 제후의 의중을 꿰뚫어 보고 자기를 철저히 숨겼다. 그런 유비를 누가 당해낼 수 있겠는가.

심층심리학자인 카를 융Carl Jung의 언급처럼 인간은 천 개의 가면을 가지고 살아간다. 사회라는 무대에 적응하려면 상황에 맞는 역할을 해야 한다. 그런 역할을 잘하면서도 겉과 속이 한결같다는 평가를 받아야 처세의 달인이다. 특히 다양한 경쟁상대를 만나야 한다면 유비처럼 적재적소에 맞게 포커페이스를 활용할 줄 알아야 한다.

정글 같은 난세에 유비는 영웅들의 맹수 같은 눈초리를 능글능신의 처세로 피해 나갔고 대중에게는 한결같이 덕스러운 황손이라는 이미지로 다가갔다. 관도대전 이후 최고 군벌로 부상했던 조조가 적벽대전의 여파로 주춤거렸다. 제갈량이 바로 그 기회를 이용해 유비를 손권과 대등한 2위 군벌에 올릴 구상을 했고, 그 핵심이 형주를 차지하는 것으로 유비는 천자에게 유표의 장남 유기를 형주자사로 삼도록 표를 올렸다. 그러자 손권이 깜짝 놀랐다. 형주는 당연히 자기 차지라 여기고 있었는데 유기에게 돌아간다니…. 유기야말로 유비를 도와준 측근 아니던가. 이로써 손권의 동맹적 예속관계였던 유비와 손권 사이에 긴장의 먹구름이 몰려왔다.

손권이 노숙을 유비에게 보내 당장 형주를 내놓으라고 다그쳤다가 오히려 제갈량에게 핀잔만 들었다.

"형주는 이십 년 전 천자께서 유표에게 하사한 땅입니다. 그런 땅을 역적 조조가 강탈했다가 내놓았으니 유기 공자께 돌려드리는 것이 맞습니다."

노숙도 할 말이 없었다. 그렇다고 이대로 귀국하면 자신의 처지가 난처해질 것 같자 유비가 이런 약속을 했다.

"노 선생, 유기가 죽으면 곧바로 형주를 돌려드리리다."

당시 유기는 병색이 완연해 들것에 실려 다니고 있었다. 그제야 노숙의 얼굴에서 근심이 사라졌다. 손권은 유비의 약속을 믿고 형주 북부의 거점인 강릉을 확보하는 데 전력을 기울였다. 강릉은 조조가 퇴각하며 남겨둔 조인이 지키고 있었다. 그런데 손권이 안심하려면 조인을 제거하고 강릉을 차지해야 했다. 강릉의 공방전은 1년 넘게 전개되었다. 주유가 화살에 맞아 중상을 입으면서도 기어이 조인을 몰아냈다. 이로써 손권이 형주 북부에 교두보를 마련했다.

그 기간에 유비는 명분 있게 형주 남부의 무릉, 장사, 영릉, 계양을 차지해 계양은 조자룡에게, 무릉·장사·영릉은 제갈량에게 맡겼다. 그 후 유기가 죽었는데도 유비가 형주를 손권에게 돌려주기는커녕 아예 자기가 형주자사가 되었다.

적벽대전에서 제갈량의 지략이 큰 공을 세웠다 해도 물자나 병력은 대부분 손권의 몫이었는데 그 과실인 형주를 놓고 손권은 강릉 정도만 차지하고 나머지 4군을 유비가 차지하게 되었다. 이것이 손권과 유비가 직접 부딪치는 계기가 되고 만다.

유비가 형주 각지를 돌볼 관리를 모집할 때 방통도 응모했으나 너무 못생겼다는 이유로 작은 고을의 현령 자리를 받았다. 그나마 적벽대전에서 공을 세웠다 해서 참작한 것이다. 그 후 업무평가에서 낙제한 방통이 쫓겨나자 제갈량이 유비에게 방통을 중용하라고 권했다. 노숙도 유비에게 편지를 보내 방통이 백 리 정도에 불과한 작은 고을이 아니라 더 큰 임무를 맡아야 재능이 발휘되는 인물(비백리지재非百里之才)이라고 극찬하는 바람에 유비가 방통을 부군사에 임명했다.

제갈량이 조자룡에게 준
비단 주머니

손권은 유비가 약속과 달리 형주를 내놓지 않자 본격 대응했다. 먼저 주유가 건의한 당근책으로 유비와 여동생 손상향의 결혼을 추진했다. 장판교 싸움에서 감부인을 잃고 홀아비가 된 유비가 그 결혼을 하겠다며 오나라 수도 강서성으로 가려고 했다. 제갈량은 유비를 말릴 수 없다고 보고 호위무사로 나선 조자룡에게 비단 주머니 세 개를 주었다.

"곤경에 처할 때마다 하나씩 열어 보시오."

이른바 '금낭묘계錦囊妙計'였다. 유비가 강소성에 갔는데 썰렁한 느낌이 들었다. 아무래도 이상해서 조자룡이 첫째 비단 주머니를 열어 보았다. 그리고 그 계책에 따라 수행원을 풀어 혼수품을 구매하며 혼인 소문을 퍼뜨렸고, 유비는 이교二喬의 아버지인 교국노喬國老(손책과 주유의 장인)에게 혼인 감사 예물을 드린 다음 손권의 어머니 국태부인에게도 인사를 드렸다. 유비를 본 국태부인은 유비가 사윗감으로 최고라며 눈물까지 흘렸다. 이로써 유비를 혼인이라는 덫으로 유인해 죽이려던 손권의 계획이 물거품으로 돌아갔다.

다시 주유가 손권에게 두 번째 계책을 내놓았다.

"이렇게 된 이상 결혼식을 치르지 않을 수 없습니다. 유비에게 매일같이 유흥을 베풀어 향락에 취하게 하십시오. 제갈량은 물론 관우도 실망할 테니 그 틈에 공략하면 됩니다."

과연 그 말대로 유비는 향락에 빠져 돌아갈 생각을 하지 않았다. 애가 탄 조자룡이 두 번째 비단 주머니를 열어 보았다.

"주군에게 이르시오. 조조의 30만 대군이 내려오고 있습니다."

그 말에 유비가 정신을 차리더니 손씨 부인의 도움을 받아 배를 탔다. 뒤늦게 알게 된 손권이 수병을 보내 추격하는 바람에 유비 일행이 포위되었다. 조자룡이 세 번째 주머니를 열어 보았다.

"혼인 추진 과정을 손씨 부인에게 숨김없이 말하라."

그랬더니 손씨 부인이 길길이 날뛰었다.

"세상에 오빠가 나를 미끼로 삼다니… 유비를 죽이려다 안 되니까 할 수 없이 혼인시켰다고… 어찌 이럴 수가 있느냐?"

그녀 또한 손견의 딸답게, 큰오빠 손책 못지않게 용맹하고 괄괄했다. 손씨 부인은 오군을 향해 칼을 겨누며 앙칼지게 외쳤다.

"이 자식들, 당장 물러가지 않으면 죽여버리겠다."

오나라 수병도 별수 없이 돌아가야 했다.

파워게임에 능하려면 첫째, 상대의 책략에 말리지 않고 내 페이스대로 끌고 가야 한다. 둘째, 내 페이스로 주도하기 어려우면 상대 페이스를 역으로 이용할 줄 알아야 한다. 이것이 약한 조직의 책사가 필수적으로 지녀야 할 예지적 대응력이다. 제갈량이 금낭묘계로 주유의 거짓 혼인동맹책을 역으로 이용한 뒤 이렇게 비웃었다.

"주유가 천하의 책사인 줄 알았더니 손씨 부인도 내주고 수군의 사기마저 꺾어놓았구나."

이 말을 전해 들은 주유는 어땠을까. 분노로 등창까지 터져 한동안 누워지내야 했다.

유비와 손권의 혼인동맹과
조조의 이간책

조조도 손권과 유비가 혼인 계략에 얽혀 석연치 않게 처남 매부지간이 되었다는 것을 알고는 황당해했다. 정욱이 조조에게 대책을 내놓았다.

"주유를 남군태수로 임명하십시오."

주유가 천자의 명으로 남군태수가 되었다. 남군을 오나라에 반환해야 할 처지가 된 유비는 속이 탔다.

"형주의 북쪽 양양을 포함한 남양군은 조조가 차지하고, 강하군은 손권이 지배 중인데 남군까지 장악하면 내 입지는 뭐가 되나."

유비가 고민 끝에 강소성으로 손권을 찾아가려고 했다. 제갈량이 이번에 가면 정말 위험하다고 만류해도 소용없었다.

"내가 손권보다 나이도 많지만 예법으로도 손권이 내 처남 아니더냐.”

손권을 찾아간 유비는 인척 자격으로 친근히 부탁했다.

“지금 따르는 식솔이 너무 늘어 장강 이남의 형주 4군만으로는 감당되지 않으니 형주 북부까지 지배하도록 형주도독으로 임명해 주시오.”

강릉에 있던 주유는 유비가 손권을 만나러 갔다는 소식에 바로 편지를 띄웠다.

“분명히 유비가 땅을 더 달라고 할 것입니다. 그대로 하면 앉아 있는 용에게 비구름을 주어 날게 하는 것과 같습니다. 절대로 그리 마시고 유비를 붙들어 두고 보물을 주며 미녀가 시중들게 하십시오. 유비도 쾌락을 맛보면 흐물흐물해질 것입니다.”

여범도 주유의 유비 억류책에 찬성하자 노숙이 손권을 따로 면담했다.

“지금은 유비를 억류해 둘 때가 아닙니다. 아직 우리 힘만으로 조조를 감당하기 버겁기도 하고 우리가 형주에 손을 댄 지도 얼마 되지 않아 민심을 사지 못했습니다. 이럴 때야말로 유비에게 형주를 맡겨 민심을 아우르게 해야 합니다. 그래야 민심이 조조를 적으로 여기게 됩니다.”

손권도 조조의 위협 앞에 아직은 유비와의 동맹이 더 중요하다고 여겼다. 이런 상황에서 유비가 재빨리 돌아갔다. 유비 억류책이 무산되자 주유는 다른 방식으로 유비를 제거할 복안을 품고 손권을 찾아왔다. 주유는 내심 천하통일을 꿈꾸고 있었다. 그 전 단계가 천하이 분지계로 형주는 물론 익주까지 점령해 조조와 마지막 승부를 내는 것이었다.

"조조는 적벽대전 패전 후유증을 수습하느라 정신이 없습니다. 이 기회에 파촉을 점령해야 합니다."

손권도 익주자사 유장이 심약한 인물인 줄 잘 알고 있었다. 이 기회에 파촉을 확보해야겠다고 마음먹고 책임자로 주유를 임명하는 한편 유비에게 함께하자고 했다. 유비 진영도 손권의 청을 따라야 한다는 분위기였는데 형주주부主簿 은관이 이의를 제기했다.

"우리가 오나라 선봉이 되어도 파촉을 정벌하기가 쉽지 않습니다. 그 틈에 오나라가 형주 4군을 뺏어 갈 것입니다. 다만 손권에게는 우리가 도와야 하나 새로 여러 군郡을 점거해 여력이 없으니 기다려달라고만 하십시오. 그러면 감히 우리를 넘어가면서까지 파촉을 취하기 어려울 것입니다."

은관이 주유의 속셈을 정확히 짚어낸 것이다. 당시 유비도 파촉을 단독으로 차지할 궁리를 하며 유장의 책사 법정과 내통하고 있었기에 은관의 진퇴지계進退之計를 받아들였다.

관용어가 된
'기생유 하생량'

손권은 유비가 파촉 정벌 동참을 거절해도 동생 손씨 때문에 방관할 수밖에 없었다. 그 대신 독자적으로 파촉 정벌을 준비했다. 주유가 병마를 조련한 후 손유를 선봉장으로 삼고 강릉을 출발해 파구로 나아갔다. 아쉽게도 여기서 주유가 강릉 공방전 때 화살로 입은 상처의 후유증으로 35세에 요절하며 이렇게 외쳤다.

"하늘이여, 이미 주유가 있는데 왜 또 제갈량을 보냈단 말입니까 (기생유既生瑜 하생량何生亮)?"

그리고 손권에게 이런 유언을 했다.

"인생이란 길고도 짧은 것이니 크게 슬퍼하지는 마십시오. 다만 저로서는 주군의 뜻을 더 이상 받들지 못해 한스러울 뿐입니다. 다사다난한 때일수록 미연에 배려해야 훗날 안락할 수 있습니다. 지금 조조와 우리는 적대 관계이고, 유비는 강릉에서 강만 건너면 붙어 있는 공안에 있지만, 민심이 아직 유비를 완전히 따르지 않습니다. 응당 덕 있는 장수로 인민을 위무해야 합니다. 그 일에 노숙이 적임자입니다. 노숙에게 제가 하던 일을 맡겨 주신다면 편히 눈을 감겠습니다."

제갈량이나 주유나 천하통일이라는 비전은 같았다. 단지 방법론에서 주유는 이분지계, 제갈량은 삼분지계라는 차이가 있었을 뿐이다. 이 차이는 이미 강동에 자리 잡은 손권과 근거지를 마련해야만 하는 유비에서 비롯되었다.

이미 조조의 통일 야심은 만천하에 명백했다. 손권이 그런 조조를 따르느냐 맞서느냐로 갈등할 때 제갈량이 맞서도록 조장했다. 손권이 조조와 맞대결을 결심한 후 제갈량이 주유와 간간이 지략대결을 벌인 것이다.

여기서 주목할 것은 유비와 손권 조직의 내부적 열망이다. 유비 조직은 모두 비전이 같았으나 손권 조직은 달랐다. 이들은 안전 위주의 성향이 강했다. 그나마 주유가 천하를 평정하려 적극적 팽창책을 주도하며 조조 정권의 남방 군세를 총괄하는 조인을 강릉성에서 물러나게 했다.

손권도 형 손책과 달리 수성 중심이라 확전에 호의적이지 않았다. 한마디로 주유는 손권 조직을 원대한 전략적 책략으로 약동시키던 보루였다. 주유가 건재했다면 형주를 기반으로 서촉을 경략하려는 유비의 전략이 진행되지 못했을 것이다.

주유는 왜 노숙을 후계자로 천거했을까? 두 사람의 대촉 노선은 달랐다. 주유가 강경파라면 노숙은 온건파로 친유비라 할 수 있었다. 그런데도 주유와 노숙의 천하통일에 대한 비전은 같았다. 노숙은 조조가 워낙 강하기 때문에 먼저 유비를 키워 공동 대응하자는 것이었다. 목적이 같은데 방법 차이로 다투는 것은 소인이다. 대인은 목적에서는 일치를, 방법에서는 다양한 관점을 수용한다. 주유는 대인이었다. 오나라 대도독이 된 노숙은 손권에게 일관되게 진언했다.

"유비와 협력해서 조조와 맞서야 합니다."

이후 손권과 유비의 형주 쟁탈전이 멈췄다. 그 대신 손권은 주유의 유지와 같았던 파촉 정벌을 하려고 파구에 주둔한 손유에게 진격 명령을 내렸다.

유비가 손권의
파촉 정벌을 막더니

오나라군이 손유의 지휘 아래 하구를 지나려는데 유비의 수군이 제지했다. 웅장한 오나라 함대에 비해 유비의 수군은 보잘것없었다. 손유가 코웃음 치며 비키라고 고함치려다가 자세히 보니 유비 수군의 최일선 뱃머리에 유비와 손씨 부인이 버티고 서 있었다. 유비가 먼저 손유에게 소리쳤다.

"너희가 익주를 치러 가는데 길을 비켜주면 내가 촉을 치는 것과 같아 신의를 잃는다. 유장이 같은 황실 종친인데 그럴 수는 없다. 그래도 너희가 촉을 취하러 가야겠다면 나는 머리를 깎고 입산수도할 것이다."

손씨 부인도 외쳤다.

"남편이 중이 되는데 나라고 별수 있냐. 나도 머리 밀고 중노릇이나 해야겠다."

어쨌든 손권에게 유비는 매제가 아니던가. 할 수 없이 진군을 멈추었다. 이 모든 내용을 유비가 유장을 비롯한 법정과 장송에게 밀사를 보내 귀띔해 주었다. 유장은 유비가 도와주었다며 백골난망이라 했다.

유비가 손씨 부인을 이용해 손권의 압박을 피하자 참다 못한 손권이 손씨 부인에게 거짓으로 모친이 위독하다며 불러들인 후 보내주지 않았다. 손씨 부인이 떠난 후에도 오나라에 친유비 노선인 노숙이 있어 유비의 형주 기반이 겨우 유지될 수 있었다. 이때부터 유비의 입촉入蜀 결심도 더 확고해지며 삼국지의 주무대가 황하와 장강 사이의 중원 그리고 장강의 중하류 지역에서 익주까지 확대되었다.

통상 익주 북부를 촉이라 하고 그 촉의 성도가 곧 익주의 수도였다. 익주 남부에 운남성(윈난성), 귀주성(구이저우성)이 있고 북부에 판다가 있는 사천성(쓰촨성)이 있다.

적벽대전이 끝난 지 3년째 되던 211년 3월, 그동안 전사자 유족 구제령, 인재 등용령을 내려 국력을 회복한 조조가 움직이기 시작했다. 조조는 종요에게 명하여 한중의 장로를 토벌하게 했다. 한중은 북쪽으로 진령산맥, 남쪽으로 미창산맥을 둔 분지로 익주의 최북단에 있는 전략 요충지였다.

이곳에 오두미교라는 종교집단이 거주했는데 장로가 교주로 있었다. 창시자는 장로의 할아버지 장릉인데 학명산에서 터득한 도법으로 병을 고쳐준다며 곡식을 다섯 말씩 받았다. 이를 기반으로 장로의 아버지 장형이 교세를 키웠다.

장형의 부인 노씨가 미녀인데다가 입담까지 좋아 익주자사 유언의 집에 드나들며 그를 즐겁게 해주었다. 그 덕분에 장로는 독의사마督義司馬에 임명되어 수도 성도와 장안 사이의 통로인 한중에 머물렀다. 당시 익주에 천자 기운이 서려 있다는 참언이 나돌았다. 유언이 이 참언을 믿고 장로에게 조정의 사신이 관중을 지날 때 살해하게 했다. 그랬던 장로가 유언이 죽고 유장이 자사가 된 뒤부터 고분고분하지 않았다.

약이 오른 유장이 장로의 어머니와 동생들을 죽이고 방희를 파서 태수로 삼아 장로를 공격하게 했지만 번번이 장로가 이겼다. 이후 장로가 독립해 제정일치祭政一致의 종교 왕국을 세웠다. 종교로 출발한 조직이 강력한 정교일치의 조직이 된 것이다. 이를 그대로 두면 황건적과 같이 되기 쉬웠다.

조조가 이를 방치할 리 없었다. 황건적의 난으로 홍역도 치렀지만 원래 종교를 멀리했기 때문이다. 조조가 20대 초반에 청주지역 제남상으로 있을 때 그 지역에 사당이 600여 개에 달할 만큼 무속 행위가 기승을 부렸다. 관리나 토호와 연결된 무당들이 종교 행위를 이용해 주민의 재산을 갈취했다. 워낙 종교가 드세 과거 어떤 수령도 손을 대지 못했지만 조조는 달랐다. 취임 직후 사당을 모조리 부수고 관리와 백성이 종교 행위를 일절 못 하게 했다. 그러자 주민들의 형편이 많이 좋아졌다.

왜 사람들이 종교의 추상적 세계관에 빠질까? 현실적 불만을 비현실적 대상에게 투사해 위안을 받으려는 것이다. 한번 빠지면 자신이 신의 선택을 받은 특별한 존재라는 우월감을 느끼게 된다. 이를 인정하지 않는 외부인은 영적 세계를 모른다며 무시한다. 황건적이나 오두미교처럼 집단으로 도취하면 우리 집단이 세상을 구원해야 한다며 결국 정치 결사체처럼 행동하게 된다.

조조 같은 실용적 인물은 종교의 허구성과 위험성을 간파하고 종요에게 장로를 공격하라고 지시하며 태원에 있던 하후연도 합류하게 했다. 금세 중원에 조조가 장로 토벌병을 일으켰다는 소문이 돌았다.

조조도 유비도
일거양득을 노렸다

장로가 조조에게 무너지면 그다음 차례는 유장이 될 수밖에 없었다. 조조의 군대가 장로를 공격한다는 소문에 떤 것은 유장뿐이 아니었다. 서량의 군벌들인 마초, 한수도 마찬가지였다. 그동안 조조에게 복종하지 않던 이들이 지레 겁을 먹고 반란을 일으켰는데, 이야말로 조조가 원하던 바였다.

평소에 장로가 조조에게 호의적이었는데도 장로 토벌병이라고 소문을 낸 것도 마초나 한수처럼 불분명한 세력이 드러나게 하려는 의도였다. 그래야 정리할 수 있기 때문이다. 마초와 한수가 동관으로 나와 공동전선을 폈다. 조조가 기다렸다는 듯 직접 출전했다. 마초와 한수의 연합군 전력이 만만치 않았다. 마초의 기병대는 여포의 기병대 이후 최고 기량을 보유하고 있었다. 조조의 군대가 강을 건널 때였다. 후미에 있던 조조가 이들에게 기습당해 구사일생으로 살아났다. 그때 가후가 기발한 책략을 내놓았다.

가후는 제갈량처럼 웅대한 전략에는 약하지만 순발력 있는 대응책을 마련하는 데는 최고였다. 그래서 조조가 이 전쟁에 데려왔고 가후가 그 값을 했다. 젊은 마초는 용맹하나 충동질에 약했다. 한수는 좋은 게 좋은 거라는 식이었으며 과거 마초의 아버지 마등과 원수처럼 싸운 적이 있다.

빠르고 거친 전투력으로 전장을 지배한 마초

그런 한수에게 마초가 약간 의구심을 품고 있었다. 이런 정황을 가후가 알아채고 이간책을 마련했다.

가후는 아무 글자나 흘려 쓰고 중요 부분만 먹으로 덧칠한 문서를 조조에게 주었다. 조조가 적군을 대표해서 나온 한수에게 옛날이야기만 하더니 이 문서를 주고 갔다. 궁금해하는 마초에게 한수가 사실대로 말했지만 마초가 의심했고, 문서를 보더니 한수가 조조와 내통한다고 확신했다. 그렇게 한수와 마초의 결속이 무너지면서 조조의 총공세를 견딜 수 없었다. 마초는 서쪽으로 더 깊숙이 도주했으며 10여 만 주민이 자오곡을 넘어 한중으로 피난 갔다.

목적한 성과를 거둔 조조는 서쪽을 주시하도록 하후연을 장안에 주둔시켜 두고 업성으로 돌아갔다. 그런데 조조가 언제 본거지를 허도에서 업으로 옮겼을까? 원소와 그 잔당까지 청산한 직후였다. 천자는 허도에 그대로 두었다. 당시 적벽대전을 앞둔 상황에서 허도에서 동승이 조조를 찾아와 위공에 추대한다고 했다. 위공이 되면 머지않아 위왕이 된다는 것이고 위왕이 되면 한나라 황실의 지배를 받지 않아도 된다는 뜻이었다. 동승의 말에 별 반응이 없는 조조 앞에서 순욱이 손사래를 쳤다.

"주군께서 지난 30년간 한실의 신하로 흉적들을 제거하셨습니다. 그 공적으로 위공을 받아들이시면 찬탈이 목적이라고 의심받게 됩니다."

순욱이 워낙 강하게 반대해 조조도 물러섰지만 적벽대전이 패전으로 끝난 다음의 위공 즉위야말로 분위기를 새롭게 할 수 있다고 보고 동소를 불러 은밀히 위공 추대 작업을 지시했다. 그 사전 작업의 하나로 마초와 한수를 한 황실에 반역한다는 명분으로 제거했다.

법정과 장송에게 놀아나는 익주의 유장

조조가 한수와 마초를 제압하자 유장의 수심이 더 깊어졌다. 이런 상황이라면 조조의 다음 행로는 분명했다. 한중을 점령하고 익주로 쳐들어오든, 한중을 놓아두고 대신 장로를 끌어들여 침략하든 둘 중 하나였다. 유장이 조조의 향후 행로를 고민하는데 장송이 찾아왔다.

"주군께서는 유비와 같은 종친 아니십니까? 그동안 유비와 조조는 원수처럼 싸워 왔습니다. 그러니 유비를 불러 한중의 장로를 토벌하게 하면 어떨까요. 한중만 차지할 수 있다면 조조가 쳐들어와도 해볼 만합니다."

그런데 유장은 왠지 모르게 어설펐다. 위엄도 없고 누가 생각해 주는 듯 말을 하면 휘둘렸다.

"아, 그렇소? 참으로 바람직하오. 누구를 사자로 보내야 하겠소?"

"그야 물론 법정입니다."

이때 황권과 왕루 등이 강하게 반대했다.

"아니, 유비를 부르다니요. 늑대를 막으려고 호랑이를 끌어들이는 격입니다. 제발 주군께서는 무엇이든 세 번 생각하신 다음 움직이십시오."

왕루가 성루에 거꾸로 매달리면서까지 말렸다.

"이러시면 나라가 망합니다."

이처럼 유장에게도 좋은 책사들이 있었으나 유장은 이들을 품을 그릇이 못 되었다. 자고로 뛰어난 책사일수록 무능한 군주 아래에서 실력을 발휘하기 어렵다. 장송도 일찍이 유장이 익주를 지키기 어렵다고 보고 다른 주군을 물색하던 중 먼저 조조를 먼저 찾아갔다. 하지만 조조가 푸대접하자 화가 나서 불평했다가 체벌을 당했다. 그다음으로 찾아간 유비가 환대하자 품고 있던 파촉 지형도를 넘겨주며 유비를 섬기기로 결심한 것이다. 그때부터 이미 유비와 내통하던 법정과 함께 익주를 유비에게 바칠 궁리를 해왔다. 유장의 무능이 내부 이반을 불러온 것이다.

신중하고 온화하지만 큰 영향력은 부족했던 유장

부리는 자가 부림받는 자를 평가하

는 위치이지만 부림받는 자도 부리는 자를 수시로 평가한다. 과연 통솔력은 있는가. 상황 판단력은 있는가 등을 보며 영 아니다 싶을 때는 자기 재능을 빛내줄 다른 주군을 물색하기 시작한다. 장송이 법정과 모의해 유비를 불러와 유장 대신 주군으로 세우려고 하는데도 아무것도 모르는 유장은 유비를 초빙하는 편지를 직접 써서 법정에게 주었다.

"가문의 형님 되시는 분께 글을 올립니다. 북쪽의 장로가 수시로 이 아우를 괴롭힙니다. 부디 군사를 일으켜 도와주십시오."

유비로서는 일생일대의 낭보였다. 익주야말로 오매불망 탐내던 땅이 아니던가. 그런데 유장이 먼저 손을 내밀다니…. 그동안 기반 없이 돌아다니던 설움이 모두 씻겨 내려가는 기분이었다. 지금 주둔하고 있는 형주 남부만 가지고는 북방의 조조나 동쪽의 손권과 맞서기 어렵지만, 익주만 더 확보한다면 얼마든지 맞서볼 수 있었다. 유비의 이런 속마음을 법정이 대변하듯이 말했다.

"익주야말로 천혜의 요새입니다. 그러나 유장이 어진 이를 부릴 줄 몰라 어지러워졌습니다. 유장이 어리석어 익주를 유 예주께 바치는 줄도 모르고 이 편지를 보냈습니다. 얼른 차지하십시오."

유비는 억지로 신중한 표정을 지었다.

"그야 그렇지만 유장은 나와 같은 종친이요. 유장의 어려움을 빌미로 내가 익주를 차지한다면 대의명분이 서지 않아요."

"하하하, 대사를 도모하시는 주군께서 어찌 사사로운 정에 매이십니까?"

방통이 들떠서 떠들어댔다.

이런 것을 보면 유비도 조조처럼 양수겸장을 잘했다. 조조가 장로를 공격한다는 소문을 내서 한수와 마등의 반역을 유도해 처리한 것처럼 유비는 법정과 장송을 꼬드겨 익주를 자신에게 바치도록 뒤에서 작업을 다 해놓고도 대외적 체면까지 챙겼다. 둘 다 일타쌍피의 고수였다.

유비는 늘 조조와
대비되기를 원했다

방통이 유비에게 사사로운 정에 매이지 마시라고 했지만 유비는 더 진지하게 말했다.

"그렇지 않소. 오늘날 내가 이만큼 자리 잡은 것도 조조와 달리 인의를 내세웠기 때문이오. 그래서 사람들이 따르는 것이오. 조조가 불처럼 일어났다면 나는 물처럼 스며들었고, 그가 급하면 나는 느렸고, 그가 술수로 하면 나는 충심으로 해왔소."

유비가 말을 끝내기도 전에 방통이 목에 핏대를 세웠다.

"이런 난세에 도의만 내세워 무슨 일을 합니까? 옛말에 멍청한 자는 공격만 하고 똑똑한 자는 합쳐서 큰일을 한다 했습니다."

옆에서 법정도 거들었다.

"그렇습니다. 도를 어겨서라도 취한 다음에야 도에 순응하며 지키는 것입니다."

왜 유비는 조조와 상반되는 이미지를 고수하려 했을까? 세간의 주목을 받기 위해서였다. 당시 조조에 대한 세인들의 평가는 호불호가 분명히 나뉘었다. 조조의 조부 조등이 환관인 것은 맞지만 천자를 수호해 그 공으로 조조의 부친 조숭을 양자로 둘 수 있었기에 조조가 나라를 망친 환관의 자손이라는 악평은 흑색선전이었다.

그러나 이런 흑색선전이 민심에 어느 정도 통했다. 이에 대한 대비 효과를 유발하려고 유비가 증거도 불충분한 황실 가문임을 강조하고 다녔다. 유비의 그런 심중을 알 리 없는 조조는 유비가 곤궁할 때면 도와주었다. 그럴 때도 유비는 여전히 조조와 상반된 이미지를 만들어 나갔다. 조조나 유비나 둘 다 겉으로 드러내지는 않았지만 전략적으로 서로를 대했다.

유비가 워낙 열세라 조조는 굳이 자신을 유비와 대비할 필요가 없었으나 유비는 달랐다. 초강세인 조조와 대비될수록 자신만이 조조의 대체 인물이라는 의식을 백성에게 심어줄 수 있었다. 그래서 조조와 적대적 공생 구도를 만들려고 애썼다. 적벽대전 후 조조를 잡을 수 있는 화용도로 관우를 보낸 것도 같은 맥락이었다. 조조가 있어야 자신의 가치가 드러난다고 본 것이다.

천하의 제일인자 조조와 대척점에 있는 유비. 바로 그런 모습을 유비가 원했다. 아무리 많은 조직이 경쟁해도 결국 두세 개 이내로 압축된다. 그 과정에서 열세 조직은 최강 조직과 상징적 대결 구도의 선두를 확보하는 것이 중요하다.

조직 간 대결에서는 대중의 팬덤이 가장 중요한 자산이다. 열세 조직이 이 자산을 많이 확보하려면 아무리 최강자라도 반대하는 익명의 대중이 많으므로 최강자의 대척점에 선 상징성을 획득해야 한다. 이런 유비의 깊은 속을 알 리 없는 방통과 법정은 계속 입촉을 강권했고 유비도 어쩔 수 없다는 듯 허락했다. 자, 그러면 누가 유비를 수행할 것인가.

예상과 달리 제갈량과 관우, 장비, 조자룡은 남겨두고 방통만 유비를 따라 5만 군사를 통솔하기로 했다. 왜 제갈량이 아니고 방통이었을까? 익주를 점령할 때 후방 형주가 버텨주어야 하기에 관우, 장비, 조자룡을 남겨두었고, 이들을 효율적으로 지휘하려면 주도면밀한 제갈량이 필요했던 것이다. 방통은 자아도취적이고 직설적이어서 군사로 남겨두면 관우나 장비와 갈등을 일으킬 것이 분명했다.

그다음 유장을 안심시키기 위해서였다. 제갈량 같은 천하의 지략가나 관우, 장비, 조자룡 등 맹수 같은 장군이 유비를 대동한다면 유장이 구원군을 청했더니 정복군이 온 것 아니냐며 긴장하기 쉬웠다. 그러한 경계심을 유발하지 않으려고 주력군은 형주에 남겨둔 채 방통 등을 선정한 것이다.

"아우, 걱정 마시게.
이 형이 다 해결해 줌세"

211년 가을, 유비 일행이 장강을 거슬러 올라가 익주로 들어갔다. 익주의 도성 성도에서 가까운 사천성 면양현의 부성에 도착했을 때 유장이 기병 3만을 거느리고 영접했다. 성대한 연회가 100일 동안 계속되었다. 유비와 유장은 서로에게 높은 벼슬을 내리며 추켜세웠다. 물론 이름뿐인 관직이었지만 기분이 좋아진 유장이 수하들에게 명령했다.

"여봐라. 우리 형님에게 병력 3만과 군수품을 풍족하게 드려라."

그리고 유비에게 깍듯이 부탁했다.

"형님, 꼭 한중의 장로를 토벌해 주십시오."

"그래, 아우. 걱정하지 마시고 이 형만 믿게. 자네가 맘 편히 익주를 다스리게 해줌세."

연회장에서 법정과 장송은 유비에게 여러 번 이 기회에 유장을 암살하자고 속삭였다. 그러나 유비는 이렇게 말끝을 흐렸다.

"중대한 일일수록 서두르지 말고 차근차근…."

유비도 잘 알고 있었다. 유장이 우유부단해서 부하를 잘 통솔하지 못하는 것을.

유장이 성도로 돌아간 후 유비는 천연스럽게 북상하더니 한중 앞 가맹관에 주둔했다. 가맹관과 가까운 백수관을 지키던 유장의 명장 고패와 양회가 유비의 속셈을 알아채고 유장에게 유비를 한시바삐 형주로 돌려보내라 해도 소용없었다.

그런 와중에 방통은 유비에게 책략을 제시했다. 이른바 방통의 삼계였다. 상책은 정예병만 뽑아 성도를 급습하는 것이다. 중책은 형주로 간다고 유장을 속이고 고패와 양회를 죽인 다음 백수관을 차지해 주변부터 잠식해 가는 것이다. 하책은 형주로 물러가 다음 기회를 노리는 것이다.

이 중에서 유비는 평소 스타일처럼 바닥부터 다져 올라가는 바텀업 방식Bottom-up인 중책을 택했다. 톱다운Top-down 방식인 상책은 유비의 관점에서 당장은 효율적이나 장기적으로 비효율적이라 서서히 익주 사람들을 위무하며 잠식해 가야 후유증이 없다고 본 것이다.

방통의 삼계는 상대가 조직은 더 크지만 리더십에 결함이 있을 때 구상할 수 있는 전형적인 책략이다. 곧바로 약한 리더십의 중심부를 공략하느냐, 저변부터 장악해 가느냐, 일단 물러섰다가 후일을 기약하느나이다. 조조 같으면 첫 번째를 택할 테고 유표 같으면 세 번째를 택할 것이다. 유비는 상계가 자신의 이미지 전략에 도움이 안 된다고 보고 중계를 택했다.

유장은 유비가 곧 한중을 정복해 바치리라는 기대감에 부풀어 지냈지만 유비는 더 진격하지 않고 주민들에게 선정을 베풀며 인심 얻기에만 힘썼다. 드디어 유비가 인의의 군주로 주민의 칭송을 받자 그제야 유장이 유비를 의심하기 시작했다.

한편 손권은 경구京口(강소성 진강)에서 건업으로 수도를 옮긴 뒤 자신을 호시탐탐 노리는 조조를 대비하려 강변에 석두성을 쌓았다. 그러던 중 유비가 익주로 갔다는 것을 알고 장수들을 모아 형주 남부 공략 작전을 짜기 시작했다. 하필 그때 조조도 유비가 형주에서 떠난 틈에 손권을 제압해야겠다며 40만 군대를 소집했다. 화들짝 놀란 손권이 유비를 공격하기는커녕 도리어 원조를 부탁했다. 유장이 유비를 의심의 눈초리로 보기 시작할 무렵이었다.

어떤 빌미도
멋진 명분으로 만들어라

뒤늦게 유장의 의심을 받은 유비는 이 곤경을 어떻게 이용했을까? 유비는 손권의 원조 요구를 빌미로 유장에게 2만 군사와 군량미를 요구했다. 그러자 유장은 병사 4천과 썩은 군량미만 보내고 저런 뻔뻔스러운 유비를 끌어들였다며 장송을 공개 처형했다. 하지만 유비가 누구인가. 어떤 빌미든 그럴듯한 명분으로 만드는 데 귀재였다. 유비는 머뭇거리지 않고 유장이 충신을 죽이는 사악한 군주라며 전면전을 선언했다.

손권과 조조가 싸우면 손권은 형주 4군을 침범하지 못하고 조조는 한중을 침략하지 못한다. 이런 절호의 기회가 아니면 언제 유비가 익주를 차지한단 말인가. 유비가 절호의 기회로 여기고 성도를 향해 진군하며 가는 곳마다 이겼는데, 이는 유비가 민심을 산 요인이 컸다.

기분이 좋아진 유비가 전 장병에게 잔치를 열어주었다. 음악이 연주되는 가운데 유비가 술에 취해 장수들에게 소감을 밝혔다.

"참으로 즐거운 나날이구려."

이 말을 들은 방통이 버럭 소리를 쳤다.

"남의 영토를 빼앗으며 기뻐하다니 인의를 내세우는 분이 할 일이 아닙니다."

흥이 깨진 유비가 방통에게 화를 냈다.

"무왕이 주왕을 정벌할 때 춤추며 노래했다고 하는데 무왕도 어진 이가 아니라는 말이오? 그대 말이 도리에 맞지 않는구려. 당장 물러가시오."

무왕은 은나라의 폭군 주왕을 죽이고 주나라를 세운 인물이다. 다음 날 유비가 방통을 불렀다.

"어제 일은 내가 술에 취해 잘못했으니 마음에 담아두지 마시오."

"군신이 함께 잘못했는데 어찌 주군만 탓하겠습니까?"

그 말 한마디에 서로를 바라보며 한참 웃었다.

유비가 서서히 조여오자 유장도 사력을 다해 방어에 나섰다. 특히 성도의 방어기지인 낙성에서 벌어진 전투가 격렬했다. 여기서 1년간 공방을 벌이는 과정에서 싸움에 앞장선 방통까지 쏟아지는 화살에 맞아 죽었다. 유비는 방통의 주검 앞에 눈물을 떨어뜨리며 비통해했다.

"이 사람아, 이리 가면 어떻게 하나. 자네의 수다가 그립네."

긴장의 연속인 전쟁터에서 유비는 방통의 수다가 있어 그나마 마음의 여유을 찾았던 것이다. 그동안 방통은 쉴새 없이 의견을 내놓았다. 얼핏 마구잡이로 떠드는 것 같았지만 쓸 만한 것만 유비가 골랐다. 삼국시대에 추녀로는 제갈량의 부인이 유명했고 추남으로는 방통이 첫째였다. 그만큼 외모가 볼품없었으며 말투가 투박하고 직선적이라 자아도취가 강한 인물로 오해받기도 했다. 노숙이 손권에게 방통을 추천했을 때도 방통은 책략이라면 자신에 비해 주유는 어린아이에 불과하다고 거드름을 피우다가 탈락했다.

그만큼 외모 때문에 자신을 무시하는 세상에 대해 오만을 부렸으나 뒤끝이 없어 음흉하지 않았다. 전쟁터에서도 부군사라며 뒤에 있지 않고 앞장섰다. 아마 제갈량과 같은 명성을 얻고 싶은 조바심도 있었을 것이다.

조조의 위장 전투와
순욱의 미련 없는 마무리

유비가 서측을 잠식해 가는 동안 조조와 손권은 유수와 장강이 합류하는 유수구에서 싸우고 있었다. 남하하는 조조에 맞서고자 손권의 7만 병력이 유수구에 방어선을 친 것이다. 213년 정월에 조조가 먼저 공격하자 손권군이 피해는 보았으나 워낙 수전에 강해 조조의 수군 삼천 명을 포로로 잡아갔다. 그 후 조조군이 강변에만 머물며 손권군이 해상으로 다가와 싸움을 걸어도 사격만 할 뿐이었다.

구강군 합비에 장강의 지류인 소호가 있다. 유수구는 그 소호의 남안에 있었고 소호의 북안에 합비성이 있었다. 만약 조조가 유수구를 점령하면 곧바로 장강 너머 오나라 수도 건업도 위험해졌다. 그래서 조조가 조금이라도 유수구를 압박하면 손권은 전력을 다해 방비해야 했다.

유수구는 조조에게는 꽃놀이패였지만 손권에게는 목숨줄이었다. 손권도 조조가 자신을 유수구에 묶어두려는 줄 알고 이런 글을 써서 보냈다. 즉 앞면에는 '곧 봄이 되면 강물이 불어납니다. 그전에 떠나 십시오'라 쓰고 뒷면에 심경을 피력했다.

"족하불사足下不死 고부득안孤不得安."

당신이 살아 있는 한 나는 안심하지 못한다는 뜻으로 조조의 체면을 살려주는 글이다. 조조가 그 글을 읽고 회심의 미소를 지었다.

"아들을 낳으려면 손권 같은 녀석을 낳아야 한다."

그리고 철수했다. 조조는 왜 순순히 물러갔을까? 이번 전투의 목적은 오나라 정복이 아니었다. 위나라가 오나라에 위력을 보여주려는 것이었다. 설령 적벽대전에서 졌더라도 마음만 먹으면 손권쯤은 언제든 징벌할 수 있다는 일종의 시위였다. 이런 시위성 위력은 조조가 오나라의 지정학적 아킬레스건을 잘 알았기에 가능했다. 그렇지 않으면 역습을 당하게 된다.

다자간 조직 경쟁에서 경쟁조직들의 구조적 아킬레스건이 무엇인지 안다면 그 조직들을 어느 정도 관리해 나갈 수 있다. 조조가 유수구 전쟁을 벌인 또 다른 의도가 있었다. 바로 위공魏公에 즉위하는 것이었다.

유수구로 출전하기 직전 조조가 와병 중인 순욱에게 정욱을 보내 찬합을 주었다. 순욱이 열어 보니 비어 있어 스스로 생을 정리했다. 지난 20년간 조조가 친정을 나갈 때면 본진을 맡길 만큼 순욱은 누구보다 조조에게 충성했고 큰 도움을 주었다. 하지만 조조가 천자의 수하에서 독립하려 할 때면 꼭 제동을 걸었다. 천자가 허수아비일망정 그 아래에 있어야 한다는 것이었다. 조조는 단지 제환공이나 진문공 같은 위상을 누리고 싶었을 뿐인데도 순욱은 그런 위상조차 결국 한나라를 지워버리는 방향으로 갈 수 있다고 보아 제동을 걸었다.

그럴 때마다 조조가 수용했지만 이번에는 달랐다. 그렇다면 조조를 더는 막을 수 없었다. 이로써 순욱은 사명을 다한 줄 알고 미련 없이 삶을 정리했다. 조조도 순욱의 인물됨을 잘 알기에 빈소를 찾아가 한참 울었다.

"이 사람아. 한나라 황실이 뭐라고 그렇게 집착했나. 나는 자네에게 내 후사를 돌보도록 할 생각이었건만."

원래 조조는 순욱과 곽가를 자신의 후사를 맡길 인물로 여기고 있었다. 그만큼 사심도 없고 뛰어난 두 인물을 잃은 조조는 훗날 후사 문제로 어려움을 겪게 된다.

사마의도 몹시 애석해했다.

"내가 많은 책사를 겪었지만 순욱처럼 현명하면서도 겸손하고 신중한 사람은 보지 못했다."

어떤 조직이든 지능, 역량, 가치관, 성격 등이 다양한 사람이 모여 있기 마련이다. 이들을 묶어내려면 응집력이 필요하다. 조직 응집력에 정서적 응집성socio-emotional cohesiveness과 도구적 응집성instrumental cohesiveness이 있다. 전자가 유비 조직처럼 유대감으로 뭉치는 것이라면 후자는 조조 조직처럼 성취에 가치를 두는 것이다.

　조직마다 어떤 응집성을 보이느냐는 것은 리더의 특성이 크게 좌우한다. 물론 유능하고 유연한 리더는 정서적인 면과 도구적인 면을 필요에 따라 활용한다. 아무래도 조직이 작으면 정서적 응집력이 강하고 크면 도구적 응집력이 강해진다. 여하튼 응집력이 있어야 이탈이 줄어들고 조직 활동에 대한 만족도가 높아진다.

　거대조직이던 원소 조직을 보라. 응집력이 0 수준이라 책사들이 이탈하며 쇠락했다. 유장 조직처럼 리더는 우유부단한데 신하들끼리 나뉘어 응집하면 하극상이 범람하고 적의 반간계에 이용당한다. 따라서 리더는 구성원끼리만의 응집이 아니라 목표를 향한 응집이 되도록 해야 한다. 조조나 손권, 유비도 목표 달성을 향해 조직이 응집하게 했는데, 때로는 부드럽게 때로는 냉혹하게 이끌며 구성원들을 '과업 우선task cohesion'으로 이끌어갔다.

신뢰하라,
그래도 검증은 하라

　조조가 유수구 전쟁으로 손권에게 주의하라는 식으로 기세를 과시하고 돌아온 직후 바로 위공에 올랐다. 그 시기에 양주 천수군에 웅크리고 있던 마초가 강족과 저족을 선동해 다시 세력을 형성하자 주위의 여러 군현도 마초를 따랐는데, 조조가 임명한 양주자사 위강이 반발했다. 마초가 위강이 웅거한 기성冀城을 공격하자 위강이 하후연에게 도움을 청했다. 그러나 하후연이 도착하기 전에 위강이 피살되었고 뒤늦게 온 하후연도 격퇴당했다.

　여기까지는 좋았지만 기성 일대의 관리들은 대부분 조조의 사람들이었다. 이들 중 양부, 양관, 강서, 조구 등이 마초를 따르는 척하며 음모를 꾸몄는데, 양부와 강서가 인근 노성鹵城에서 군대를 일으켜 마초를 유인했다. 마초가 기성에 나가 공격했으나 노성을 함락하지 못했는데, 그때 기성에 있던 양관, 조구가 성문을 닫아버렸다. 오갈 데가 없어진 마초는 한중의 장로에게 군사를 빌려 다시 공격에 나섰으나 하후연과 장합의 응원군까지 가세하는 바람에 제대로 싸워보지도 못하고 한중으로 퇴각해야 했다.

기동력과 전투력을 갖춘 장수 하후연

마초가 실의에 빠져 있을 때 유비의 소식을 들었다. 유비가 낙성을 공격하다가 적장 장임의 화살에 방통을 잃고 제갈량을 불러서 제갈량이 형주에 관우만 남겨두고 장비, 조자룡과 함께 달려왔다는 것이다. 그 후 장비가 장임과 맞붙었지만 무승부로 끝났으며 며칠 후 제갈량이 장임과 상대하겠다고 나섰으나 장임의 무공 상대가 될 리 없는 제갈량이 도망쳤다. 장임이 제갈량을 쫓아 금안교를 건넜는데 조자룡이 금안교를 불살랐고 퇴로가 끊긴 장임을 장비가 사로잡았다. 물론 제갈량의 지략이었다. 이로써 낙성을 접수한 유비군이 성도로 몰려가 성도를 함락하기 직전이었다.

이 소식을 들은 마초가 유비에게 항복 밀서를 보냈다. 아무래도 장로는 종교망상이 있어 대사를 도모하기에는 너무 허황하다고 본 것이다. 유비가 밀서를 보더니 만면에 웃음을 띠었다.

"이리되면 익주는 내 것이다. 마초를 불러들여라."

마초가 유비에게 온 지 9일 만에 유장이 항복했다. 유장이 유비를 너무 믿은 결과였다. 개인 사이의 신뢰와 리더 사이의 신뢰를 혼동해서는 안 된다. 유장과 유비가 개인적으로 신뢰가 깊더라도 조직의 수장으로 만날 때는 충분히 검증해야 한다.

미국의 전 대통령 레이건이 그런 방식으로 세계를 관리했다. 당시 레이건의 대소련 교섭 지침은 '신뢰하라, 하지만 검증하라Trust but verify'였다. 이런 지혜가 부족했던 유장이 유비를 끌어들여 나라를 통째로 빼앗겼다.

유비는 유장을 형주 남군에 있던 관우에게 보낸 다음 스스로 익주목에 취임하면서 공을 세운 마초를 평사장군에 임명했다. 이에 관우가 마초 같은 애송이와 동급이 되었다며 불평하고 다녔다. 유비가 걱정하자 제갈량이 관우에게 편지를 썼다.

"마초는 장비처럼 용맹하지만 수염이 멋진 장군에게는 미치지 못합니다."

그제야 관우가 수염을 만지며 흡족해했다. 천하의 30년 낭인 유비가 버젓이 익주를 차지하자 손권의 속이 뒤틀렸다.

"내가 조조와 싸우며 공동 출병하자고 할 때 모른 척하고 익주를 점령하다니 속이 시커먼 놈이었구나."

손권이 제갈량의 형 제갈근을 유비에게 보내 형주 남부의 반환을 요구하자 유비가 능청스럽게 말했다.

"앞으로 양주를 공략할 생각이오. 양주만 평정하면 바로 돌려드리리다."

　손권은 유비가 시간을 벌려는 수작이라고 보고 장사, 영릉, 계양의 삼군에 태수를 임명해 보냈다. 관우가 이들을 쫓아내자 손권이 여몽에게 군사 3만을 주어 빼앗으라 했고, 노숙에게는 익양益陽에 진을 치고 관우를 저지하게 했다.

조조가 관중을 공격하자
손권은 합비를 공격한다

세 군 중 장사, 계양은 바로 손권에게 항복했지만 영릉태수 학보郝
普는 버텼다. 여몽이 등현지를 보내 공갈 협박을 했다.

"유비는 하후연에게 포위당했고, 관우는 손권에게 격퇴당해 아무
도 구하러 오지 못한다."

그러자 여기에 속은 학보가 항복했다. 전황을 보고받은 유비가 대
군을 앞세우고 공안까지 달려와 관우에게 익양으로 출진하게 했다.
관우와 노숙이 100보가량 떨어져 대치했다. 일촉즉발의 상황에서
노숙이 관우에게 일단 만나서 가능하면 싸우지 말고 해결하자고 제
안했다. 회담장이 설치되고 두 장군이 마주 앉았다. 먼저 노숙이 관
우를 꾸짖었다.

"그대들이 북방에서 싸움에 지고 내려와 갈 곳도 없을 때 우리가

땅을 빌려준 것이오. 이제 익주를 차지했으면 돌려주는 게 맞소. 그 것도 전부 다 달라는 것도 아니고 세 군만 달라고 하는데 응하지 않 으면 무례한 것 아니오?"

관우의 부하가 끼어들며 소리쳤다.

"모름지기 땅이란 덕이 있는 자가 차지하는 것이오."

노숙의 안색이 변하는데 관우가 부하를 꾸짖었다.

"두 나라의 대사에 일개 장수인 그대가 어찌 끼어드는가?"

그날 회담은 그렇게 끝났고 각자 생각해 본 후 한 번 더 회담하기로 했다. 이런 상황에서 유비는 조조가 익주와 인접한 한중으로 쳐들어올 준비를 마쳤다는 극비 보고서를 받았다. 한중은 파촉지방으로 가는 전략 요충지라 반드시 차지해야 했다. 유비는 극비 보고서에 대한 함구령이 내렸으며, 특히 손권 측에 알려지지 않도록 하고 그들과 일보 후퇴한 방안으로 강화를 시도해 합의했다. 상수湘水를 경계로 삼고 형주의 동부, 즉 강하, 장사, 계양을 손권이 갖고 형주 서부인 남군, 영릉, 무릉은 유비가 지배권을 갖자고 제안한 것이다.

이미 조조도 유비의 주력군이 형주로 출전했다는 것을 확인하고 여유롭게 한중 공략에 나섰다. 한중만 장악하면 유비도 굴복하리라 기대하며…. 조조는 215년 3월 장안을 떠나 관중을 횡단해 진령산맥을 넘고 7월에 한중의 양평관에 도착했다. 그동안 유비와 손권 간의 형주 분할안이 확정되어 손권은 피 한 방울 흘리지 않고 양보받았다고 자부하는데 마침 조조가 양평관으로 갔다는 것을 알고 회심의 미소를 지으며 합비로 출격할 준비를 서둘렀다.

조조가 다가오자 장로도 동생 장위와 양앙을 양평관에 보냈다. 그들은 산등성이에 10여 리에 걸쳐 성을 쌓고 조조를 기다렸다. 조조가 여러 번 공격해 보더니 퇴각했다. 그 모습을 본 장위가 조조를 이겼다고 환호하며 긴장을 풀고 지내다가 조조에게 야습을 당해 양평관을 빼앗겼다.

장로는 대세가 기울었다고 판단하고 파군으로 도망갔다. 측근이 한중의 창고를 불태우자고 했지만, '이 보물과 재화는 다 나라의 것'이라며 고스란히 봉인해 두었다. 한중에 들어간 조조가 창고를 열어보더니 장로의 공적 자세를 치하하며 사신을 보내 투항을 권했다. 유비도 황권 등을 보내 장로를 영입하려 했다. 한중 사람들에게 장로가 지지받고 있었던 것이다.

양측을 만나본 장로는 누구를 선택했을까? 조조였다. 이유는 유비의 귀빈이 되기보다 조조의 종노릇을 하는 것이 더 낫다는 것이었다. 현실성 없는 교리로 교주 노릇을 해본 장로로서는 유교를 내세워 인의를 따지면서도 이중적인 유비보다 법가의 실용성을 추구하는 조조가 마음에 들었다. 조조도 장로를 진남장군에 임명해 한중을 맡기는 등 파격적으로 예우했다.

사마의와 유엽은 조조에게 내친김에 익주까지 정벌하자고 했지만 조조는 득롱망촉得隴望蜀이라며 웃고 말았다. 농서지역을 얻으니 촉지역까지 탐낸다는 것으로, 사람 욕심이 끝이 없으니 적절하게 제어하자는 뜻이었다. 이대로 촉지역까지 밀고 간다 해도 보급로가 너무 길어 끊길 위험이 큰 데다가 손권이 합비를 공격하고 있어 전력이 분산되기 쉬웠다. 대단히 현실적인 조조는 사마의의 계책을 물리치고 파군巴君까지만 평정했다.

조직적 대응에는
현장 지휘자가 제일 중요하다

조조가 익주의 북부 파군과 한중을 지배하면서 익주에서 갓 출발한 유비에게 큰 위협이 되었다. 조조는 하후연을 도호장군으로 임명해 한중을 지키게 하고 216년 2월 업으로 귀국했다.

조조가 한중에서 싸우는 동안 손권이 전력으로 공격한 합비는 어떻게 되었을까? 합비라는 지역은 조조에게는 방어의 요충지이며 손권에게는 공략의 교두보였다.

합비성에서 회수를 건너 올라가면 수춘이 나오고 수춘 바로 앞이 서주이며 그다음 예주까지도 어렵지 않게 공략할 수 있다. 더구나 익주에 유비가 있어 합비를 손권이 장악하고 유비가 한중을 장악한다면 양쪽에서 조조를 협공하기가 쉬웠다. 그래서 조조는 한중으로 진군하면서도 손권이 합비를 침략하리라 짐작하고 합비의 수장 장료에게 작전 지시를 해두었다.

"손권이 공격하면 악전에게 성을 지키게 하고 너와 이전은 성 밖으로 나가서 싸우라."

이런 지시를 내린 이유가 있었다. 손권은 아버지 손견이나 형 손책에 비해 무공이 떨어진다는 열등감에 시달렸다. 신하들도 툭하면 손권 앞에서 부형父兄의 위업을 들먹였다. 그래서 손권은 자기 진가를 보여주려는 열망으로 앞장서서 전쟁터로 나가려 했다. 존재감 과시에서 나온 열망은 기선을 제압당하면 쉽게 꺾인다. 그 때문에 조조가 장료에게 기습적으로 나가 싸우라고 해둔 것이다. 그런 방법 아니면 조조의 주력군이 한중으로 출격한 상태에서 합비에 남은 7천 병력으로 손권을 이길 수 없었다. 특히 현장에서 집단행동은 그 시각 지휘자에게 가장 큰 영향을 받는다.

손권의 10만 병력이 합비를 에워싼 때는 215년 8월이었다. 장료는 조조의 지시대로 움직였다. 손권 진영의 한가운데로 돌격대 800명과 함께 뛰어들어 경비병들을 베어내고 손권의 막사까지 도달했다. 순식간이었다. 손권은 겨우 돌격대를 피해 언덕 위로 피신하더니 기가 꺾여 철군했다.

당시 한중과 파군까지 점령한 조조는 장료의 승전보를 듣더니 헌제에게 반강제로 자기 딸과 결혼하게 했다. 헌제는 장인이 된 조조에게 위왕魏王에 오르라는 칙서를 내렸다. 조조는 형식적으로 세 번 사양하다가 위왕에 올랐다. 216년 5월이었다. 조조가 위왕에 등극하자

권모와 계략에는 능했지만 신뢰는
얻기 어려운 책사 법정

손권은 태도를 바꾸어 화친을 제의했다. 조조도 흔쾌히 오나라와 동맹을 맺었다. 때맞춰 오나라에서 친유비파인 노숙이 병으로 죽고 여몽이 총사령관이 되었다.

이런 정세 변화는 무엇을 의미하는가? 여몽과 관우의 피 말리는 대결을 예고하는 것이었다. 이런 흐름을 조조가 관조하는데 여기에 유비가 찬물을 끼얹었다. 유비가 217년 10월에 법정의 건의에 따라 한중으로 출병을 단행한 것이다.

유비는 성도에 제갈량만 남겨두고 모든 장수를 대동해 한수의 상류를 건너 정군산에 진을 쳤다. 여기서 시작되는 한중 공방전에서 황충이 큰 공을 세웠다. 먼저 유비가 하후연을 유인하기 위해 위나라 장합이 지키던 주마곡으로 기습부대를 계속 보내 장합이 하후연에게 원군을 요청하게 만들었다.

정군산에서 법정은 하후연이 직속부대 절반을 장합에게 보내는 것을 보고 유비에게 이제 하후연을 칠 때라고 했다. 유비의 명을 받은 황충이 하후연 진영을 급습해 하후연의 목까지 베었다. 유비가 한중을 차지하는 데 법정의 책략과 황충의 무예가 결정적으로 기여한 것이다.

계륵에 집착하지 마라

한중이 유비에게 넘어가자 조조가 직접 나섰다. 장안을 출발한 조조의 대군이 진령산맥을 횡단하기 시작할 때 잠시 조조가 채옹의 딸 문희를 찾아갔다. 학문적 식견이 높은 채옹은 왕윤이 동탁을 죽이고 정권을 잡았을 때 동탁의 죽음을 애석하게 여겼다고 처형당했다. 문희의 본명은 채염으로 흉노족 족장에게 끌려가 그의 아내가 되었다. 이를 가엾게 여긴 조조가 족장에게 큰돈을 주고 돌아오게 한 것이다. 조조도 문희처럼 시인이라 산중에서 문희가 낭송하는 시를 감상한 뒤 다시 한중으로 향했다.

유비는 조조에게 지구전으로 맞설 심산이었다. 이리저리 '나 잡아봐라' 식으로 버티겠다는 것으로 철옹성 같은 요새를 만들어 두고 장담했다.

"제아무리 조조라도 이런 요새를 뚫기는 어렵지. 버티기만 하면 시간은 우리 편이다."

맞는 말이었다. 보급선이 유비는 편리했으나 조조는 너무 험했다. 시간도 오래 걸렸지만 자오도 같은 험난하고 긴 협곡을 지나며 습격 당하기도 쉬워 지구전으로 가면 무조건 불리했다.

날마다 조조가 총공세를 펼치는데 유비는 요리조리 요새를 옮겨 다니며 방어만 하다가 가끔 공격에 급한 조조군을 골탕 먹였다. 이런 전법에 특히 조자룡이 적합했다. 백마를 탄 조자룡이 조조군 사이를 헤집고 다니며 순간적으로 폭발하는 무공을 유감없이 발휘했다. 여기서 '조자룡 헌 칼 쓰듯 한다'는 말이 나왔다. 숨바꼭질 같은 전쟁이 수개월 지속되었다. 그래도 유비의 군사는 생생했지만 조조의 군사는 지쳐갔다.

219년 5월 어느 날에 조조가 그날 암호를 '계륵^{鷄肋}'이라 정하더니 바로 철군했다. 한중이 먹어도 그만, 안 먹어도 그만인 닭갈비 같은 것이었다.

조조가 한중을 계륵으로 여긴 이유가 무엇일까? 보급선이 불안하기도 했지만 그보다는 익주로 오지 않고 남쪽 강릉에 주둔하며 남군, 영릉, 무릉을 관리하면서 호시탐탐 조조를 노리는 관우가 더 큰 문제였던 것이다. 조조가 한중에서 전쟁 중일 때도 관우의 유격대가 중원에 수차례 출몰하여 위세를 떨치자 조조에게 반역하는 지역도 생겼다. 이 때문에 유비가 한중에 조조를 묶어두려 더욱 지연작전을 펼쳤던 것이다.

시간과 인력, 자본 등 자원은 한정되어 있어 어느 쪽을 택하면 다른 쪽은 소홀해진다. 이것이 기회비용으로 선택과 포기를 교환하는 것이다. 조조는 한중을 포기하고 중원의 안정을 택했다. 조조가 회군하는 모습에 유비는 펄쩍 뛰며 기뻐했다.

"내가 드디어 조조를 이기다니 익주를 차지할 때보다 더 기쁘다. 조조가 위왕이 되었다니 나도 오늘부로 한중왕이 되어야겠다."

그렇게 자칭 한중왕이 된 유비는 장비는 우장군, 마초는 좌장군, 황충은 후장군에 임명하고 강릉에 있던 관우에게 전장군이라는 벼슬과 누구든 처결할 수 있는 가절월을 보냈다.

조조의 삼단 전략,
손권을 자극해 관우를 치게 하라

전장군으로 영전한 관우는 유비의 필생 사업인 북벌로 유비에게 보답하고 싶었다. 그래서 혹시 모를 손권의 침략을 대비해 강릉에 일부 군사만 남겨둔 채 한수 북안에 있는 번성으로 진격했다. 번성은 11년 전 조조가 남진할 때 유비 일행이 비참하게 도주해야 했던 곳이다. 그 치욕을 안고 관우가 큰 저항 없이 북상하며 219년 여름에 번성을 포위했다. 번성을 지키던 조인은 한중에서 퇴각해 진령산맥을 넘고 있던 조조에게 급보를 쳤다. 조조가 우금과 방덕을 불러 지원병을 주며 달려가라고 했다.

우금과 방덕이 급하게 번성에 도착해 진을 쳤다. 마침 장마 기간이라 폭우로 불어난 한수의 물이 밤새 흘러와 잠기자 관우의 수군에게 기습당해 방덕은 죽고 우금은 투항했으며 그 밖의 병사들도 나뭇조각을 붙들고 허우적대다가 익사했다.

한수의 물결이 번성까지 덮칠 기세였다. 조인은 물이 차오르는 성내에서도 성문을 굳게 닫고 두 달을 버텼다. 하지만 관우의 기세가 우세해지며 주변 민심까지 동요했다. 조조도 역시 번성과 가까운 허도에 있는 헌제를 멀리 떨어진 업으로 옮기려는데 사마의를 비롯한 책사들이 반대했다.

번성전투에서 방덕과 우금의 조조군이 수공에 휩쓸리는 장면

"우금이 진 것은 홍수 때문이니 과히 걱정하지 마세요. 천도보다 평소 관우와 사이가 나쁜 손권을 이용하는 것이 낫습니다."

위기에 처하면 시야가 좁아지기 쉬워 좋은 방법을 간과하고 단순 대응하기 쉬워진다. 어떤 위험도 본질적으로 하나의 위기이지만 어떤 위기도 극복 방법은 다양하다. 어떤 방법을 택하느냐에 따라 위기를 더 심화하거나 절호의 기회로 바꿔놓을 수 있다.

위기 대응 전략은 스리쿠션 당구와 비슷하다. 초보 때는 공 하나하나에 몰두하지만 차츰 여유를 갖게 되면 게임의 흐름을 보며 다음을 구상한다. 그래야 한 번의 큐대에 파급효과를 노려 공 셋을 돌리는 것이다. 조조야말로 스리쿠션 전략의 고수였다. 손권을 이용해 관우를 때려 관우가 번성에서 물러날 수밖에 없는 구도를 만들었다.

예전에 손권이 형주 안전책의 일환으로 관우의 딸과 자기 아들의 혼인을 추진했다. 그때 관우가 청혼사로 찾아온 제갈근에게 이런 악담까지 했다.

"그걸 말이라고 하느냐. 어찌 호랑이 새끼를 개의 새끼에게 준다는 말이냐?"

그 후 손권의 자존심이 크게 상했던 데다가 어차피 형주도 수복해야 했기에 관우를 끝장낼 생각을 품었다. 마침 친유비파인 노숙이 사라진 터라 손권이 노숙의 후임인 여몽에게 관우와 일전을 위한 비밀 공작을 지시했다. 조조도 이를 잘 알고 손권에게 특사를 보냈으며 손권은 특사를 기다렸다는 듯이 관우의 뒤를 치겠다는 밀약을 맺었다.

학습과 전략으로 성장한 유능한 장수 여몽

이런 움직임을 관우는 전혀 모르고 있었다. 오나라 대도독 여몽이 관우에게 일절 적의를 드러내지 않고 우의를 돈독히 다지려고만 했기 때문이다. 관우는 북벌을 진행하면서도 여몽이 수작을 부릴까 봐 형주 지역에 많은 병사를 남겨두었다. 이 병력을 관우가 북벌에 불러들이기만 한다면 오나라가 형주를 탈환하기가 훨씬 수월했다. 이를 위해 여몽이 한 가지 공작을 꾸몄다.

관우에게
애송이라 자처하는 육손

여몽이 꾸민 공작은 첫째, 여몽이 병을 핑계로 육구에서 오나라 수도인 동쪽 건업으로 물러간다. 둘째, 여몽의 후임으로 무명의 육손을 사령관으로 임명한다. 여기까지 대외적으로는 극비로 하면서도 이중간첩을 이용해 관우가 여몽이 병으로 사임했다는 것만 감지하게 한다. 셋째, 육손이 관우를 자극하는 모든 군사행동을 중단하고 관우의 위엄을 존중하고 두려워한다는 태도를 보인다. 관우는 자존심의 사나이였다. 이런 관우를 다루려면 무력보다는 자존감을 고양해 주는 겸양지책을 써야 한다. 이런 시나리오에 따라 육손이 다음과 같은 요지로 편지를 보냈다.

"아직 어리고 모든 것이 미숙하지만 제가 장군의 임지와 가까운 육구에 부임하게 되었습니다. 위명이 높은 장군님이 이곳의 서쪽 가까이서 다스린다니 설레기만 합니다. 지금껏 장군께서 뛰어난 병법으로 늘 승리하는 것을 보았습니다. 그럴 때면 박수를 쳤으며 저도 배우기를 원합니다. 장군께서 조조를 치는 것은 장군님의 동맹국인 오나라에도 이로운 일입니다. 근래에 장군님이 우금을 포로로 잡은 것을 보고 또 찬탄했습니다. 앞으로도 장군님의 가르침을 앙망하오며 장군님을 흠모하는 애송이 육손이가…."

편지는 구구절절 겸양이 가득했다. 관우는 편지를 읽으며 흡족했다.

"육손이는 아직 세상 물정 모르는 애송이로다. 하지만 겸손해서

잘 가르치면 큰 인물이 되겠다. 육구의 사령관에 여몽이 물러나고 애송이 육손이 왔다는 것은 손권이 나를 겁먹고 싸울 의지를 잃어버린 것이다. 자, 이제 철부지 육손이 왔으니 번성 싸움에 전군을 투입하라."

관우는 장강 북쪽의 강릉과 남쪽 공안 등을 지키던 병사 중 최소 인원만 남겨두고 모두 번성 앞으로 달려가게 했다. 여기에 맞춰 유비는 맹달과 유봉에게 형주와 익주를 연결하는 교통 요충지인 상용을 점령하라는 별도 임무를 부여했다.

지략과 침착함으로 오나라를 지킨 육손

상용태수 신탐은 평소 조조와 장로와도 친하게 지냈지만 맹달과 유봉이 공격하자 곧바로 항복했다. 유비가 흡족해하며 신탐을 태수 자리에 그대로 두고 근처 서역의 태수에 신탐의 동생 신의를 임명한 후 맹달이 이들을 총괄하게 했다.

관우의 거의 모든 군사가 번성으로 몰려가자 그제야 여몽의 수군 이 강릉과 공안으로 서서히 나아갔다. 강릉에는 남군태수 미방이, 공 안에는 장수 부사인이 지키고 있었다. 이들이 관우의 군사물자를 책 임졌는데 제때 공급을 못 해 관우가 회군하면 책임을 묻겠다는 경고 를 받은 상태였다. 그런데 여몽이 오자 맞설 군사도 부족해 바로 항 복했다.

후방 기지가 이렇게 무너진 줄도 모르고 관우는 더 맹렬히 번성을 공격했다. 조인도 버티기 어렵다며 항복하려는데 기적같이 조조의 구원군이 당도했다. 대장은 백전노장 서황. 서황은 조금만 더 버티라 는 편지를 화살에 매달아 성내로 날려 보냈다. 다시 조인이 사력을 다해 버티는데도 서황은 관우와 직접 싸울 엄두를 못 내고 멀찍이서 빙빙 돌았다.

전황을 보고받은 조조는 비밀에 부쳤던, 손권이 조조와 동맹을 맺 고 형주를 차지했다는 것을 공개하라고 했다. 서황이 관우의 진영 앞 에 서서 외쳤다.

"이 친구야. 아생연후살타我生然後殺打라 했다. 네 안방을 이미 여몽 이 차지했다는 것도 모르냐. 뿌리가 끊겼으니 어찌할 것이냐."

서황과 관우는 막역지우였다. 서황의 청천벽력 같은 소식에 성을 포위 중이던 관우군의 사기가 급전직하했으며 관우도 크게 당황했다. 관우의 군대를 가운데 두고 성내와 성 밖의 조조군은 사기가 급상승했다. 이들의 함성이 진동하는 가운데 관우는 번성의 포위를 풀 수밖에 없었다. 이처럼 조조는 유비와 더 가까웠던 손권을 포섭해 관우를 궁지로 몰았다.

관우의 병사들이 탈영하기 시작했다. 북쪽에는 위군이 있고 남쪽의 근거지는 손권이 가져갔다. 관우는 서남쪽으로 달아날 수밖에 없었다. 손권도 그렇게 짐작하고 관우의 퇴로를 차단했다. 관우는 맥성으로 들어가 인근 상용에 있는 맹달과 유봉에게 도움을 청했다. 유비의 양자 유봉이 당장 도와야 한다고 했지만 맹달이 반대했다.

"관우가 장군을 진짜 조카로 여길까요? 제가 알기로 주군께서 장군을 양아들로 삼으려 할 때 관우가 반대했습니다. 더구나 상용은 우리가 점령한 지 얼마 되지 않아 반발 세력이 숨죽이고 있는데 관우를 돕는다고 나가면 이 성도 위험합니다."

이 말에 유봉이 넘어갔다. 결국 관우 부자가 손권의 부하에게 생포되어 참수당했다. 조조의 이이제이以夷制夷 전략이 효과를 낸 것이다. 손권의 손을 빌려 관우를 죽였고 차후 유비의 손권 공격까지 유발했다. 이로써 유비는 형주를 이용해 북진하는 것이 불가능해진 데다가 관우와 맺은 도원결의에서 비롯된 연민의 충격이 겹쳐 복수심에 사로잡혔다. 장비는 아예 술에 빠져 지냈다.

그러나 조조는 번성도 구하고 유비와 손권을 철천지원수로 만들며 느긋하게 낙양으로 돌아간 그다음 해인 220년 정월에 세상을 떠났다. 그즈음 조조는 지난날을 수시로 회고했다.

"내 인생에서 나 대신 죽은 조앙 외에는 후회스러운 일이 없다."

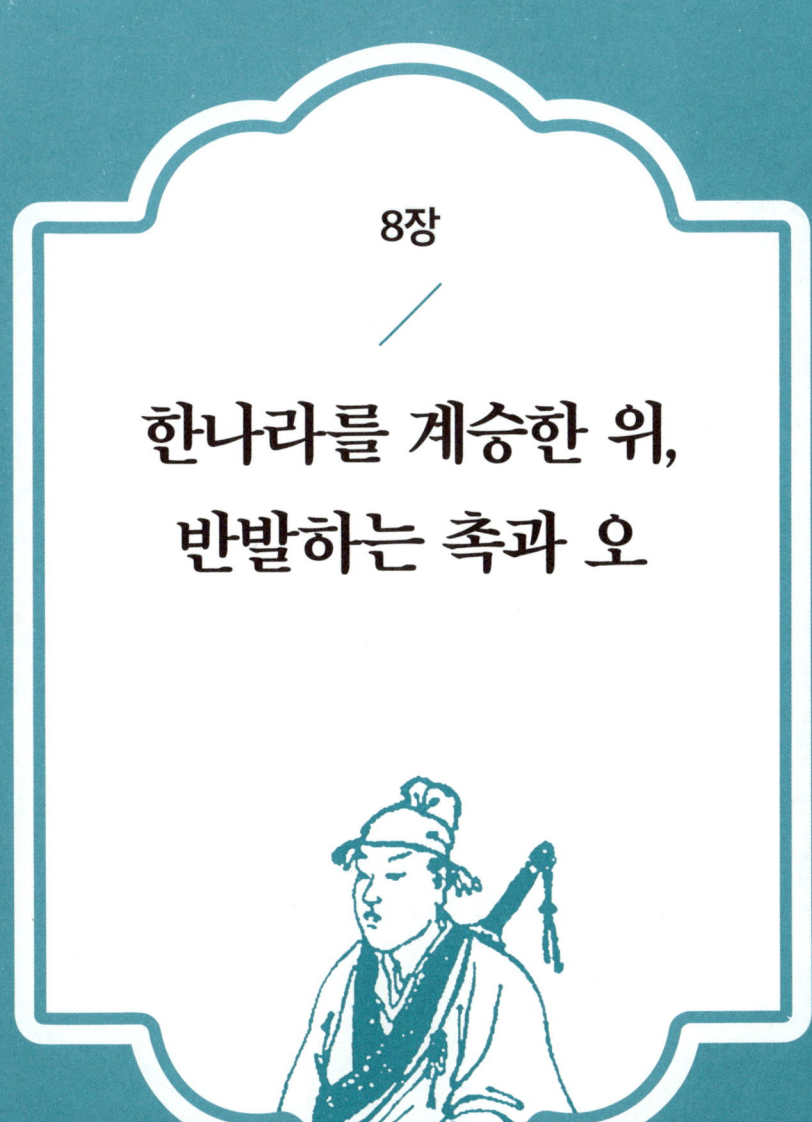

8장

한나라를 계승한 위,
반발하는 촉과 오

촉의 유비는 관우를 죽인 오의 손권에게 원한을 품었고 조조는 자기 생에 대한 자부심을 안고 눈을 감으며 아들 조비에게 위를 넘겨주었다. 그 후 손권이 유비와 화친하려 해도 유비가 거절하고 손권에게 복수전을 준비했다. 손권이 조비에게 지원을 부탁했지만 조비는 중립을 지켰다. 양측이 다투다 함께 약해지면 어부지리를 하기 위해서였다. 조조의 승계자로서 조비는 어느 정도 역량은 갖추었으며 특히 3세 조예는 무척 유능했다.

이에 비해 유비의 아들 유선은 어리석어 환관 황호에게 휘둘렸다. 손권이 52세에 얻은 막내아들 손량은 제위에 오를 때 여덟 살에 불과한 데다가 치열한 궁중 암투의 후유증 속에 제갈각 등에게 휘둘리다가 자살당했다.

조조, 유비, 손권이 세운 위, 촉, 오는 2세들의 역량 차이로 위는 더 결속되고 촉과 오는 와해되는 계기가 되었다.

"조비가 황제더냐?
그러면 나 유비도 황제다"

생전에 조조는 입버릇처럼 말했다.

"내가 만일 없었다면 천지에 자칭 황제라 칭하는 자들이 얼마나 많았겠느냐?"

그만큼 난세에 조조가 탁월한 지략으로 중심 역할을 해왔다. 황제도 얼마든 될 수 있으나 오르지는 않았다. 그랬던 조조와 그 후계자인 조비는 달랐다. 승계한 지 9개월 만인 220년 10월에 주저 없이 헌제에게 양위 형식으로 위나라를 개창하며 개국 황제가 되었으며 황제 명은 문제로 정하고 허도에서 원래 고도인 낙양으로 천도했다. 이로써 위나라가 하·은·주·진·한을 잇는 정통성을 갖게 된다. 모두 조조가 협천자한 덕분이었다.

위나라 개국을 축하라도 하듯이 유비 진영에서 맹달이 4천여 가구를 데리고 귀순했다. 맹달은 영제 시절 환관 장양에게 포도주 한 항아리를 바치고 양주자사가 되었던 맹타의 아들이다. 맹달이 오자 조비는 상서로운 일이라며 반겼다. 사마의와 유엽이 맹달을 너무 믿지 말라고 해도 조비는 자기 마차에 맹달을 태우고 다닐 만큼 총애하며 이런 농담까지 했다.

"설마 맹달이 유비가 보낸 자객은 아니겠지. 하하하."

본디 조비는 맹달처럼 풍채가 수려하고 언변이 유창한 인물을 선호했다. 결국 맹달을 방릉, 상용, 서성의 3군을 합쳐 만든 신성군의 태수에 임명했다. 그러자 유엽이 또 걱정했다.

"맹달은 그럴듯한 외모에 탐욕을 감추고 술수를 부리니 이롭지 못합니다. 위와 오·촉의 접경지대인 신성에 일이 생기면 나라에 근심거리가 될 것입니다."

유엽은 사람 보는 눈이 정확해 조조도 그에게 인물평을 들었다. 사마의도 유엽의 편을 들었지만 소용없었다. 조비가 한나라를 위나라로 교체했다는 소식이 헌제도 살해당했다는 허위 정보와 함께 유비에게 알려졌다. 한 황실의 후예를 자처하던 유비는 헌제의 죽음을 슬퍼하며 한나라를 계승한다는 뜻으로 나라 이름을 촉한이라 하고 성도에서 황제로 즉위했다. 그리고 첫 일성이 나왔다.

"관우의 복수전을 치르겠다."

장비를 제외한 중신들이 모두 반대했고 이들을 조자룡이 대변했다.

"매사에 우선순위가 있습니다. 지금 우리의 적은 오나라가 아니라 위나라입니다. 위나라 토벌이 더 시급합니다."

그래도 소용이 없었다. 제갈량은 유비와 관우가 어떤 사이인지 알기에 몇 번 반대하다가 그만두고 한탄했다

"아, 이럴 때 법정이 있었더라면 주군을 설득할 수 있으련만…."

그러나 한 사람, 학식이 출중한 진복이 끝까지 반대하다가 옥에 갇혀야 했다. 그 상황에서 장비는 유비보다 한 술 더 떴다. '이번 전쟁은 관우의 넋을 위로하는 진혼전鎭魂戰'이라며 부하 장교 범강과 장달에게 '삼군이 입을 흰 상복과 흰 깃발을 사흘 안에 만들라'고 지시했다. 범강과 장달이 그 많은 물량을 단번에 만들기 어려우니 시간을 더 달라고 했더니 만취한 장비가 두 사람을 사정없이 후려갈겼다. 앙심을 품은 두 사람이 며칠 후 밤에 술에 곯아떨어진 장비를 살해하고 어둠 속에서 배에 올라 손권에게로 망명했다.

유비와 도원결의를 맺은 두 형제가 세상을 떠났다. 관우는 강하지만 오만하다 하여 강이자긍剛而自矜이라 했고 장비는 자비롭지 못해 폭이무은暴而無恩이라 했다. 이런 성격적 결함에도 두 장수는 누구도 당해내지 못하는 무용을 지닌 만인지적萬人之敵이었다.

유비라는 인물의 위대성이 바로 여기에 있었다. 누구도 다스리지 못하는 두 장수의 단점을 제어하며 장점을 살려냈다는 것이다. 유비가 아니었으면 둘 다 여포처럼 좌충우돌하다가 일생을 마쳤을 것이다. 실제 관우는 유비를 만나기 전 고향에서 약한 여성을 겁탈하는 거부를 죽이고 도피 중이었다.

그런 관우나 장비를 유비가 싸안고 가는 바람에 관장지용關張之勇이라는 역사적 평가를 받았다. 그래서 곽가는 일찍이 조조에게 유비를 이렇게 평했다.

"웅재雄才가 있어 뭇사람의 마음을 크게 얻을 인물이다."

웅재란 웅장한 포용력이다. 재주가 좋은 사람일수록 거친 경향이 있다. 관우와 장비는 물론 방통도 그랬다. 유비는 그런 거친 인물을 조련할 줄 알았다. 관우에 이어 장비까지 잃은 유비는 고독감을 달래려는 듯 9만 대군을 이끌고 오나라 형주로 출격했다. 221년 초여름이었다. 제갈량은 성도에 남겨두어 보급일을 맡기고, 조자룡은 강주를 지키게 했다.

아, 관우여!
형주여!

유비가 싸우러 오자 손권이 사신을 보내 화친을 청했다. 격분해 있던 유비가 단칼에 거절하자 오나라에서도 형주 탈환 후 병사한 여몽의 후임으로 대도독이 된 육손이 3만 병력으로 방어에 나섰다. 초반전 전황이 유비에게 압도적으로 유리해 보였다. 육손이 무저항전략으로 슬금슬금 물러났기 때문이다. 왜 그랬을까? 전선을 이릉까지 끌어들이기 위해서였다. 이릉은 삼면이 바다로 둘러싸였으며 남쪽에 장강이 흐르는 곳이었다. 익주에서 오려면 산을 넘고 또 넘어야 했다. 그만큼 물자 보급도 쉽지 않았지만 형주에서는 강줄기를 이용하면 쉽게 도달했다.

이런 지형 조건 때문에 제갈량이나 조자룡이 손권과의 전쟁을 반대했던 것이다. 이릉은 손권에게는 요지이지만 유비에게는 계륵과 같은 곳이었다. 육손이 유비를 이곳으로 유도하며 221년 7월부터 222년 8월까지 이릉대전이 일어나게 된다. 그해 11월 조비는 황제의 권위로 손권을 오왕에 책봉했다. 신하들이 거부하라고 했으나 손권이 받아들였다.

"유방도 한때 항우에게 한왕에 책봉되었으나 항우를 이기고 한나라를 세웠다. 다 시세에 따르는 것이니 우선은 받아들이자."

유비와 전쟁 중인 손권으로서는 위나라를 적으로 돌릴 수 없었다. 손권이 책봉을 수용하자 조비가 마냥 좋아했다.

"본시 황제는 남면南面하는 법인데 손권이 책봉을 받아들이니 내 위엄이 강남까지 덮었구나."

조조라면 어떠했을까? 당연히 이릉에 군사력을 집중하고 있는 오나라를 공략했을 것이다. 이것이 겉모습에 혹하기 잘하는 조비와 속을 꿰뚫어 보는 조조의 차이였다. 이릉대전이 한창일 때도 유엽이 오나라를 치라고 했지만 조비가 거절했다.

"손권이 나에게 칭신했는데 굳이 싸워야 하느냐. 싸움 구경이나 하자."

조비가 조조처럼 문학적 재능은 있었으나 군사 재능은 부족했던 것이다. 이릉에 다다른 유비는 진영 설치부터 실수를 했다. 칠백 리에 걸쳐 방책을 세우고 수십 개 진영을 쭉 늘어놓았다. 제갈량이 없는 유비의 한계가 여기서 드러났다. 이 상황을 보고받은 조비조차 혀를 차더니 화공에 취약한 구조라며 유비가 깨질 것이라고 보았다.

국공내전이 시작된 1954년에 국민당의 장제스가 마오쩌둥 공산당보다 훨씬 강했다. 그런데도 패배했는데, 그 요인 중 하나가 전선을 넓게 펼쳐 점을 장악한다는 연선점점延線佔點 전략이었다. 더 많은 지역을 장악하려는 욕심에 너무 넓게 포진은 했으나 어디서나 밀릴 수밖에 없었다. 칠백 리에 걸쳐 포진한 유비의 진영은 그야말로 장관이었다. 마치 조조가 적벽대전 전야에 장강에 묶어놓은 거대 선단을 보는 듯했다. 육손이 이때라며 곧바로 화공을 가해 유비군이 괴멸적 타격을 입었다. 유비도 겨우 목숨을 건져 소수 병력만 데리고 백제성으로 피신했다.

육손은 유비 추격을 서두르지 않았다. 느리지만 꾸준히 추격해 백제성과 가까운 남산에 멈춰 제장과 이대로 유비를 몰아세워야 하는지 의논했다. 제장은 당연히 그래야 한다고 했지만 육손은 우리가 유비를 쫓아 너무 깊이 들어가면 위나라 군대의 공격을 받기 쉽다며 회군했다. 이처럼 육손은 하나의 수를 둘 때 파생될 수까지 볼 줄 알았다. 육손이 회군한 후에도 유비는 백제에 그대로 머물렀다. 유비가 형주 수복에 집착한 것은 관우에 대한 복수 외에 촉나라 정책 기조인 천하통일을 위한 삼분지계와도 관련이 깊었다.

형주는 동으로 오나라와 만나고 서로 익주와 통하며 북으로 한수나 면수와 만나 남해에 다다르기에 용무지지用武之地라 했고 익주는 험준한 산맥에 둘러싸인 드넓은 들판이 있어 물산이 풍부한 천부지토天府之土라 했다.

유비로서는 천하를 차지하려면 형주가 중요했고 형주를 지켜내려면 익주를 배경으로 두어야 했다. 그래야 수하 장군이 하남성 완락으로 진격하고 유비는 익주에서 섬서성 진천성으로 협공하면 천하를 통일하게 된다. 유비의 형주 집착은 이와 같은 기본구도를 다시 세워보려는 의도가 더 컸다.

육손의 우려는 적중했다. 이릉대전에서 오나라가 승리한 직후에야 조비는 오나라가 더 강해지면 달라진다고 보고 손권에게 맏아들 손등을 낙양으로 보내라고 명했다. 나는 황제이고 너는 제후이니 네 아들을 볼모로 잡아두겠다는 뜻이었다.

손권이 응할 리 없었다. 그뿐 아니라 이 기회에 자립하겠다며 황무라는 연호까지 제정했다. 지금부터 나도 조비나 유비처럼 황제라는 것이었다. 조비는 손권이 겉으로만 신하를 칭했다고 욕을 퍼부은 뒤 전군 소집령을 내렸다. 왕랑이 그럴 때가 아니라며 말려도 지금 오군은 이릉전쟁을 치르고 지쳐 있다며 출정을 강행했다. 조비군이 손권군과 장강에서 반년가량 격전을 벌이고도 강을 건너지 못해 돌아와야 했다. 조비가 자존심이 상해 신하들 앞에서 큰소리쳤다.

"손권이 아직 황제라 칭하지는 않았으니 이 정도만 해줘도 정신 차렸을 거야."

그래서일까. 손권이 229년에야 황제 즉위식을 치렀다.

한편 백제성에서 패전의 화병으로 힘겨워하던 유비가 중태에 빠져 급히 제갈량을 불렀다. 유비가 가쁜 숨을 내쉬며 눈물범벅이 된 제갈량의 손을 잡았다.

"고맙소. 승상이 있어 오늘의 내가 있었소. 그대의 능력은 조비보다 10배는 뛰어나고 손권 따위와는 비교도 안 되오. 내 아들이 만약 재능이 있으면 도와주고 아니면 승상이 나라를 맡으시오."

"어찌 그런 황망한 말씀을 하십니까. 감히 아뢰옵기는 오직 죽기를 각오하고 고굉지력股肱之力을 다해 충정지절忠貞之節에 힘쓸 것이옵니다."

제갈량이 내 허벅지와 팔뚝의 힘을 다해 충성과 절개로 태자를 섬기겠다며 울고 있는데 유비가 간신히 붓을 들어 태자에게 마지막 조서를 썼다.

"유선아, 승상을 이 아비처럼 섬기거라. 악한 일은 아무리 작아도 해서는 안 되고 선한 일은 아무리 작아도 행해야 하느니라. 덕이 있어야 사람들이 따르게 되는 것이니 부디 덕이 부족했던 이 아비를 본받지 말거라."

유비가 임종하자 조비는 제갈장, 허지, 진군 등에게 각기 제갈량에게 서신을 보내게 했다.

"이제 귀국이 황제의 칭호를 버리고 위나라의 번국이 되시오."

제갈량은 묵묵부답인 채 자기 책상에 정의正義라는 글자만 적어 두었다. 조비와 불필요한 갈등을 일으키고 싶지 않아서였다. 제갈량도 얼마든지 조비에게 답장을 보내 한나라 찬탈을 꾸짖고 촉한의 정통성을 주장할 수 있었다. 그러면 후련하겠지만 뒷감당이 어려울 게 뻔했다.

조직 간 대결에서 협상 카드가 적을 때 약한 조직이 된다. 그렇지 않아도 강한 조직은 약한 조직을 장악할 구실을 찾는다. 그럴 때 약한 조직은 내적으로 자강自强을 추구하되 외적으로 불필요한 갈등이 유발되지 않도록 외교력을 발휘해야 한다. 제갈량도 조비를 자극하지 않으려 대응을 자제하고 두 가지 국정 과제에 전념했다.

첫째, 이릉 패배의 후유증을 극복하는 데 전력을 기울였으며, 둘째 오나라와 동맹 복원을 시도했다. 당시 촉나라나 오나라는 위나라에 비해 서남부와 남부의 변방에 불과했다. 중심은 어디까지나 천년 고도인 장안과 낙양 등을 소유한 위나라였다. 오와 촉이 운명처럼 연대해야만 했다. 제갈량은 외교의 천재인 등지를 손권에게 보냈다. 손권의 반응은 시큰둥했다.

"나도 촉과 화친하기를 바라지만 촉나라는 영토도 작고 형세도 빈약한 데다가 새로운 군주마저 유약해 보여 위나라를 이겨내지 못할까 걱정이오. 그래서 화친을 미루고 있소."

이럴 줄 알았던 등지는 먼저 유선을 변호했다.

"촉이 작다고는 하나 어느 세력도 범접 못할 험준한 지형에 둘러싸여 있고 새로운 왕이 연소하지만 영웅의 기상이 서려 있으며 천하제일의 책사 제갈량이 충성을 다하고 있습니다."

등지가 덧붙였다.

"오나라 역시 장강의 요새가 있고 시대의 영웅인 대왕이 계시니, 두 나라가 입술과 이 같은 관계가 된다면 함께 천하대세를 장악할 수 있습니다. 이것이 순리인데 어기고 대왕께서 위나라를 따른다면 위나라는 대왕께 신하의 예의를 갖추라며 태자를 낙양에 인질로 붙들어 두려 할 것입니다. 그리고 거역하면 토벌하러 올 것입니다. 촉나라는 이런 역리를 거절하고 순리를 따르고자 하니 대왕께서도 함께 해 주십시오."

이 말에 손권이 조비가 자신의 태자를 볼모로 삼으려 했던 기억을 떠올리며 위와 관계를 정리하고 촉과 동맹을 맺었다.

조조를 능가해 보고 싶었던 조비

등지가 성공적으로 외교를 마치고 귀국했으며 뒤이어 손권이 답례사로 보낸 장온이 찾아왔다. 유선이 성대하게 대접했고 제갈량도 연회를 베풀었다. 그 자리에 유비가 오나라에 관우 복수전을 추진할 때 반대한 진복도 초대했다. 제갈량이 손권에게 보낸 무언의 메시지였다. 한편 조비는 손권이 관계를 단절하자 괘씸한 놈이라며 공격하려는데 신비가 만류했다.

"선왕께서 더 강한 군대로도 장강을 넘지 못했습니다. 우리 중원이 얼마나 넓습니까? 여기서 십 년만 더 병력과 식량을 준비하면 오·촉을 차지할 수 있습니다."

"십 년이나 더 기다리라고? 쓸데없는 소리. 당장 선왕보다 더 강한 수군을 만들어 오나라를 칠 것이오."

유능하지만 다소 냉정한 후계자 조비

그렇지 않아도 조비에게는 후계자 콤플렉스가 있었다. 조조가 워낙 뛰어났던 데다가 신하들도 은근히 조비를 조조와 비교하는 분위기라 조비는 조조의 업적에 무임 승차한다는 평가를 듣기 싫었던 것이다. 조조의 일생 중 가장 큰 패배를 불러온 장강. 그 강을 자신이 멋지게 넘어가 오나라를 점령하고 싶었다. 그래서 신하들의 반대를 물리치고 수군 조련에 돌입했다.

그 과정에서 제갈탄과 두기가 조비가 탈 배를 만들어 시험 항해 중에 강풍에 전복되며 두기는 바로 구출되었으나 제갈탄은 강가로 표류해 겨우 살아나는 등 여러 불상사가 많았다. 하지만 조비는 허도에 사마의를 남겨두고 앞장서서 배에 올랐다.

이들 40만을 태운 배가 수춘을 거쳐 장강과 회수 사이에 있는 광릉에 도착했다. 손권도 대책 마련에 골몰했다. 그때 서성이 내놓은 기발한 계책이 위성계僞城計다. 건업의 외곽 수백 리에 걸쳐 울타리를 쳐놓고 중간중간 기둥마다 수레를 높이 세워 옷으로 둘러놓고, 장강에는 많은 전함을 띄워놓자는 것이다. 멀리서 조비가 보면 성과 누각으로 착각하게 만드는 전략이었다. 처음에 손권은 미심쩍었지만 서성이 강력히 주장해 그대로 해두었더니 강 서쪽에 당도한 조비가 이

광경을 보며 긴 탄식을 했다.

"아이고, 건업에도 인물이 있구나. 내 비록 병사가 많다고 하나 저렇게 철통같이 방어하면 쓸모없을 것 같다. 그냥 돌아가자."

그러나 퇴각하는 과정에서 거센 풍랑을 만나는 바람에 조비가 죽을 뻔했다. 이처럼 조비는 두 번이나 오나라를 먼저 공격하고도 회군했다. 그 후 초대 황제로 수치심도 컸고 부왕 조조에 비해 자신이 너무 초라해 보여 225년 3월에 세 번째 오나라 침략을 준비했다. 하지만 공격 방식도 1, 2차 때와 다를 바 없었다.

동일한 적에게 같은 방식으로 공격했다가 연거푸 패배했다면 다른 방식을 찾아야 한다. 그러나 조비처럼 모양새에 매몰된 사고방식으로는 대안을 모색하기가 쉽지 않다. 조비의 최고 관심은 오직 수군으로 무조건 장강을 건너는 것이었다.

조비처럼 전임자가 워낙 탁월했을 때 그 업적이 빛이 될 수도 있고 그림자가 될 수도 있다. 이럴 때 '소규조수蕭規曹隨'해야 한다. 소하가 만든 법규와 정책을 조참이 선용했다는 뜻이다. 소하는 한나라 개국공신이며 조참은 그 뒤를 이은 명재상으로 여태후의 혼란한 국정을 수습해 한무제의 치세가 가능하도록 기반을 닦았다.

배후가 안정되어야
대사도 도모한다

조비의 제3차 오나라 침공 때는 포훈이 적극 반대했다. 조조가 거병했을 때 물심양면으로 도왔던 제북상 포신의 아들이 포훈이다. 게다가 포신은 조조를 위해 전사했다. 조조도 포신을 고맙게 여겨 포훈을 중용해 보니 워낙 청렴하고 절개가 있어 태자 조비의 고문으로 임명했다. 그 시절 포훈이 조비를 엄정하게 대해 불만을 샀는데 황제가 된 후에도 수시로 관대한 통치를 하시라, 궁전 건축을 미루시라, 간신배를 내치시라고 했다.

이런 소리가 듣기 싫었던 조비는 포훈을 보기만 해도 짜증을 냈다. 포훈이 또 오나라 정벌을 앞두고 기주에 기근이 들어 민심이 사납다며 실패했던 지난 원정까지 상기시키면서 반대했다. 조비가 포훈에게 궁전 출입 금지령을 내리고 수군으로 10만 병사를 편성해 원정길에 올랐다. 8월에 출발해 10월이 되어서야 광릉에 도착했는데, 바로 그날 강추위가 몰아치는 데도 폼생폼사인 조비답게 열병식을 거행했다. 그 시간에 병사들이 몸을 녹이게 하고 사기를 높여야 하는 게 아닌가.

열병식 직후 얼어붙은 강을 깨가며 수천 척의 배를 띄워 진군하는데 금세 강물이 얼어붙어 배가 멈춰서 다시 얼음을 깨고 진군하다 물이 얼면 또 깨는 진풍경이 빚어졌다. 조비가 하늘을 보며 탄식했다.

"아, 남북을 하늘이 이렇게 갈라놓는구나! 회항하라."

회항 후에 조비는 이렇게 끝나면 체면이 서지 않는다며 광릉에 둔전屯田(병사들이 땅을 개간해 농사짓는 것)까지 설치해 다시 기회를 노리려 했다. 광릉은 장강 이북과 회수 이남 사이에 있어 범람이 수시로 일어나는 곳이라 장제蔣濟가 조비에게 '둔전했다가 범람하면 적의 수군이 습격하기 좋다'고 했다. 그제야 조비가 깨닫고 날이 저물었는데도 퇴각을 서두르다가 손권의 조카 손소가 보낸 고수의 기동대에게 야습을 당해 부거(황제의 수레)와 우개(황제의 우산)까지 탈취당했다. 또 패배한 조비는 반성하기는커녕 분풀이하듯 포훈을 사형에 처했다. 실패 후에 얻는 교훈처럼 값진 것은 없는데 말이다.

그 기간에 제갈량은 촉나라의 전란 후유증을 극복하는 데 심혈을 기울였다. 인재를 선발하고 법제를 정비하고 생산성을 높여 경제적 이익이 골고루 돌아가게 했다.

국력이 어느 정도 회복되었을 때였다. 조비가 오나라 원정을 준비

중이라는 사실을 확인하고 장차 위나라를 공략하려는 사전 정지작업으로 촉나라 배후인 남만 정벌을 기획했다. 제갈량은 기획의 달인이었다. 목적을 이루려면 적합한 기획이 있어야 한다. 이 기획이 정확해야 그에 따른 조직이 구성된다. 제갈량은 북벌의 사전 작업으로 배후를 안정시키고 국력도 확인해 볼 겸 225년 3월 남만(월남 북부) 정벌에 나섰다. 그래도 위나라와 오나라는 서로 싸우느라 촉나라가 무엇을 하든 돌아볼 여유가 없었다.

지금의 윈난성과 베트남 북부의 일부 지역이 남만으로 촉나라가 다스리기는 했으나 수시로 반란이 일어났다. 유비가 이릉전투에서 패하고 사망한 뒤 익주군의 옹개, 장가군의 조포, 월수군의 고정이 차례로 반란을 일으켰다.

물리력보다는
감화력으로

제갈량이 남만으로 출전하려 할 때 마속이 제안을 하나 했다.

"남만은 거리가 워낙 멀어 잘 복종하지 않습니다. 우리가 이겼다 해도 돌아서면 또 반발할 것입니다. 용병에 상책이 공심公心이고 하책은 공성攻城이라 하듯 이런 싸움일수록 오래도록 승리를 이어가려면 병법의 전쟁이 아니라 마음을 다루는 전쟁, 즉 심전心戰으로 임해야 합니다."

남만인을 힘으로 누르기보다는 심복하도록 해야 한다는 뜻이었다. 이 책략을 제갈량이 남만 정벌의 기본으로 삼고 50만 대군을 서로군西路軍, 동로군東路軍, 중로군中路軍으로 나누었다. 이 중 주력부대인 서로군은 제갈량이 지휘해 월수군으로 가고, 동로군은 마충에게 맡겨 장가군으로, 중로군은 이회가 이끌고 익주군으로 가기로 했다.

삼군이 삼로三路로 진격하는데 반란군은 적수가 되지 못했다. 서로군과 동로군이 월수군의 고정과 장가군의 조포를 일거에 대파한 후 중로군과 합류했다. 이들이 모두 제갈량의 지휘 아래 그해 5월 반란의 최후 거점인 익주군으로 진입했다. 당시 익주에 월수에서 패전하고 도망쳐 온 고정이 찾아와 익주의 호족 옹개를 도와주고 있었다. 제갈량은 촉군의 포로가 된 고정의 부하 악환을 불러 금은보화를 주었다.

"고정은 의로운 자다. 더 큰일을 해야 하는데 옹개의 유혹에 빠져 안타깝다. 잘 설득해서 귀순하도록 해라."

악환이 고정을 몰래 만나 입에 침이 마르도록 제갈량을 칭찬했더니 고정이 넘어가 악환이 옹개를 기습할 자리를 마련해 주었다. 악환이 방천극의 일인자답게 단번에 옹개의 목을 날렸다. 나머지 반란군은 맹획이 데리고 노수瀘水(금사강)를 건너 평소 맹획을 존중하는 원주민들이 사는 무덥고 독충이 우글대는 아래 지역으로 도주했다. 제갈량이 전군에 군령을 내렸다.

"맹획을 죽이지 말고 반드시 생포하라."

그래서 촉군은 맹획을 잡으면 풀어주고 맹획이 다시 군대를 모아 싸우러 오면 잡았다가 풀어주기를 반복했다. 일곱 번째에야 맹획이 제갈량 앞에 무릎을 꿇었다.

"이제 보니 승상께서는 하늘의 위엄을 지니셨습니다. 다시는 반란을 일으키지 않겠습니다."

이것이 칠금칠종七擒七縱으로, 이후 맹획과 그를 따르는 토착인들까지 모두 제갈량에게 귀순했다. 그 후에도 제갈량이 계속 남하하여 고원의 호수 전지滇池에 다다르며 남중 전역을 확실히 평정했다. 제갈량의 공심위상功心爲上이라는 심리전이 이루어낸 쾌거였다.

맹획이 단순한 적장이라면 없애면 그만이었다. 그러나 맹획은 민심을 얻은 적장이었다. 이런 적장만 얻는다면 민심도 따라온다. 힘으로 민심을 굴복

남중을 중심으로 세력을 유지한 토착 군웅 맹획

시키는 것은 일시적이다. 민심을 얻는 식으로 남만을 정복한 제갈량이 성도로 개선하는 중에 노수에서 거센 풍랑을 만났다. 그럴 때마다 토착인들은 사람의 머리 49개를 하신河神에게 제사지냈다. 맹획이 그렇게 해야 한다고 했지만, 제갈량은 생사람을 잡을 수는 없다며 사람 머리 대신 만두饅頭를 만들어 노수에 던지고 건넜다. 이처럼 조비와 손권이 다투는 동안 제갈량이 촉나라 후방을 안정시켰다.

제갈량의
사마의 제거 공작

　조비는 세 번째 오나라 정벌에 나섰다가 끝내 뜻을 이루지 못하고 허도로 돌아가려 했다. 그런데 남문이 무너지며 불이 났고, 때마침 226년 정월이었다. 이를 불길하게 여긴 조비는 낙양으로 천도했으나 불과 5개월 만에 병이 깊어졌다. 그는 임종을 앞두고 사마의에게 태자 조예를 부탁한 뒤 눈을 감았다. 조예의 어머니 견씨는 본래 원소의 둘째 아들 원희의 아내였는데, 그 아들 조예가 위나라의 제2대 황제, 곧 명제가 된 것이다

　조비의 통치 기간은 조조를 능가해 보려고 일으킨 세 차례 대규모 원정으로 국력을 소모한 시기였다. 조예가 등극한 지 석 달 만인 8월에 손권이 5만 군사로 직접 강하군을 공격했다. 신하들이 조예에게 강하태수 문빙을 구하러 가야 한다고 했으나 허락하지 않았다.

"오나라 군대가 할 줄 아는 것은 수전뿐이다. 저들이 배를 놓아두고 육지로 와서 우리 쪽을 겨냥하고 있으니 문빙이 선방할 것이며 머지않아 공수攻守도 바뀔 것이다."

신중함과 계략으로 위나라 권력을 실질적으로 장악한 사마의

그 말대로 손권이 문빙의 수비를 뚫지 못하고 후퇴했다. 그 후 사마의가 조예에게 옹주와 양주가 취약하니 자신이 지키겠다고 자원했다. 남만을 정벌한 제갈량이 분명히 위나라를 노린다고 본 것이다. 조예도 수긍하고 사마의를 보냈다. 이처럼 사마의는 천하 형세에 밝았다. 제갈량도 일찍이 사마의가 북벌 과정에서 제일 방해되는 인물임을 알고 남만 정벌 후부터 사마의 제거 작전을 구상했다.

조직에서는 '인사가 만사'이다. 인사가 잘못되면 조직의 자원이 아무리 풍부해도 무용지물이 된다. 이런 원리를 아군에도 적용해야 하지만 적군에도 이용해야 한다. 적군 중 아군에 가장 위협이 되는 인물을 제거하는 것이다. 그 수단이야 다양하지만 먼저 적의 조직과 역학관계를 잘 알아야 한다. 어느 조직이든 인사 관계에 허점이 있게 마련이다. 특히 촉망받는 인물이라면 그만큼 질투도 받기 쉬워 견제 심리를 이용하면 된다.

제갈량이 사마의를 어떻게 제거할까 고민할 때 마속이 아이디어를 냈다. 며칠 지나지 않아 낙양과 업성에 사마의가 모반을 꾸민다는 소문이 퍼졌다. 물론 촉나라 첩자가 공작을 벌인 것이다. 곧바로 사마의가 실각하고 고향인 완성으로 내려갔으며 양주 방면의 병마권도 주휴에게 넘어갔다. 이 공작으로 제갈량이 마속을 더 신뢰하는 가운데 227년 1월에 유선에게 북벌 의지를 담은 출사표를 올렸다. 이후 출사표는 중국 산문의 대표작이 되었을 뿐 아니라 경영이나 정치 등 각 분야의 책사들이 지녀야 할 자세의 표본이 되었다. 출사표의 행간마다 국익과 애민 정신이 배어 있으며 마무리는 더 장엄했다.

"몸을 낮춰 전력을 다하되 죽어서나 멈출 것입니다(국궁진력鞠躬盡力 사이후이死而後已)."

이 문장은 마오쩌둥의 책사 저우언라이의 평생 좌우명이었고 시진핑도 즐겨 인용했다.

드디어 촉나라 30만 대군이 선봉장 조자룡과 등지를 따라 성도에서 북벌대장정에 올랐다. 이들이 한중까지 전진해 주둔하며 장안과 낙양을 겨냥했다. 위나라 조정도 벌집을 쑤셔놓은 것처럼 분주한 가운데 조예가 하후무에게 방어 책임을

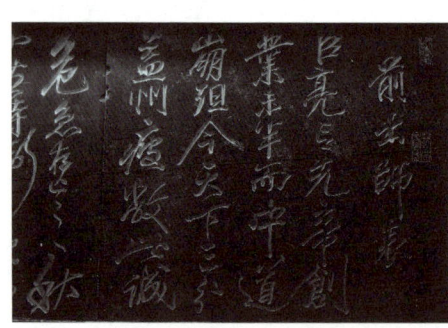

제갈량의 전출사표 ⓒ위키백과

맡기려는데 사도 왕랑이 이의를 제기했다.

"폐하, 하후무는 아직 전쟁 경험이 없어 제갈량과 맞서기 어렵습니다."

하후무가 발끈했다.

"어려서부터 아버지를 따라 전쟁터를 다녔소. 당신 혹시 제갈량과 내통하는 것 아니오? 그까짓 제갈량 하나 못 잡으면 폐하 앞에 두 번 다시 나타나지 않을 것이오."

하후무는 하후연의 아들이자 조조의 사위였다. 하후무가 장담하자 조예가 믿음직하게 보고 관중도독을 맡겼다. 그러나 제갈량의 용병술 앞에 하후무의 무능이 여지없이 드러났다. 제갈량이 군대를 본진과 별동대로 나누어 동시에 진격했는데 본진은 옹주 서부로, 별동대는 장안의 서쪽인 가곡으로 갔다. 옹주 일대의 호족들이 제갈량의 본진을 환영하며 남안, 찬수, 안정, 삼군까지 점령되었고, 조자룡의 별동대도 연전연승했다. 훗날 제갈량을 대신할 강유도 이때 귀부했다.

배신의 대명사
맹달이 배신당하다

　하후무의 패배로 위기에 봉착한 조예가 직접 출병하며 사마의를 다시 불러들여 촉군의 군량 보급로인 가정을 차단하도록 지시했다. 가정을 고수해야 하는 제갈량에게 마속이 자신이 지켜내겠다며 나섰다. 장수들은 한결같이 마속이 경험 부족이라 어렵고 역전의 명수 위연이나 오의가 더 적임자라고 했다. 그래도 공명은 젊은 마속을 키워야 한다며 수비대장으로 임명했다. 그 대신 실전 경험이 많은 왕평을 딸려 보내며 마속에게 세 가지 지시를 내렸다.

　"적군에 사마의 같은 쟁쟁한 장수가 많고 군대도 강하다는 것을 염두에 둘 것. 매사를 왕평과 상의할 것. 절대로 산 위에 포진하지 말고 협곡의 길목에서 방어만 할 것."

　한편 조예가 다시 불러들인 사마의는 고향 완성에서 전선으로 출동을 준비하고 있었다. 금성태수 신의가 와서 다시 중용된 것을 축하한다며 방금 천자에게도 올린 특급 비밀이라며 알려주었다. 신성에서 맹달이 제갈량과 내통하며 며칠 후면 대군을 일으켜 낙양을 점령하고 천자를 생포해 촉나라에 바친다고 했다.

사마의도 조비에게 총애받던 맹달이 조예가 등극한 후 소외되었으며 이를 기다렸다는 듯 촉나라와 오나라가 접근해 왔지만 맹달이 흔들리지 않았다는 것을 알고 있었다. 그런데 맹달이 제갈량과 내통하다니…. 사마의가 기겁했다.

제갈량이 북진하고 있는데 낙양에서 가까운 신성에서 반란이 일어나면 위나라의 운명도 장담하기 어려웠으므로 사마의가 맹달을 진압하러 달려갔다. 그러나 이 모든 과정은 제갈량의 모략이었다. 그동안 제갈량이 맹달을 회유하려 수차례 편지를 보냈다. 처음에 무반응이던 맹달이 더 달콤하게 진기한 선물까지 보내자 내응하겠다는 뜻을 밝혔다. 하지만 제갈량은 맹달이 저러다가 또 뒤통수를 칠 수 있다고 보고 위나라의 손을 빌려 맹달을 제거하려는 공작을 꾸몄다.

촉나라 비밀요원인 곽모郭模를 금성태수 신의에게 거짓 투항시켜 맹달과 주고받은 편지 꾸러미를 주고 맹달에게도 이것이 새어나가도록 했다. 놀란 것은 맹달뿐 아니었다. 사마의와 사마의보다 며칠 늦게 비밀보고서를 받은 조예도 마찬가지였다. 조예가 227년 12월에 급하게 사마의에게 맹달 토벌 지시를 내렸다. 상황이 이렇게 되자 맹달이 차라리 반란을 일으키려는데 사마의가 편지를 보내왔다.

"천자께서는 누구보다 장군을 총애하고 있소. 이를 시기하는 무리가 장군을 음해하지만 나는 전혀 믿지 않소. 지금처럼 신성을 굳게 지켜주시오. 내가 낙양으로 가서 천자께 음해하는 무리에게 엄벌을 내리도록 하겠소."

이에 또 맹달이 흔들리며 반란 준비를 제대로 못 했다. 낙양으로 간다던 사마의가 이를 노리고 갑자기 나타나자 성안에 동요가 일었다. 성안에서 사마의와 내통하던 맹달의 생질 등현과 장수 이보가 성문을 열었고, 이로써 배신의 대명사인 맹달이 끝났다.

처음에 맹달은 유장 아래에 있다가 유비에게로 갔으며 다시 위나라로 투항했고, 그 후 촉나라로 갈지 말지 저울질하는 등 자신의 이익을 위해 주군을 수시로 바꾸었다. 변명은 늘 그럴듯했지만 이런 행보는 누구에게나 불신받기 때문에 확고한 입지를 구축하기 어렵다. 맹달을 진압한 사마의는 장합을 선봉으로 삼아 가정으로 향했다.

읍참마속도
지도자의 숙명이다

제갈량은 가정을 지키러 가는 마속에게 이미 내려준 세 가지 군령을 주지시키며 다시 주의를 주었다.

"계곡 입구만 지켜라. 그럼 한 달이 못 되어 적은 물러갈 것이다."

그런데도 마속은 가정에서 계곡이 아닌 산봉우리에 방어 진지를 구축했다. 제갈량의 지침을 무시하고 높은 곳에 군대를 배치해 태산처럼 치고 내려가라는 병법의 원리만 따른 것이다. 가정에 도착한 사마의는 마속의 진지를 쳐다보더니 장합과 함께 웃었다.

그리고 곧바로 산봉우리를 포위하여 물길을 끊었다. 열흘도 지나기 전에 촉군이 기갈에 허덕이며 무너졌다. 가정을 빼앗기자 삼군이 모두 위나라 것이 되었다. 형세가 단박에 역전되며 제갈량은 한중으로 물러서야만 했다. 이렇게 1차 북벌이 끝났다.

충직했으나 원칙을 어겨 처단된 마속

　그 후 제갈량이 마속 처리 문제로 잠시 고민에 빠졌으나 공사를 분명히 하려고 군령을 어긴 죄로 마속의 목을 쳤다. 이러한 읍참마속泣斬馬謖은 조직의 지도자라면 따라야 할 원칙으로 늘 인용된다. 이와 더불어 제갈량도 자신의 벼슬을 세 단계나 강등해서 함께 책임지는 모습을 보였다.

　지도자가 법 집행에서 솔선수범해야 신뢰를 얻고 조직이 단결한다. 또 다른 정치적 이유도 있었다. 익주의 토착 세력은 촉나라를 형주나 서주 출신 제갈량 등이 주도하는 것에 불만이 있었다. 이들은 제갈량이 형주 출신인 마속을 아들처럼 아껴 선봉을 맡겼다고 보았다. 이런 불만을 잠재우기 위해서도 읍참마속이 필요했다.

　이후 제갈량은 유비가 임종 때 '마속은 말이 실제보다 과장되니 너무 크게 쓰지 말라'고 했던 말을 떠올리며 회한에 빠졌다. 그런 제갈량의 정신을 번쩍 들게 하는 소식이 들려왔다. 위나라 대군이 오나라로 진격하는데 조휴가 지휘하고 사마의도 참여했다는 것이었다.

　손권은 육손, 주환, 전종 등을 전선으로 보내는 한편, 제갈근 등의 책략을 받아들여 파양태수 주방에게 거짓으로 투항하도록 했다. 여기에 조휴가 속아 깊숙이 유인당했다. 이것이 228년 5월부터 9월까지 벌어진 석정전투이며 물론 위나라가 대패했다.

자존심이 상한 조예는 관중을 지키던 장합의 군대까지 오나라 전선으로 이동시켰다. 이 기회를 놓칠 제갈량이 아니었다. 관중에 주둔하던 위나라 군사까지 형주로 내려가자 제갈량은 호기로 보고 그해 겨울에 2차 북벌에 나섰다. 제갈량이 노리는 곳은 한중과 관중 사이의 요지인 진창이었다. 당시 위나라 관중 방면 사령관 조진은 만약 촉나라가 재침한다면 이미 기산에서 패했기 때문에 다른 경로인 진창으로 올 것이라고 보고 학소에게 성을 튼튼히 쌓게 했다.

228년 12월 눈보라가 매섭게 치던 날 촉군이 진창성에 도착했다. 성내 위나라 병사는 1천여 명에 불과했으나 촉군이 성벽에 사다리를 걸치고 기어오르자 위군은 불화살을 쏘고 사다리를 불태우며 저항했다. 제갈량이 잠시 공격을 멈추게 하고 학소의 고향 친구인 근상에게 성 밖에서 크게 외치게 했다.

"학소야, 근상이다. 성내 겨우 1천여 명으로 어찌 8만 대군을 이겨낼 수 있겠느냐. 승상께서 네 재주를 아끼시니 귀순해라."

학소가 성루에 서서 대답했다.

"친구야. 여기서 너를 보는구나. 위나라 법에 장수가 배신하면 그 집안이 다 참살당한다. 그러니 내가 어찌 함부로 항복할 수 있겠느냐."

그래도 근상이 계속 항복을 종용하자 학수가 활을 들어 겨누었다.

"화살은 친구를 알아보지 못한다."

근상이 물러나며 싸움이 다시 시작되었다.

제갈량과 제갈근의
절묘한 연대

촉군의 충차가 성벽으로 일제히 돌격했다. 위군이 밧줄에 매단 큰 돌을 던져 충차를 깨뜨렸다. 이번에는 촉군이 흙산을 쌓아 성내로 뛰어들려고 하자 위군은 성벽 안에 더 높은 담을 만들어 막아냈다. 다시 촉군이 땅굴을 파서 성으로 들어가려 했으나 돌산이라 실패했다. 진창성이 수비하기에 위치가 절묘했지만 공격하는 측은 절벽을 등진 좁은 지역에서 작전을 펴야 했다. 그만큼 공격에 최악인 성이었다.

제갈량과 학수가 밤낮없이 사투를 벌일 때였다. 조예가 형주에 주둔하던 장합을 불렀다.

"제갈량이 또 침략했소. 시급히 물리쳐야 할 텐데…."

"폐하, 워낙 외진 곳이라 제갈량의 군량이 10여 일도 버티기 힘들 것입니다. 제가 싸우러 가기도 전에 퇴각할 테니 크게 걱정하지 마십시오."

그래도 조예가 서성대며 장합에게 황궁수비대까지 내주며 재촉했다.

"왕쌍과 함께 지체 없이 달려가서 진창을 구하시오."

장합과 왕쌍이 밤낮없이 달려 남정南鄭에 다다를 즈음 굶주림을 견디며 싸우던 제갈량 측이 마침내 퇴각했다. 진창에서 싸움을 벌인 지 20일째였다. 장합은 신중히 추격하려 했으나 왕쌍이 적이 굶주렸을 때 단칼에 제압해야 한다며 기병대로 추격했다. 이를 본 제갈량이 위연에게 계책을 주었다.

"아홉 자 키의 왕쌍이 큰 말에 올라 대도를 휘둘러 믿음직해 보이나 용맹만 믿고 덤비는 자이다. 내가 본대를 이끌고 다른 쪽으로 우회할 테니 진창 쪽 통로에 매복해 있으라."

이 유인책에 왕쌍과 기병대가 걸려 몰살당했지만 제갈량의 2차 북벌도 별 성과 없이 끝났다. 제갈량도 진창에서 군량 조달이 어려워 오래 싸울 수 없다는 것을 모를 리 없을 텐데 왜 자꾸 북벌을 일으켰을까? 제갈량과 제갈근은 다른 진영에 있어도 늘 편지를 주고받았다. 그중 2차 북벌 시기에 제갈량이 보낸 편지가 남아 있다.

"형, 내가 진창으로 향하면 위나라가 오나라 쪽으로 행군하지 못할 거야. 진창으로 가려면 수양 소곡을 지나야 하는데 산세가 험하고 물길이 어지러워 선발대가 나무를 베어내고 길을 뚫어야 겨우 행군할 수 있어. 우리가 그 길을 뚫고 있으면 위나라 군대가 끌려오게 되어 있어."

여기서 제갈량의 숨은 의도가 드러난다. 물론 이 내용은 손권에게 전달되었을 것이다. 오나라에 친유비파인 노숙이 사라진 후 제갈근이 그 역할을 맡고 있었다.

위나라 앞에서 오나라와 촉나라는 순망치한脣亡齒寒의 관계일 수밖에 없었다. 제갈량이 촉군의 피해를 최소화하며 북벌을 거듭 시도했기 때문에 서부에 집중되었던 위군이 동남전선으로 분산되었다. 이 분산 작전은 제갈량과 제갈근의 긴밀한 연계로 진행된 것으로 손권은 제갈량을 통해, 제갈량은 손권을 통해 위나라를 견제하고 있었다.

물론 위나라가 눈치채지 않게 했다. 제갈량이 손권과 내통하거나 제갈근이 유선과 내통하지 않았지만 각자 최강 위나라를 견제하는 한도에서 전략적으로 움직인 것이다. 그 경계선을 정확히 지키는 것도 쉽지 않지만 한 치도 벗어나지 않았던 것은 그만큼 형제의 지조와 지혜가 특출났기 때문이다.

제갈근과 조율하며 2차 북벌을 끝낸 제갈량은 다음 해에 3차 북벌을 시작했다. 차후 본격적인 북벌에 필요한 보급로 확보 차원이었다.

아무리 좋은 전략도 타이밍이다

229년 봄 제갈량이 또 진창을 공격한다고 선언했다. 앞서 진창공방전에서 승리한 학소는 낙양으로 돌아갔다가 병사했고 장합도 도성을 오래 비워둘 수 없어 회군한 상태였다. 그래도 제갈량이 또 진창 공격에 나선다고 하자 위나라도 대응책을 마련했지만 제갈량이 진식을 다른 길로 보내 촉나라와 옹양주를 연결하는 주요 통로인 음평군과 무도군을 점령해 버렸다.

그 후 위나라는 촉나라의 후방 보급로를 공격하기가 어려워졌으며 제갈량의 3차 북벌의 목적인 보급로의 안전이 확보되었다. 통찰력의 찰떡궁합이 곧 타이밍이다. 통찰력이 뛰어나도 타이밍과 맞지 않으면 쓸모없거나 소 잃고 외양간 고치는 격이 된다. 『손자병법』에서 천시^{天時}와 지리^{地理}를 얻는 쪽이 이긴다고 했다. 지리가 주어진 상황이라면 천시는 타이밍이다.

제갈량의 의도대로 3차 북벌이 마무리된 직후인 4월 13일, 오왕 손권이 기다렸다는 듯 7년간 미뤄두었던 황제 즉위식을 치렀다. 승상에는 석정전투에서 승전한 육손이 임명되었다. 여기서 촉나라는 딜레마에 빠졌다. 한나라를 이어받았으니 명분상 손권의 칭제를 용인하기 쉽지 않았던 것이다. 그래서 조정 안팎에 이런 여론이 조성되었다.

"위나라와 왜 싸우는가? 한나라를 반역했기 때문이다. 마찬가지로 손권이 또 천자를 자처한다면 방관할 수 없지 않은가."

그러나 현실적으로 오나라와 싸운다면 위나라에 어부지리를 안겨주게 된다. 고심 끝에 제갈량이 절맹호의絶盟好議를 발표했다.

"지금 우리가 손권을 추궁한다면 서로 적이 된다. 그러면 우리 군대를 동쪽으로 옮겨서 손권을 먼저 없애야 중원도 토벌할 수 있게 된다. 하지만 손권에게는 유능한 책사와 장군이 많다. 서로 승부를 쉽게 내기 어려워 대치 상황만 길어진다. 손권이나 조예나 힘은 크지만 지혜는 그만 못 하니 손권은 장강을, 조예는 한수를 넘지 못하는 것이다. 이런 정세에서 우리가 위나라를 토벌하려면 손권과 우선 화의할 수밖에 없다. 아직은 손권의 반역죄를 내놓고 따질 때가 아니다."

절묘한 대내용 외교 전략 문서로 손권의 칭제를 임시변통으로 묵인해 명분과 실리의 조화를 추구한 제갈량의 외교관이 드러나 있다.

촉나라에 음평과 무도를 빼앗긴 위나라는 어떤 궁리를 하고 있었을까? 위나라 군부의 1인자인 대사마 조진이 제갈량의 공격을 미연에 방지하는 차원에서 먼저 공격할 계획을 세워 조예에게 허락받고 서부전선의 장합이나 곽회, 비요 등과 군부의 2인자인 사마의까지 모두 동원되었다. 제갈량도 위나라가 계속 수비만 하고 있지는 않을 것이라고 보고 미리 성을 쌓는 등 방어 준비에 열중했다.

드디어 장안에서 출발한 위나라 정벌군이 8월에 자오도를 따라 수백 리 길로 들어갔다. 깊은 골짜기에서 굽은 길로 진격하던 중 선봉장 하후패가 숨어 있던 강유의 타격대에 위기에 몰렸다. 그런데 폭우까지 쏟아지며 군량이 썩는 바람에 철수해야 했다. 그 후 조진이 패전의 후유증에 시달리다가 제갈량이 보낸 조롱성 편지를 보고 쓰러졌다. 그 후임으로 사마의가 관중 방면 총사령관이 되어 제갈량과 본격적으로 대결하게 된다.

싸우려는 제갈량과
회피하는 사마의

　제갈량은 위나라 군부의 일인자로 부상한 사마의의 실력을 가늠해 볼 요량으로 4차 북벌을 일으켰다. 사마의는 장합을 앞세워 저지하려 했다. 몇 번의 전투에서 제갈량이 이겼으면서도 역시 군량미가 부족하다는 이유로 퇴각했다. 장합이 이상하게 여겼으나 사마의가 추격을 주장했다. 장합은 제갈량을 쫓아가다가 목문木門에 매복해 있던 궁수의 화살을 맞아 추격대와 함께 죽고 말았다. 회군한 제갈량은 3년가량 쉬면서 잇단 전란에 지친 병사와 백성들을 위로하고 함께 농사도 지으며 산악지대에서 필요한 목우유마木牛流馬(바퀴 달린 수레)를 개발했다.

　그 시기에 손권은 무엇을 하고 있었을까? 손권은 황제의 위상을 국제적으로 인정받고 싶어 232년에 요동의 공손연에게 사신을 보내

연왕에 봉하며 동맹을 맺으려 했다. 그러나 공손연이 비웃으며 사신의 목을 베어 보냈다. 같은 시기 위나라에서는 군사 두습과 독군 설제가 사마의에게 건의했다.

"내년 보리가 익을 때면 제갈량이 또 침범할 테니 올겨울에 미리 양곡을 비축해 두어야 합니다."

사마의가 고개를 끄덕였다.

"제갈량이 우리와 싸울 때마다 군량이 부족했으니 앞으로 3년 정도 곡식을 모아 놓고 싸우려 할 것이다. 또한 기산을 두 번, 진창을 한 번 공격하다가 회군했다. 그래서 공성전보다 야전을 택해 농서보다 농동으로 나올 것이다. 우리도 황무지 천 평에 물길을 만들어 군량을 준비하자."

사마의가 예측한 대로 234년에 제갈량이 10만 병사로 5차 북벌을 시작했다. 이들이 농서로 향하는 오장원으로 진출해 위군 20만과 대치했다. 제갈량이 산세를 둘러보더니 입구가 좋은 상방곡을 발견하고 정찰대를 매복한 다음 화창한 날을 잡아 사마의를 공격해 못 이기는 척 도망치며 유인했다. 위나라 선봉대가 상방곡 안으로 들어서자 무수한 불화살이 쏟아져 선봉대가 전멸하다시피 했다. 사마의와 두 아들도 갑옷에 불이 옮겨붙었지만 요행히 호우성 폭우가 쏟아져 겨우 살아났다.

이 화공으로 사마의를 없애려던 제갈량은 '모사재인謀事在人이나 성사재천成事在天'이라며 탄식했다. 이후 사마의는 위수 남쪽에 진을 치고 전면전을 피했다. 제갈량이 아무리 공격해도 지형지물에 의지해 이리저리 피해 다녔다. 이런 식으로 백일가량 이어지자 제갈량이 상자에 여자의 옷을 담아 부하를 시켜 사마의에게 보냈다. 어린이와 여자만도 못한 겁쟁이라고 놀린 것이다. 그래도 사마의가 꾹 참고 제갈량의 부하에게 물어보았다.

"승상께서는 어떻게 지내시오?"

"승상께서는 식소사번食少事煩이십니다. 그런데도 어디서 힘이 나오는지 대소사를 직접 처리하십니다."

제갈량의 부하가 입에 침이 마르도록 칭찬하자 사마의도 대단하신 분이라면서 속으로는 쾌재를 불렀다.

"그런 식이면 얼마 못 가 쓰러진다."

과연 제갈량은 얼마 후 과로로 쓰러져 퇴각을 명령했다. 그리고 강유에게 후방을 맡기고 사마의를 물리칠 비책을 알려주며 숨을 거두었다. 정탐조를 운영하던 하후파가 제갈량의 죽음을 알렸다. 사마의가 무릎을 쳤다.

"옳거니. 내 예감이 맞았다. 공명이 사라졌으니 마음껏 촉군을 짓밟아라."

사마의의 추격대가 곧 촉군의 후미를 따라잡았다. 그런데 이상했다. 촉군이 돌아서더니 징을 치고 피리를 불며 덤벼들 기세였다. 그들 가운데 높은 수레 위에 한 사람이 앉아 있었다. '한승상漢丞相 무향후武鄕候 제갈량諸葛亮'이라는 깃발이 휘날리는 것을 보니 제갈량이었다. 제갈량이 공작 깃으로 만든 부채를 부치며 위나라 군대를 보고 있는 게 아닌가. 놀란 사마의가 황급히 퇴각 명령을 내렸다.

"제갈량이 아직 살아 있다니…."

수레 위의 제갈량은 나무 인형이었으나 사마의가 속은 것이다. 사마의가 도주하면서 자기 목을 만지며 '잘 붙어 있나'라고 중얼거렸다. 이것이 사공명주생중달死孔明走生仲達이다. 제갈량이 시체로 돌아오자 유선은 상복을 입고 국상으로 삼일장을 치렀다. 제갈량의 유언대로 장완을 상서령에 임명해 국정을 맡겼으며 특히 제갈량이 아꼈던 강유를 예우했다.

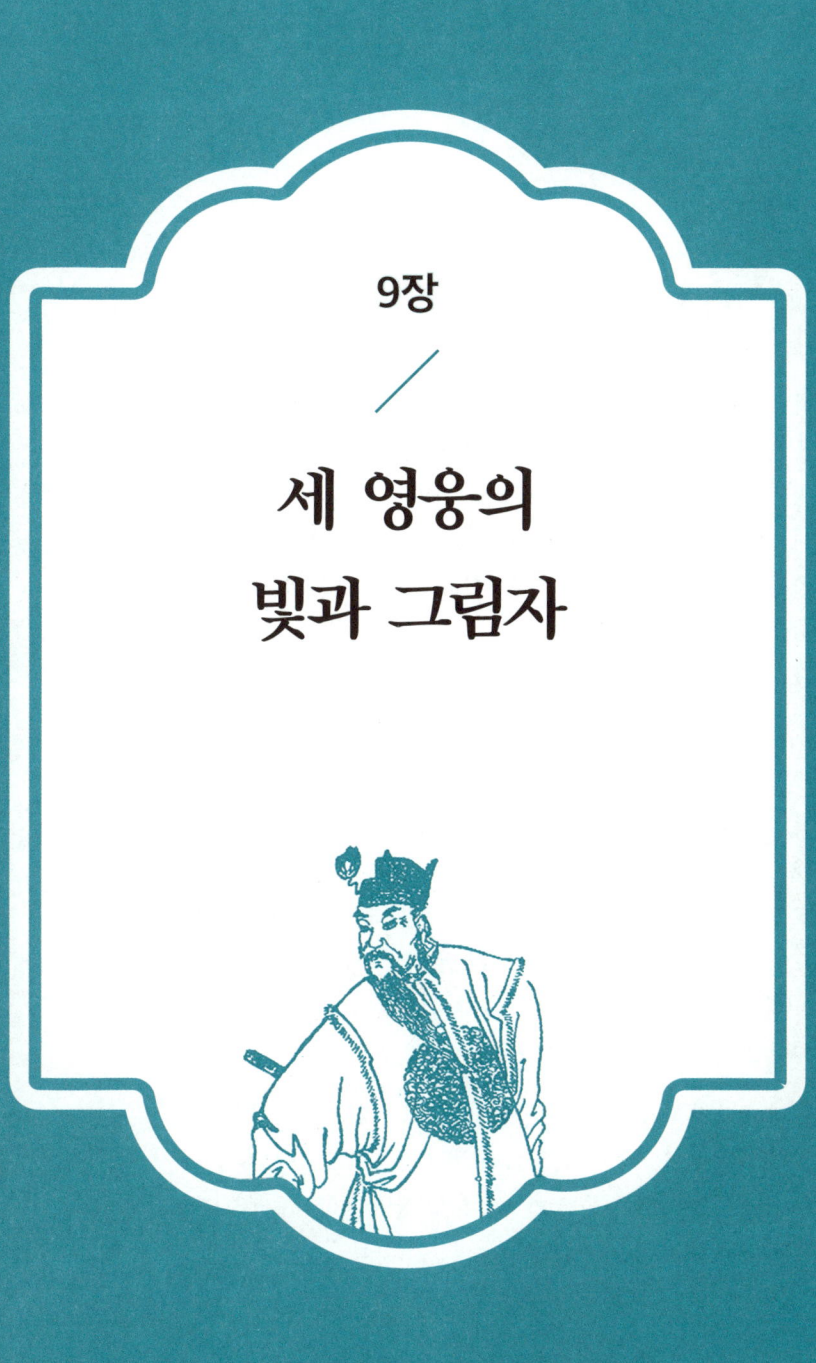

9장

세 영웅의
빛과 그림자

천하란 나뉘었다가 합쳤다가를 반복하는 분구필합分久必合 합구
필분合久必分으로 흘러간다. 그 과정에서 전개되는 책략 대결에
서 이기려면 조직 운영역량이 있어야 한다. 이 역량에 상호 지
형지물과 조직 구성 등을 파악하고 활용하는 능력으로 정량적
수치화가 가능한 하드 스킬과 수치화가 어려운 유연성, 창의성,
책임감, 소통 능력, 순간적 판단력, 팀워크 등의 소프트 스킬이
있다. 조직 초기에는 리더의 하드 스킬로도 성장해 갈 수 있으
나 지속하려면 소프트 스킬을 갖추어야 한다.

 후한의 혼돈을 정리한 세 영웅 조조, 유비, 손권의 후계자 중
누가 소프트 스킬을 잘 갖추었을까? 조조의 손자 조예였다. 당
시 유교 대신 떠오르던 도교에 심취하며 선왕 조비가 간판 중심
으로 인물을 등용하는 것을 지켜본 조예는 그럴듯한 유명인이
쓸모없다는 것을 깨닫고 논공행상의 달인이 되었다. 반면 유비
의 아들 유선이나 손권의 손자 손호는 간신을 중용해 위기관리
능력이 떨어져 뒤질 수밖에 없었다.

그런데 조예의 후계자들이 문제였다. 분별력 없는 조방과 조모
가 신하들에게 휘둘리다가 친위 쿠데타를 일으켰으나 제거당
하고, 다음 황제 조환도 허수아비 노릇만 하다가 사마염에게 선
양했다. 이로써 위나라가 진나라로 개창되었다.

싸울 수 있으면 싸우고
싸울 수 없으면 지키고
지킬 수 없으면 달아나라

제갈량이 사라진 유선은 어떠했을까. 후궁을 마음껏 늘려 향락에 빠진 채 툭하면 사면령을 내렸다. 그나마 군사를 맡은 강유, 내정을 맡은 장원과 비위 이 삼총사 덕분에 이후에도 30년은 더 버티게 된다.

위나라는 제갈량이 사라져 한시름 놓고 있는데 느닷없이 요동태수 공손연이 237년 양평에서 연나라 왕을 자처하며 반기를 들었다. 조예가 혀를 차며 사마의에게 토벌을 명했다. 다급해진 공손연이 손권에게 구원을 청했지만 손권은 232년 공손연에게 당한 치욕을 회상하며 거절했다. 공손연이 전군을 동원해 요수 일대에 기다란 방어선을 쳤다.

전선을 일람한 사마의는 남으로 도강하는 척하고 북으로 도강해 공손연의 본거지 양평을 일거에 점령해 버렸다. 그때 사마의가 남긴

명언이 있다.

"싸울 수 있으며 싸우고 싸울 수 없으면 지키고 지킬 수 없으면 달아나며, 달아나면 항복이나 죽음뿐이다(능전취전能戰就戰 불능전취수不能戰就守 불능수취도不能守就逃, 기타양조로시투항화사망其他兩條路是投降和死亡)."

그동안 최북단의 공손연은 위나라와 오나라 사이에서 줄타기 외교를 해왔다. 이런 공손연을 회유하려고 손권이 황제로 즉위할 때 연왕으로 책봉하려 했으나 공손연이 오나라 사신들을 죽이고 손권이 보낸 예물은 위나라에 바쳤다. 그래 놓고 독립 왕국을 선포해 위나라에 반기를 들었다. 이처럼 조정의 수장이 정세에 둔감하면 무모한 짓을 저지른다. 만약 공손연이 독자 왕국을 만들려 했다면 손권의 책봉을 따라야 했다. 공손연이 요동만으로 위촉오처럼 독자 제국을 선포하기는 너무 약체였다.

아무리 많은 조직이 경쟁해도 1강 2중이나 2강 1중 또는 3강의 형태로 3대 강자가 나타나기 마련이다. 동탁의 난 이후 일어났던 수많은 제후가 이미 정리되고 1강 위와 2중 오와 촉으로 정리되어 있었다. 이 상황에서 공손연이 야망을 실현하려면 손권의 분봉을 받아들여 요동왕이 되는 것이었다. 물론 위나라가 반발하겠지만 배후의 손권 때문에 쉽사리 정벌 전쟁을 일으키기 어려웠을 것이다. 그 좋은 기회를 놓친 다음에야 반란을 일으키는 바람에 오나라에 철저히 짓밟혔다.

같은 해 12월 조예가 갑자기 쓰러졌다. 겨우 33세로 아들이 여럿 있었으나 모두 요절했고 조예가 어느 날 근본도 모르는 두 아이를 양자로 데려온 조순과 조방이 있었다. 그중에서 조예는 더 어린 조방을 후계자로 지명했다. 조방은 고명대신 조상과 사마의를 함께 중용했다.

조예는 왜 정통성도 없는 조방을 세웠을까? 평소 그는 그림 속의 떡(화중지병畵中之餠)이라는 말을 자주 했다. 어느 날 조예가 이부상서 노육을 불러 인재 천거에 대한 지침을 주었다.

"명성이란 그림 속의 떡처럼 먹지 못하는 것이니 됨됨이를 따져 천거하라."

조예는 무엇보다 실속을 중시해 실상 무능하면서도 가문이나 유명세에 편승하거나 자태가 곱다고 뽐내는 자들을 증오했다. 황실에서도 일선 장군보다 전황을 더 정확하게 판단하며 유효한 군령을 내렸다. 이런 자질은 확실히 조조를 닮았다. 조조도 어린 손자 조예를 늘 데리고 다니며 자랑했다.

"내 기반은 이 아이에 이르러 더 확산되리라."

그랬던 어린 조예 앞에 먹구름이 드리운 것은 아버지 조비가 황제가 된 직후였다. 어머니 견씨 왕후가 조비의 첩 곽씨의 참소를 받아 사약을 마셔야 했던 것이다. 이로써 곽씨가 황후가 되었고 조예는 긴장의 나날을 보내야 했다.

어느 날 조비가 조예를 데리고 사냥을 나갔을 때였다. 조비가 화살로 어미 사슴을 명중시키더니 조예에게 새끼사슴을 맞혀보라고 하자 조예가 떨면서 아뢰었다.

"부왕께서 이미 어미를 죽였는데 제가 그 새끼마저 죽일 수 없나이다."

그 말에 조비가 조예를 불쌍히 여겨 바로 황태자로 세웠다. 이런 성장 과정이 조예로 하여금 누가 무슨 말을 하든 충분히 파악하면서도 속으로 계략을 꾸며내 자기식대로 하게 만들었다. 위나라가 제갈량의 거듭된 북벌이나 손권의 남벌을 막아낸 것도 조예의 그런 능력 덕분이었다. 한 가지 아쉬운 것은 너무 빨리 죽으면서 근본이 불분명한 조방에게 양위했다는 것이다. 하필 그 조방이 무능하기까지 했으니….

조조와 무관한
위나라 3대 황제 조방

조예가 요절하며 사마의와 대장군 조상을 불러 조방을 부탁할 때였다. 사마의가 내색은 안 했지만 조조부터 조비, 조예 3대를 섬겨온 자신이 누구 아들인지도 모르는 조방을 받들어야 하는 처지가 곤혹스럽기만 했다. 그때 사마의의 나이 50세였고 조방은 여덟 살이었다.

곤혹스럽기는 조상도 마찬가지였다. 조부 조소(본명 진백남)가 조조가 원소와 싸우려 출병하던 중 조조 대신 죽었고 부친 조진은 조비 때 대사마를 지냈다. 그만큼 대대로 조조 가문에 대한 충성심도 남달랐다. 그런데 조조와 관계없는 조방이 황제가 되다니…. 그때부터 충성심은 사라지고 황제를 이용하는 데만 열중했다.

대장군으로 군권을 쥔 조상은 초기에는 나이가 아버지뻘인 사마의를 우대하더니 차츰 경계했다. 사마의는 병을 핑계로 칩거했고 조상은 더욱 권세를 휘두르며 간간이 정밀과 필궤가 사마의를 조심하라고 충고했지만 무시했다. 그러다가 한번은 꺼림칙해서 심복 이승을 형주자사로 보내며 사마의를 찾아보게 했는데 노망난 노인처럼 침을 질질 흘리며 헛소리를 늘어놓고 있었다. 그대로 보고받은 조상은 경계심을 완전히 풀었다.

이승이 돌아간 후 사마의가 두 아들 사마소와 사마사를 불렀다.

"조상이 내 몰골을 전해 들으면 더는 나를 의심하지 않을 것이다."

이후 사마의가 조상을 어떻게 축출할지 궁리하기 시작했다. 조직적 대응의 세 요소는 명분과 규모와 시기다. 어떤 명분을 얼마만 한 규모로 어느 때에 대응하느냐는 것이다. 실세인 조상의 세력이 곳곳에 포진하고 있어 조상이 사마의를 경계한다면 사마의는 아무 일도 할 수 없다. 우선 그 경계심을 없앤 사마의가 조상의 동정을 면밀하게 주시했다.

어느 날 조상이 조방을 호위해 조예의 무덤인 고평릉으로 참배 겸 사냥을 하러 간다는 것을 알게 되었다. 사마의가 두 아들을 불렀다.

"병력을 소집하라. 나는 결사대를 데리고 곽태후를 만나겠다."

조상이 낙양을 비우는 그날, 권력 농단 세력 척결을 명분으로 곽태후를 압박해 계엄령을 선포하는 것이다. 소집된 병력은 3천 명이었다.

어떻게 이렇게 많은 병력을 모을 수 있었을까? 사마의가 칩거하는 동안 장남 사마사가 사병 3천 명을 비밀리에 양성해 놓았던 것이다. 군부 내 장교, 사병은 물론 관리나 민간인도 있었지만 서로 잘 몰랐다. 일종의 점조직으로 평소 자기 일을 하다가 유사시에만 모였다. 이런 사조직은 사마의가 오랫동안 전쟁터에서 생사고락을 함께한 군부와 인연이 깊은 덕분에 가능했다. 그러나 조상과 주변 인물들은 실전 경험도 군부 내 인맥도 없었다.

249년 정월 어느 날이었다. 사마의는 다음 날 조상과 황제 일행이 고평릉으로 행차하며 악양성을 비운다는 정보를 들었다. 바로 그날 밤 건곤일척의 승부를 앞두고도 사마의는 태평스럽게 깊은 잠을 잤다. 이것이 사마의의 장점 중 하나였다.

다음 날 사마의는 평소 계획대로 사병을 동원해 일거에 낙양을 점거하고 곽태후에게 계엄령을 선포하게 했다. 조상이 권력을 농단한 지 10년째 되는 해에 사마의가 정적들을 남김없이 제거하고 황제 조방을 허수아비로 만들었다. 이로써 조조 때부터 4대에 걸쳐 내려온 위나라의 몰락과 사마씨 정권의 탄생이 예고되었다.

말년에 흐릿해진 손권

촉나라에서는 제갈량의 후임 장완이 철부지 유선을 다독이면서 전쟁을 멈추고 민심을 편안케 하는 정책을 펴왔다. 그랬던 장완이 246년 가을에 죽고 비의가 승상이 되었다. 비의도 강유가 제갈량의 북벌 정책을 완수하고 싶어 할 때마다 만류했다.

"승상께서도 못한 일인데 우린들 할 수 있겠는가. 물자와 군사력을 착실히 다져두고 승상 같은 큰 인물이 나오길 기다리세."

사마의가 조상 세력을 제거하던 249년에 조상의 측근 하후패가 촉으로 망명했다. 이를 기회로 강유가 유선을 부추겨 하후패를 데리고 북벌을 시도했으나 옹주자사 곽회에게 막혀 돌아왔다. 그 후에도 강유는 13여 년에 걸쳐 북벌을 11차례나 도모했다. 당시 촉의 국력은 유선이 어리석게 환관 황호에게 휘둘리며 나날이 약해지고 있었다. 그런데도 강유는 북벌이 고귀한 대업이며 공격만이 최선의 방어라는 강한 신념을 고수했다.

하지만 비의가 북벌을 달갑지 않게 보고 강유가 출병할 때마다 1만 명 정도의 병력만 내주어 제대로 전쟁을 수행하기도 어려웠다. 강유가 북벌에 집착하고 있을 때인 252년에 손권이 노환으로 쓰러졌다. 손권의 말년은 조조나 유비와 자웅을 겨루던 시절과

제갈량의 뒤를 이어 북벌을 계속한 강유

달리 충신은 멀리하고 처첩들의 치마폭에 놀아나며 후계자 문제로 어지러웠다.

태자 손등과 차남 손려가 요절해 셋째 손화를 태자로 세운 뒤에 넷째 손패를 낳은 후궁을 총애하며 손패를 노왕魯王에 봉했는데, 이때부터 태자궁과 노왕궁 사이에 긴장이 조성되었다. 신하들도 두 파로 나뉘어 10년 이상 이궁지쟁二宮之爭을 벌였다. 태자파는 승상 육손과 제갈근의 아들 제갈각, 고담 등 전통적인 대호족이었고, 노왕파는 보즐, 전종, 여대 등으로 신흥 호족이 많았다.

초반에 태자파가 명분 등 여러모로 우세했지만 노왕파가 참소하는 것에 손권이 넘어가며 육손은 화병으로 사망했고 다른 중신들도 큰 피해를 보았다. 뒤늦게 깨달은 손권이 250년 양측에 공동 책임을

물어 손화는 폐위하고 손패에게는 자결을 명했다. 그 후 다섯째 손량을 태자로 삼았다.

얼마 후에 손권이 임종하며 중신들을 불러 어린 손량을 누가 보좌하면 좋겠는지를 물었다. 황족 손준이 제갈각을 추천했지만 손권은 달랐다. 제갈각이 똑똑하나 고집이 너무 세서 다른 의견은 무시한다는 것이다. 그러나 손준과 중신들이 다른 인물이 없다고 계속 추천해서 허락받았다.

손량의 나이 아홉 살에 오나라 제2대 황제에 즉위하며 대도독이 된 제갈각이 섭정을 했다. 바로 그해인 252년 12월 제갈각이 동흥전투(양주 여강군 동흥)에서 사마사와 맞붙었다. 사마사는 후계자 논란에 휩싸였던 오나라를 우습게 보다가 제방을 터뜨리는 수공을 가하는 제갈각에게 전멸되다시피 했다. 오나라 실권자가 위나라 실권자를 이긴 것이다.

부친 사마의의 뒤를 이어 위나라 권력을 장악한 사마사

위나라 조정은 장수들에게 패전 책임을 물어야 한다고 했지만 사마사가 책임은 내가 진다며 스스로 벼슬을 낮추었으며 일절 부하들을 탓하지 않았다. 그렇게 패전의 후유증이 수습되었다. 사마사는 아버지 사마의처럼 병법에는 특출나지 않았지만 일을 수습하는 데는 뛰어났다. 입에는 꿀

을, 가슴에는 검을 숨긴 채 때를 노리는 구밀복검口蜜腹劍형으로 방해
가 되는 인물에게도 호의로 대하다가 때가 되면 단번에 제거했다. 무
엇보다 승패는 병가지상사兵家之常事라는 것을 잘 알았다.

　유비나 손권은 물론 조조나 제갈량도 여러 번 졌지만 패배할 때
패배를 도약대로 만들어 나갔다. 병가지상사의 교훈이 패배에 주로
인용되지만 그만큼 승리에도 교만해서는 안 된다는 교훈도 있다. 제
갈각이 바로 그 교훈을 간과했다.

천재 제갈각과 바보 같은 짓

제갈각이 동흥전투에서 이기고 업으로 귀국하며 개선 행진을 거창하게 했다. 인기가 하늘을 찌르자 여기에 취한 제갈각이 위나라를 과소평가하더니 다음 해인 253년 5월 손권의 숙원을 자기가 풀겠다며 합비 공략에 나섰다. 중신들이 아무리 말려도 고집을 부리며 전군 소집령을 내렸다. 20만 대군을 집결해놓고 사마 이형李衡을 촉에 보내 함께 위나라를 치기로 조약을 맺었다.

제갈각이 합비 신성을 공격하는 시기에 맞춰 강유도 북벌을 시작했다. 오촉의 협공을 당한 위나라는 곽회에게 서부전선의 강유를 방어하게 했고, 동부전선을 맡은 합비 신성의 내수 장특에게 전면전을 피하고 지구전으로 버티게 했다.

초반전은 오나라에 유리했으나 지구전으로 가면서 병사들이 피로에 지쳐 속속 쓰러졌다. 이런 보고를 받고도 제갈각은 엄살이라 야단 쳤고, 실망한 작전 참모 채림이 위군에 투항했다. 장특은 오군이 붕 괴된 것을 알고 결정타를 날렸다. 제갈각이 합비성에서 패한 것은 동 흥전투의 승리로 교만해졌기 때문이다. 교만해지면 안하무인이 되고 무모하게 행동하게 된다.

그럼에도 제갈각은 반성하기는커녕 책임을 부하들에게 돌렸다. 사마사가 패전 후 책임지는 모습을 보인 것과는 정반대였다. 제갈각 은 제갈량의 친형 제갈근의 아들로 신동 소리를 들으며 자랐다. 장성 한 후에도 손권이 장소의 아들 장휴, 고온의 손자 고승, 진무의 아들 진표와 함께 태자를 보좌하도록 했는데 이들을 태자사우라 했다.

그때부터 제갈각은 주유, 노숙, 여몽, 육손처럼 대도독이 되고 싶 은 야망을 품었다. 하지만 그것은 제갈각의 착각이었다. 손권이나 중 신들의 신임은 제갈각의 재치에 대한 것이지 포용력은 불신하고 있 었다. 제갈각이 그렇게 행동했다.

손권이 중신들과 만찬 중일 때 하얀 새가 날아오자 손권이 무슨 새인지 궁금해하자 제갈각이 백두옹白頭翁이라며 은근히 장소 등 연 로한 중신들을 빗대었다. 또 다른 연회에서 손권이 장소에게 술을 권 했지만 장소가 공손히 거절했다. 그러자 제갈각에게 장소가 술을 마 시게 해보라고 했더니 제갈각이 장소에게 술잔을 권하며 이렇게 말 했다.

"예전 강태공은 여든에 일선에서 지휘했고 아흔에도 깃발을 잡았습니다. 하지만 장군은 늙었다는 이유로 전쟁 중에는 뒤에 있고 먹고 마시는 일에만 앞장서는구려. 이번에는 내 잔도 받아보쇼."

제갈각이 중신들을 이런 식으로 대했다. 조롱하면서도 자신은 재치가 넘친다고 으스댔다. 이를 안타깝게 여긴 대사마 여대가 제갈각에게 충고했다.

"매사에 열 번 생각하라每事泌十思."

그러자 제갈각이 늙은이가 주책을 부린다며 화를 냈다. 그래서 사람들은 제갈각이 재주가 온 땅을 덮을 만하나 교만이 하늘을 찔러 자멸할 것이라고 보았다.

제갈각이 합비에서 자신의 오판으로 지고도 회군 후 중서령 손묵을 불러 질책했다.

"왜 그렇게 후퇴 조서를 자주 보냈느냐. 그 때문에 후퇴하는 길이 꼬여 패해가 더 컸다."

능력은 뛰어나지만 교만했던 제갈각

그 외에 애꿎은 여러 관원을 파면하고 또 위나라와 일전을 벌이려고만 했다. 제갈각의 정적이 나날이 늘어나자 황족 손준이 어린 황제 손량과 함께 제갈각을 타도할 친위 쿠데타를 꾸몄다. 그들은 궁중에서 연회를 열고 제갈각을 불렀다. 아무래도 이상하다는 느낌이 든 제갈각이 거절했지만 황제가 거듭 불러서 가야만 했다. 제갈각은 그 자리에서 주살당했으며 손준이 군권을 잡았다가 255년에 죽자 그의 사촌 동생 손침에게 군권이 넘어갔다.

어려서부터 등수 매기기에서 높이 평가받은 인물 가운데 제갈각 같은 '자기 오류의 부정 증세'를 가진 경우가 많다. 이들은 사회에 나와서도 정답 맞히기 게임을 하려고 한다. 인격과 인격의 만남에는 시험지에 정답만 적으면 되는 것과는 다른 차원의 역량이 필요하다. 따라서 역량도 지능지수, 사회성 지수, 감성지수, 운동지수, 예능지수, 도덕성 지수 등으로 세분되고 있다.

조직의 수장은 사회성과 감성지수가 뛰어나야 조직의 비전과 위치에 맞게 의제를 설정하고 공감을 도출해낸다. 그와 달리 혼자만 잘난 줄 알면 임팩트를 주기는커녕 반감만 불러일으킨다. 그래서 제갈량이 어린 조카 제갈각을 만나보더니 재능이 특출나다고 귀여워하면서도 교만해서 큰일이라고 걱정했었다.

조방의 친위 쿠데타는
너무 엉성했다

　제갈각이 저격당하기 직전 오와 위가 티격태격할 때였다. 253년 첫날, 촉나라 신년 연회에서 곽순이 말채찍 안에 감춰 둔 칼로 대장군 비의를 살해했다. 위나라 항장으로 거짓 행복했던 곽순이 유선을 살해하려다가 경비가 워낙 삼엄해 비의로 목표를 바꾼 것이다. 이후 유선이 비의가 관리하던 내정과 외정을 강유에게 맡기려고 했지만 환관 황호가 유선을 꼬드겨 자신과 친한 진지가 내정을, 자신과 껄끄러운 강유가 외정을 맡아 원정을 다니도록 했다.

　그다음 해 2월에 위나라에서 황제 조방이 친위 쿠데타를 일으켰지만 그해 9월에 태후의 이름으로 폐위당했다. 역사적으로 권력의 정점에서 일으키는 친위 쿠데타는 조방처럼 동원할 군사력이 미미하거나 실권이 거의 없는 경우를 제외하면 실패한 사례가 없다. 군심을 얻지 못한 조방이 황후의 아버지 장집과 중서령 이풍 등을 동원했으나 사전에 발각되었다. 창업보다 수성이 어렵다는 말은 권력을 지키는 과정에서 내부의 갈등과 음모가 그만큼 심해지기 때문이다.

창업기에 외부의 적은 식별하기가 쉽지만 내부의 적은 그렇지 않다. 이해관계자들이 이합집산하며, 이들이 리더를 허수아비로 만들려 친위 쿠데타를 일으키기 쉽다. 조선에서도 숙종의 환국, 영조의 탕평책, 정조의 화성 천도 시도 등이 일종의 친위 쿠데타였다.

사마사는 조방의 친위 쿠데타를 제압한 후 곽태후와 의논해 조조의 증손자 조모를 황제로 세웠다. 친위 쿠데타로 위나라 정국이 어지러울 때, 촉나라 강유가 지켜보고만 있을 리 없었다. 그해 6월에 진격하여 옹주자사 서질과 위군을 몰살하고 적도, 하관, 임도 3군을 점령했다. 비로소 강유가 북벌에서 성과를 낸 것이다. 하나 머지않아 보급의 한계를 느끼고 돌아와 다시 북벌을 준비했다.

기회는 바로 다음 해인 255년 1월에 찾아왔다. 고구려를 두 차례 침공했던 관구검이 자신의 근거지 수춘에서 양주자사 문흠과 함께 사마씨에게 황제 폐위의 죄를 묻겠다며 반란을 도모하면서 예주도독 제갈탄에게도 동참을 권했다. 제갈탄이 거절하자 관구검과 문흠이 서둘러 군사 5만으로 회수를 건너왔다. 마침 왼쪽 눈 위의 혹으로 요양 중이던 사마사도 10만 군사를 동원해 직접 응징에 나섰다. 반란군이 분전했지만 중과부적으로 패하고 문흠은 오나라로 투항했으며 관구검은 사로잡혀 효수당했다.

허창으로 개선한 사마사는 상처가 더 심해져 숨을 거두었다. 그에게는 외동딸뿐이라 병권은 동생 사마소가 승계했다. 위나라가 이렇게 소동 중일 때 강유가 또 출병해 옹주자사 왕경을 격파하고 회군했다. 강유는 늘 위나라에 변고가 있으면 공격하고 회군했다. 치고 빠지기 전략에 재미를 붙인 것이다.

강유가 돌아간 후 위나라 조정에서는 촉나라가 자신들에 비해 약하기 때문에 다시 침략하지 못할 것이라는 의견이 많았다. 그러나 등애는 강유가 또 올 것이라며 그 이유를 들었다.

"적은 한곳에 집중하면 되지만 우리는 적도, 기산, 농서, 남안 네 곳으로 나누어 지켜야 합니다. 그런데다가 강유가 책략이 많고 기회를 잘 타기 때문에 또 올 테니 준비해야 합니다."

위나라가 강유의 재침을 대비하는데 과연 256년에 강유가 또 공격했다. 등애는 강유가 곡식이 있는 기산으로 오리라 보고 기산 방어에 나섰다. 예상처럼 기산으로 온 강유는 등애가 지키고 있자 군대를 둘로 나누고 호제에게 말했다.

"나는 상규로 갈 테니 여기 이대로 있다가 등애가 나를 쫓아오거든 그 뒤를 쳐라."

상규에 단곡이라는 골짜기가 있었다. 여기서 강유는 등애와 교전하며 호제가 오기만을 기다렸다. 하지만 호제가 약속을 저버리고 나타나지 않는 바람에 촉나라가 많은 사상자를 내고 패했다. 이때의 충격으로 강유는 스스로 벼슬을 대장군에서 위장군으로 낮추었다.

위나라가 강유의 북벌을 저지한 다음 해인 257년에 수춘에서 또 사마씨 정권에 반발하는 난이 일어났다. 주인공은 제갈탄이었다. 그동안 준비해 둔 10만 병력을 동원하고 오나라에도 협조를 요청했다. 오나라는 매우 기뻐하며 투항한 문흠과 더불어 군사 3만 명을 파견했다. 사마소도 중앙과 지방 각지의 군대를 모아 26만 대군을 편성하고 진압에 나섰다.

위군이 수춘을 포위하자 이를 돌파하려는 반군 사이에 삼국시대 후반부에 규모가 가장 큰 전쟁이 벌어졌다. 반란군이 포위망을 뚫지 못했고, 오나라 원군도 별 도움이 못 되며 투항자가 속출했다. 게다가 관중에 있던 위나라 병력 절반도 제갈탄의 난을 진압하러 왔다.

다급해진 제갈탄이 문흠과 대응책을 찾다가 관구검의 난 때 자신이 도와주지 않았던 것 때문에 문흠이 딴생각을 품을 수 있다고 의심하여 문흠을 죽였다. 그 와중에 촉나라의 강유가 또 기회가 왔다며 주력군을 진천으로 진격시켰다.

위나라는 전선이 분산되자 등애가 급히 출병해 장성에 진을 치고 강유가 싸움을 걸어도 지키기만 했다. 때마침 사마소가 제갈탄의 반란을 제압하고 동부전선으로 파견했던 오나라 군대를 다시 서부전선으로 보냈다. 이 소식을 들은 강유도 성도로 철군했다.

258년 10월에 오나라 황제 손량이 권력을 농단하던 대장군 손침을 제거하려다 도리어 제거당했다. 손침은 손휴를 오나라 3대 황제로 세웠다. 같은 해 12월에 손휴가 친위 쿠데타를 일으켜 자신을 허수아비로 여기던 손침을 척살했다. 그 후 3년간 처음으로 삼국 간 휴전상태가 이어졌다. 제갈탄을 제압한 사마소 앞에 위나라 4대 황제 조모는 꼭두각시에 불과했다.

권모와 야망으로 위나라 실권을 장악한 사마소

6년 동안 굴욕을 참던 조모가 어느 날 홧김에 사마소를 죽인다며 병졸을 모았으나 환관과 노복만 모였다. 상사 왕경이 사마소가 병권을 잡고 있어 무모하다고 말렸으나 조모는 붓을 던지며 크게 꾸짖었다.

"이미 결정된 일이오. 죽어도 여한이 없소."

곧바로 사마소의 정예병이 달려와 조모를 시해했다. 조모의 친위 쿠데타는 조방보다도 더 엉성했다. 누가 봐도 자멸이 예견된 거사였다. 같은 조직에서 친위 쿠데타가 반복된다면 그만큼 리더가 무기력하다는 뜻이다. 리더십의 핵심은 의사결정과 그에 따른 책임인데 사마씨 세력이 의사결정과 실행까지 다 해놓고 책임만 황제가 지는 구조였다. 잘되면 사마씨 정권 몫이고 안 되면 황제가 뒤집어쓰는 흐름이 조방 때 시작되어 조모 때는 더 심해졌다. 이런 현상이 조직심리에서 '리더십 구현의 구조적 위기'이다. 황제의 권력이 특정 그룹에 의해 조직적으로 누수되면 다른 황제가 와도 이를 피해 가기 어렵기 때문에 조직적 권력 누수에 대한 방비책을 만들어야 한다.

조선시대에 경종이 당파에 휘둘리는 모습을 본 영조는 당파 중심의 정치구조를 왕 중심으로 바꾸고자 탕평책을 마련해 조선의 르네상스를 이루어냈다. 조모도 영조처럼 조방의 실패를 반면교사로 삼았다면 중국 역사가 달라졌을 것이다.

조모를 제거한 사마소는 조조의 손자 조환을 위나라 5대 황제로 세웠다. 물론 형식이었으며 모든 정사를 자신이 직접 처리했다. 이제 사마소에게 남은 것은 형식적인 황제 자리에 앉는 것뿐이었다. 그 속셈을 세상이 잘 알고 이런 말이 유행했다.

"사마소의 야심은 길 가는 이조차 다 아는 일이다(노인개지^{路人皆知} 사마소지심^{司馬昭之心})."

촉나라는 간신의
농간에 무너졌다

262년 겨울이었다. 강유가 삼국 간의 오랜 평화를 깨는 표문을 유선에게 올렸다.

"신이 수차례 출정해 큰 공을 쌓지는 못했어도 위나라의 간담을 서늘케 하고 우리 군의 사기를 높였습니다. 이제 군사를 조련한 지 꽤 되어 놓아두면 군기가 흐트러져 변고가 생기기 쉬우니 정벌에 나서야 합니다."

강유가 유선의 허락을 받고 30만 대군을 집결한 뒤 선봉장으로 염두에 둔 요화를 불렀다.

"이번에 북벌에 나서면 기필코 중원을 회복해야겠소, 어디부터 공략하는 것이 좋겠소?"

"대장, 위나라는 강성한데다가 등애 같은 뛰어난 지략가가 있어 만만치 않습니다. 대장께서 기어이 원정하신다니 반대하지는 않겠지만 이번에는 대장을 모시지 않으렵니다."

강유는 그런 요화를 한중을 수비하도록 놓아두고, 그 대신 하후패를 선봉장으로 삼았다. 요화가 속으로 한탄했다.

'싸움을 계속 일으키면 결국 자기를 불태우는 법. 어찌 강유는 적보다 역량도 낮으면서 출병을 멈추지 않을까.'

위나라 등애는 강유가 조양성을 공격하리라 보고 조양성 입구인 후하侯河에 매복하며 기산의 병력을 은밀히 철수해 조양성을 지원하도록 지시했다.

"촉군이 오거든 미리 조양성을 열어두고 백성이 도망치는 모습을 연출하라."

조양성에 달려온 하후패가 성문이 열려 있는 것을 보고 의심스러워 머뭇거릴 때 주변 장수들이 안심시켰다.

"저기 보십시오. 우리가 온다는 것을 알고 도망치고 있습니다."

하후패와 선봉대가 호기롭게 성내로 들어가는 순간 위군 매복조에게 대부분 죽임을 당했다. 깜짝 놀란 강유가 달려와 성 아래에 영채를 세웠으나 그날 밤 등애의 기습을 받고 겨우 도망쳤다. 다음 날에야 정신을 차린 강유가 등애를 쫓아 후하로 갔지만 등애는 기산으로 간 뒤였다. 강유가 다시 기산으로 쫓아가 등애에게 맹공을 가했다.

촉나라 전선이 이토록 엄중한데도 성도의 유선은 환관 황호가 마련한 주색에 빠져 지냈다. 충신 장원과 비위가 이미 세상을 떠났고 강유는 일선에 나가 있어 황호가 유선을 주무르기가 좋았다.

평소 강유를 싫어하던 황호가 황제를 꼬드겨 강유에게 회군 명령을 내리게 했다. 마침 등애는 강유의 맹공으로 궁지에 몰려 있었다. 그런데 강유가 회군하자 무슨 계략이 숨어 있다고 보고 추격할 엄두를 내지 못했다. 황급히 회군한 강유는 유선을 만나서 황호의 농간임을 알아채고 황호를 죽이려 했다. 그때 황호가 유선의 용포 자락 뒤로 숨었고 유선이 대신 사정했다.

"대장군이 되어서 그까짓 환관 하나 용서 못 하겠소?"

그 바람에 강유도 어쩔 수 없었다.

강유에게 15년이나 북침을 당해온 위나라는 근본 대책으로 촉나라 토벌을 결정하고 263년 대군을 동원해 동서 두 전선에서 공격을 시작했다. 동쪽은 등애와 옹주자사 제갈서가 맡았고 서쪽은 종회가 맡았다. 동쪽에서는 강유가 검각의 험한 지형에 의지해 선방했다. 그러나 서쪽이 무너지며 위군이 촉의 도성 성도로 쇄도하기 시작했다.

이 소식을 들은 등애는 일부 군대만 검각에 남겨 강유군과 싸우게 하고 몰래 음평의 산길로 빠져나가 성도로 달려갔다. 촉나라의 운명이 바람 앞의 등불처럼 가물거리자 오나라에서 긴급 구원병을 보냈다. 하지만 그들이 도착하기도 전에 유선이 항복 선언을 했다. 아직도 항전하던 강유는 도성에서 항복했다는 소식에 검을 내려놓을 수밖에 없었다. 촉나라가 43년 만에 사라진 것이다. 하지만 유관장의 의리와 제갈량의 충성심은 지금도 숭앙받을 정도이다.

폭정에 무너진 오나라, 그 이후로도 계속되는 가위바위보

삼국시대의 한 축이었던 촉이 소멸되자 오나라 황제 손휴가 제일 두려워했다. 그동안 촉나라가 위나라의 침공을 견제해 주는 역할을 한 것이다. 마침 호남 장사(지금의 장가계 일대)에 전대미문의 천둥과 번개가 치더니 절벽이 갈라져 커다란 구멍이 생겼다. 손휴가 이를 길조라 기뻐하며 '천문산天門山'이라 이름 붙였다. 손휴는 그러면서도 불안에 빠져 지내다가 요절했다. 태자 손만이 있었으나 승상 복양흥과 좌장군 장포가 교지를 조작해 손휴의 조카를 즉위시켰다. 그가 오나라 4대 황제로 희대의 폭군인 손호(264~280)이다.

위나라에서는 촉을 정복한 사마소가 기고만장해져 황제 조환에게 큰소리쳤다.

"이쯤 되면 나도 진왕晉王에 올라야겠소."

조환이 받아들일 수밖에 없었다. 진왕이 된 사마소는 왕가와 황제의 예법을 같게 만들어 왕비는 황후로, 세자는 태자로 부르도록 했다. 이제 남은 것은 황제 칭호뿐이었는데 265년 가을 중풍으로 쓰러져 일어나지 못했다. 진왕이 된 사마소의 아들 사마염이 조환을 압박해 선양을 받아 위나라를 진나라로 개칭하고 초대 황제가 되었다.

여기에 대비해야 할 오나라의 손호는 매일같이 잔치를 벌여 환관 열 명만 제외하고 모두 취해 쓰러질 때까지 술을 마시게 했다. 왜 그랬을까? 신하들이 취중에 내뱉는 말을 환관들이 기록하게 했다. 궁중 암투를 미리 막으려는 술책이었던 것이다. 누구든 황제에 대해 불평하면 형벌을 받았다. 이미 수천 궁녀가 있는데도 새 궁녀를 데려왔으며, 마음에 들지 않으면 후원에 만든 급류에 빠뜨려 죽게 했다.

손호의 폭정으로 나라가 기울어 가는데 오나라 최후의 명장 육항마저 274년에 숨을 거두었다. 육항은 육손의 둘째 아들로, 그동안 서진의 덕장 양호가 여러 차례 공격해도 잘 막아냈다. 그러나 육항이 죽자 양호와 왕준은 진왕 사마염에게 정벌전을 주장했다.

"오나라의 파국을 막고 있던 육항이 사라졌습니다. 드디어 천하를 통일할 기회입니다."

하지만 개국공신 가충 등이 반대하는 데다가 마침 서쪽에서 독발 수기능이 반란을 일으켜 오나라 정벌을 미뤄야 했다. 그사이 양호가 병사하며 후임으로 두예를 천거했다.

두예도 오나라 정벌을 재촉하자 사마염이 허락했다. 두예의 책략

에 따라 진나라 20만 대군이 오나라
수도 건업을 향해 여섯 방향으로 나누
어 파죽지세破竹之勢로 남하하기 시작했
다. 오나라 군사의 저항도 만만치 않
았으나 백성의 동조가 적어 방어선마
다 속속 뚫리며 차례로 무너졌다.

학문과 전술을 겸비해 진나라의 삼국
통일을 완수한 두예

280년 중국을 통일한 사마염은 위
나라가 종친을 너무 눌러 황권이 약해
졌다고 돌아보며 아들들을 전국 각지
의 군왕으로 봉해 황실의 방패막이로 삼고자 했다. 이쯤에서 천하는
안정되는 듯했으나 황권을 보위하라고 세운 각지 군왕들이 오히려
혜제(사마염의 아들 사마충, 290~306) 때 골육상쟁을 일으킬 줄이야….
이것이 유명한 팔왕의 난(291~306)이다.

혜제는 신하가 나라에 식량이 부족하다고 아뢰자 왜 고기죽을 먹
이지 않느냐(하불식육미何不食肉糜)고 할 만큼 어리석었다. 이러한 군주
아래서 외척이 득세하고, 양태후와 황후 가남풍이 권력 다툼을 벌이
다가 팔왕의 난으로 이어져 16년간 내란이 지속되었다.

그 결과 통일 제국 서진(265~317)이 이민족에게 무너졌다. 이후
오호십육국시대(304~439)를 거쳐 420년 이후에는 크게 남쪽 왕조와
북쪽 왕조로 나뉘는 남북조시대로 진행된다. 이 전 과정을 역사에서
는 위진남북조시대(220~589)로 기록했다.

삼국지 책략전

초판 1쇄 발행 2026년 4월 16일

지은이 이동연
펴낸이 최석두

펴낸곳 도서출판 평단
출판등록 제2015-000132호(1988년 7월 6일)
주소 (10594) 경기도 고양시 덕양구 통일로 140 삼송테크노밸리 A동 351호
전화 (02) 325-8144
팩스 (02) 325-8143
이메일 pyongdan@daum.net

ISBN 978-89-7343-592-0 (03190)